페이스북 퍼포먼스 마케팅
with 구글 애널리틱스

지금 바로 배워서 써먹는 퍼포먼스 마케팅 첫걸음

Google
Analytics

Facebook Performance Marketing

페이스북 퍼포먼스 마케팅
with 구글 애널리틱스

전민우 / 유성민 지음

저자 - 전민우

그로스 마케팅을 하는 전민우입니다. 훌륭한 인재들과 고객의 성장을 위한 올바른 방향 Right Way을 제시하는 일을 오피노Opinno를 통해 하고 있습니다. 약 7년 전, 구글 애널리틱스를 처음 접하여 다양한 프로젝트에서 활용해 왔습니다. 이를 통해 데이터 분석이 곧 고객의 행동을 기반으로 한 마케터의 강력한 무기가 될 수 있음을 알게 되었습니다.

CJ ENM, CJ오쇼핑, 롯데마트, 현대백화점, 로레알, LVMH, 삼성전자 등 디지털 마케팅 최전선에 있는 기업의 마케터를 대상으로 구글 애널리틱스와 퍼포먼스 마케팅 전략에 대한 교육을 진행하고 있으며, 더불어 다양한 커머스 기업들의 퍼포먼스 성장과 그로스 마케팅을 직접 관리하며 함께 성장하고 있습니다.

저자 - 유성민

게으른 만큼 효율적으로 일하는 오피노의 그로스해커 유성민입니다. 제가 속한 오피노는 다양한 산업군에 크고 작은 브랜드에 대해 데이터를 기반으로 마케팅 의사결정을 내리는 '국내 최초 그로스 해킹 컨설팅 에이전시' 입니다. 또한 고품질 실무 강의를 제공하는 웹 플랫폼인 그로스 마켓의 대표입니다.

현재도 여전히 프로젝트 실무를 진행하고 있으며, 동스테이지 나인 이외에 비즈플랜, 휴넷, 무역협회, 네이버 커넥트 재단 등 다양한 교육 플랫폼과 NCSoft, 롯데 네슬레 등의 기업 강의를 출강하고 있습니다. 주로 페이스북 퍼포먼스 마케팅과 Google Ads 퍼포먼스 마케팅, GA, GTM 등에 대해 강의하고 있습니다.

'아마 그랬을 거야, 그럴 거야.'
'우리에겐 완벽한 기획서가 필요해.'
'내가 해봤는데, 그건 아마 안 될 거야.'

만약 당신의 조직에서 마케팅 회의 시간에 이런 대화가 오고 가고 있다면, 이미 당신의 마케팅 전략은 무용지물이다. 최근 스타트업으로부터 시작된 3Ffast action, fast fail, fast learn work cycle은 놀랍게도 효율적인 마케팅을 가능하게 만들고 있다. 과거 경험의 결과물만을 쫓거나 며칠 밤을 꼬박 지새우며 작성한 완벽한 기획서로는 더 이상 소비자를 대상으로 유효한 성과를 내는 마케팅을 실행하기 어렵다.

단순한 실험적 사고를 넘어 고객의 행동을 데이터 기반으로 해석하고 이를 다시 다양한 디지털 매체 전략 수립에 활용하는 과정에서 완벽보다는 빠른 실행이, 경험보다는 데이터 피드백이 더 가치 있고 신뢰되는 것이라 지금의 마케터는 믿고 있다.

당신은 어떤 마케터인가? 어떻게 사고하고 어떻게 움직이는 마케터인가? 여전히 다양한 케이스 스터디를 밤새도록 뒤져 보는가, 아니면 고수라는 사람을 찾아가 그들의 경험에 귀를 기울여 보는가?

물론 훌륭한 마케터가 되기 위해서 반드시 거쳐야 하거나 필요할 수 있는 과정임을 부인할 수 없다.

그러나 당신이 하는 오늘의 사고와 실행이 성과로 이어지기 위해서는 그 무엇보다 고객의 피드백이 절실하다. 그리고 이 피드백을 친절하게 설명해 주는 고객은 아쉽게도 없다.

하지만 고객은 행동한다. 그리고 우린 기술을 이용해 그 행동을 읽을 수 있다. 그리고 이제는 누구나 그런 마케터가 될 수 있다.

퍼포먼스 마케팅은 성과를 내는 마케팅이 아니다. 성과는 모든 마케팅이 내야 한다. 퍼포먼스 마케팅만의 영역이 아니란 말이다. 퍼포먼스 마케팅은 말 그대로 실행 가능한performance 마케팅이다. 실행이 가능하기 위해서는 우리가 인지하고 가볍게 도전할만큼 작은 단위의 목표와 행동 단위로 전략이 구성되어야 한다. 그리고 그 아이디어는 데이터에서 나온다. 이렇게나 세밀한 단위의 광고 운영도 필요하다.

그래서 우린 이 모든 것들이 가능한 도구를 이 책에서 집요하게 다룰 예정이다. 바로 구글 애널리틱스와 페이스북이다.

이미 이 단어들이 익숙하더라도 전체를 크게 보고 다시 작게 나누어 볼 기회가 필요하다. 그래야 당신의 사고도 행동도 퍼포먼스 마케팅에 맞춰서 움직일 수 있기 때문이다.

이 책을 통해 퍼포먼스 마케팅이 단순히 기술적 능력을 향상시켜 성과를 내는 마케팅이 아님을 분명하게 알았으면 한다. 퍼포먼스 마케팅은 과거, 현재, 미래를 관통하는 맥락을 읽고 고객의 경험을 디자인하며, 되도록 일어날 수 있는 상황의 시나리오를 검토하여 우리가 지금 당장 실행할 수 있는 작은 단위의 경험을 설계하는 것이다.

이렇게나 작은 경험의 시작이 당신의 서비스를 차원이 다르게 바꿔 놓을 수 있음을 속는 셈 치고 한번 믿었으면 한다.

목차

1부
구글 애널리틱스
들여다보기

1장

우린 구글 애널리틱스를 통해
무엇을 얻을 수 있을까?

1-1

성과 분석 도구의 글로벌 스탠더드, 구글 애널리틱스:
디지털 마케터라면 당연한 성과 분석

매주, 매일, 심지어 매분까지 회의실과 메신저에서 각 고객사와 마케팅 캠페인의 성과에 관한 치열한 이야기가 끊이지 않는다. 더 나은 성과를 위한 소재 기획부터 그것에 맞는 이미지, 카피라이팅, 게시 시점까지 식사도 걸러가며 일하는 모습이 치열하다 못해 안타까울 정도다. 이렇게까지 하는 이유가 무엇일까? 바로 디지털 마케팅 영역에서 1원 단위의 성과 분석이 가능해졌기 때문이다. 이전처럼 모두의 동의를 얻은 크리에이티브나 멋진 기업들의 케이스 스터디가 우리 마케팅의 성과를 보장해 주진 않는다. 광고 캠페인을 라이브시켜 놓고, '잘 되겠지'라고 두 손 두 발 모두 모아 기도하는 시절은 일찌감치 끝났다. 매분, 광고 관리자 페이지를 리프레시해 가며 캠페인 성과를 추적하고, 그에 맞게 다른 콘텐츠들을 준비해 가며 시장과 고객 반응에 맞춰 빠르게 대응하는 것만이 이 시대, 디지털 마케팅의 미학이 되었다.

하지만 여전히 우리 주변에는 확실하지 않은, 검증되지 않은 방법으로 의사결정과 액션을 하려는 시도들이 심심치 않게 보인다. 시장의 1등 기업이 했던 캠페인이라면 이유불문하고 무조건 해봐야 하는 것이며, 의사결정권자의 개인적인 취향이 존중되어 만들어진 콘텐츠라면 캠페인 의도에 맞지 않더라도 시도해 봐야 하는 일들이다. 요즘도 정말 이런 일이 벌어지는 팀이라면, 그 팀에 유능한 인재는 절대 남아 있지 않을 것이다. 그래서 우린 우리가 하는 모든 액션들의 정당성과 그 이후의 성과까지 고객의 행동 기반의 데이터에서 찾아야 하는 것이다. 이를 가능하게 하는 것이 로그 분석이며, 그중에서도 우린 구글 애널리틱스에 집중해야 한다.

그림 1-1-1. 구글애널리틱스 로고 @google image

구글 애널리틱스는 전 세계의 디지털 마케팅 팀의 70%가 사용하는 글로벌 스탠더드 툴이다. 누군가와 데이터 분석이나 매체 분석에 대한 이야기를 하려면 이 툴에 대한 사용을 전제할 수밖에 없다는 것이다. 이 툴에 대한 필요성을 이야기하자면 정말 끝이 없지만 간단히 3가지만 언급하면 이렇다.

첫째, 아주 쉽다. 로우 데이터 가공까지 이미 구글 애널리틱스가 처리해 주어 데이터 분석에 대한 경험이 없다 하더라도 데이터를 찾고 읽는 것은 아주 쉬운 일이다. 엑셀로 데이터를 가공할 일이 없으며, 어려운 단어를 해석해야 할 일도 없다. 심지어 최근에 분석 기능이 향상되어 특별한 데이터상의 변동 이슈는 하나하나 사용자에게 보고

해 주기도 한다. 마치 데이터 분석을 위한 비서를 둔 기분이다.

그림 1-1-2. 구글 애널리틱스 데모 계정

'구글 아카데미'로 구글링을 해보면 구글에서 제공하는 교육 프로그램이 있어서 온라인상에서 무료로 체계적인 학습이 가능하며, 다양한 퀴즈를 풀어 볼 기회가 있어서 이후에 GAIQ와 같은 자격증 시험 준비에도 도움이 된다. 뿐만 아니라 유튜브에 구글 애널리틱스 검색을 해보면 아주 쉽게 전 세계의 개발자와 마케터들의 노하우를 찾아볼 수 있어서 툴의 학습은 절대 어려운 일이 아니다.

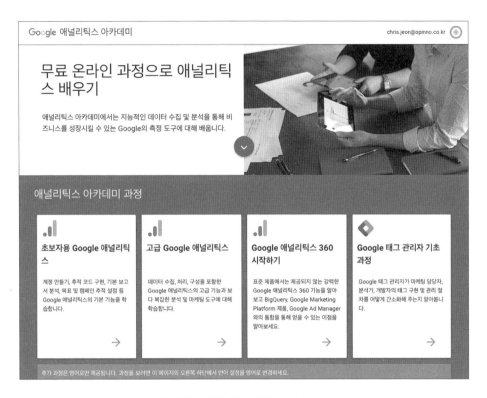

그림 1-1-3. 구글 아카데미 @google image

둘째, 무료로 사용할 수 있다. 정말 아름다운 일이 아닐 수 없다. 이토록 방대한 데이터와 고객에 대한 인사이트를 제공하는데 도구가 무료라니 말이다. 일부, 일반 로그 분석의 유료 버전도 구글 애널리틱스의 무료 버전에서 제공하는 데이터 범위를 따라가기 어렵다. 구글 애널리틱스도 유료 버전이 존재하지만, 많은 히트 수가 아니고서야 유료 버전을 꼭 사용할 이유가 없다. 마케팅 전략 수립에 필요한 수준의 데이터 분석은 무료 버전에서 충분하기 때문이다. 이런 무료의 풍요로움으로 인해 대기업, 글로벌 기업뿐만 아니라 소호몰을 운영하거나 이제 막 창업을 시작한 스타트업에서도 사용할 수 있다.

셋째, 마케터의 관점에서 유용한 데이터를 볼 수 있다. 유용한 데이터는 바로 3가지의 분석 관점이다. 바로 잠재고객, 획득, 행동 분석이다. 잠재고객 분석은 사용자의 기준에 맞춘 데이터 분석이며, 획득 분석은 매체 기준에 맞춘 분석이고, 행동 분석은 사용자가 사이트 내부에서 보여 주는 여러 가지 행동 기준에 맞춘 분석이다. 우린 이 3가지 분석의 관점을 가지고 더 나은 마케팅 전략 수립이 가능하며, 이를 높은 성과로 연결시킬 수 있다.

사실 위 3가지 이외에도 데이터와 성과 분석을 위해 구글 애널리틱스를 써야 하는 이유는 셀 수 없이 많다. 하지만 이 모든 이야기의 전제는 '당신은 데이터를 기반으로 한 성과 분석이 가능한가'이다. 지금 당장이 아니더라도 그렇게 할 의사가 있느냐는 것이다. 여전히 경험에 의존하는 혹은 선배나 상사들의 아이디어를 무비판적으로 받아들이는 등의 구시대적 방식은 당신의 마케팅 지적 능력을 갉아 먹게 만들 것이다. 데이터를 기반으로 성과 분석을 한다는 것은 고객의 피드백에 귀 기울이고 그것에 맞게 마케팅을 최적화해 나간다는 의미이기도 하다. 결국 당신의 제품과 서비스는 당신의 팀이나 상사가 쓰는 것이 아니라 당신의 고객이 쓰는 것이다. 우린 어떤 일이 있어도 고객의 행동과 피드백에 귀 기울여야 한다.

1-2

더 나은 마케팅을 위한 삼고초려:
수많은 데이터 리포트에서 매몰되지 말지어다

데이터를 볼 수 있는 그 자체만으로도 새로운 시야가 열린다. 그래서 그동안 보고 싶어도 볼 수 없었던 디지털 세상의 고객 행동들을 관찰할 수 있게 된다. 정말이지 신세계가 열리는 것과 같다. 하지만 이때 생각지도 못한 부작용이 생긴다. 바로 그 수많은 데이터 중에서 무엇을 봐야 할지 모르는 것이다. 데이터 홍수에 빠져 버리게 된다. 구글 애널리틱스 보기에서는 약 150여 개의 리포트를 관찰할 수 있게 되는데, 하나하나 모두 의미 있는 데이터이다. 그렇다 보니 지표의 등락, 그래프의 흐름 하나하나 놓치고 싶지 않게 된다. 만약 당신도 이처럼 생각한다면 머지않아 데이터에 매몰되어 결국 분석을 위한 분석을 하게 될지 모른다. 데이터 분석과 그를 활용한 마케팅 개선은 정확한 목적의식과 목표를 가지고 움직여야 한다.

우린 어떤 목표를 가지고 데이터 리포트를 읽어야 할까? 그곳에는 반드시 명확한 목적의식과 목표가 필요하다. 다양한 데이터 리포트를 보다가 필요한 인사이트를 발견할 수도 있지만, 이런 방식은 당신의 분석 행동 자체를 아주 고된 노동으로 바꿀 수 있으며, 발견하는 인사이트 역시 매우 제한적일 수밖에 없다. 반대로 데이터를 살펴보기 전에 다양한 가설을 수립하고, 해당 가설이 참인지 거짓인지를 정의하기 위한 데이터 분석은 그 자체만으로도 아주 효율적인 결과를 도출할 수 있으며, 데이터 분석을 아주 재미있는 게임처럼 느껴지게 만들 수 있다. 자, 당신은 보물이 없을지도 모르는 보물찾기를 하고 싶은가 아니면 시간 가는 줄 모르고 할 수 있는 게임을 하고 싶은가?

데이터 분석에는 크게 3가지의 목적이 있다. 구글 애널리틱스에는 4가지 리포트가 있으며, 그중에서도 3가지 리포트는 사용자를 통해 인사이트를 얻을 수 있다. 바로, 잠재고객 리포트, 획득 리포트 그리고 행동 리포트다. 각각의 리포트를 통해 사용자의 유의미한 행동을 볼 수 있는데, 이때 우린 이 리포트에서 무엇을 봐야 할지를 명확하게 정의해야 한다.

첫째, 명확한 기준을 잡아야 한다. 이 기준은 다양한 존재의 이유가 있지만, 가장 큰 이유는 사용자의 품질을 구분하기 위함이다. 이를테면, 어떤 사용자는 당신의 웹사이트에 들어온 후, 바로 나가고 다른 한 사용자는 당신의 웹사이트에 들어온 후, 제품의 상세 페이지까지 조회하고 나갔다고 해보자. 이때 우리가 '상세 페이지 조회'라는 기준을 잡았다면 두 번째 들어온 사용자는 그 기준을 달성했기에 더 품질이 좋은 사용자라고 정의할 수 있게 된다. 이런 기준을 통해 사용자의 품질을 정의해 나가며, 마케팅 진행 시에 효과적이고 효율적인 액션에만 집중할 수 있게 된다.

둘째, 기준을 통해 데이터 분석의 3가지 목적을 달성해야 한다. 그 3가지는 고품질 사용자, 고효율 매체, 고관여 행동 찾기이다. 앞서서 이야기했던 것처럼 수많은 데이터 속에서 매몰되면, '무엇을 해야 할까?'라는 방향성 상실을 겪게 되는데, 이를 막기 위해 기준을 달성하는 사용자, 매체, 행동을 찾는 것이다. 이를테면, 잠재고객의 연령을 생각해 보자. 10대 연령의 사용자 10명이 당신의 웹사이트를 방문했다. 동시에 20대 연령의 사용자 10명도 방문했다. 이때 극단적인 예를 들어 보자. 당신은 이후 마케팅을 어떤 연령대에게 집중하는 것이 좋을까? 정답은 '알 수 없다'이다. 단순하게 웹사이트에 몇 명이 방문했는지를 가지고는 사용자의 품질을 정의할 수 없기 때문이다.

그런데 장바구니 버튼 클릭이라는 기준을 정했다고 하자. 10대 사용자는 10명이 들어온 후에 장바구니 버튼 클릭을 5명이 진행하고, 20대 사용자 10명은 2명이 장바구니 버튼 클릭을 했다고 하자. 그럼, 당신은 이제 집중해야 할 사용자를 찾을 수 있겠는가? 그렇다. 10대 사용자의 기준이라고 불린 행동을 더 많이 했기에 우린 그 사용자가 더 품질이 좋을 것이라는 가설을 수립할 수 있다. 물론 장바구니 버튼 클릭 사용자가 이후, 최종 목표 달성을 더 잘 하는지를 확인해 봐야 하므로 이는 가설에 불과하지만, 그래도 우린 이 데이터만으로도 의미 있는 방향성을 발견할 수 있다.

방금 우리가 기준을 잡고 잠재고객의 품질을 구분해 찾은 사용자의 특징들을 모아 보게 되면 바로, 고품질 사용자를 찾아낼 수 있다. 이와 같은 방식으로 사용하는 다양한 매체를 통해 사용자가 웹사이트에 방문하게 되는데, 이 사용자의 기준 달성을 고려하여, 고효율 매체를 찾아낼 수 있다. 그리고 사용자가 웹사이트에 방문하여 하게 되는 다양한 행동(이벤트)들이 기준 달성에 영향을 미치는 상관관계를 파악하여, 고관여 행동을 찾아낼 수 있다. 이 모든 것들은 기준이 필요하며, 기준은 우리가 인사이트를 발견할 수 있도록 도와주는 기초적인 도구이다. 그리고 우린 이를 삼고초려라 부를 것이다. 전혀 다른 뜻의 사자성어이지만, 고품질, 고효율, 고관여의 앞글자만을 생각하여 '데이터 분석 초기에 3가지의 고를 고려해야 한다'는 뜻으로 생각하면 된다.

즉, 당신의 데이터 분석의 목적을 정의하기 위해서는 반드시 품질을 정의하기 위한 기준이 필요하며, 이를 통해 고객, 매체, 행동에 대한 품질을 정의하고 이후 얻게 된 인사이트를 통해 고효율의 마케팅 커뮤니케이션과 고객 경험 개선을 이뤄 낼 수 있다.

1-3

목적이 되지 말아야 할 데이터 분석:
도구는 도구로서 인식할 때 목표를 달성할 수 있다

데이터 분석 업무에 대해서 다양한 오해가 있다. 야근은 기본이며, 수많은 데이터 속에서 인사이트를 발견해 나가는 행동이 그 어떤 업무보다 아주 강도 높은 노동으로 묘사되기도 한다. 혹시라도 당신도 이런 생각을 가지고 있다면 당장 그 생각과 태도를 버리는 것이 좋다. 그러나 생각과 태도는 분석을 위한 분석을 하고 있다는 조기 신호로 생각해도 좋다. 목적이 명확하지 않은 분석은 분석 자체가 목적이 된다. 그럼, 만족할 만한 수준의 혹은 그 전에는 몰랐던 새로운 인사이트를 얻기 위해 여러 리포트를 이리저리 뒤져 보다 새벽을 맞이하는 순간들이 너무나 많을 것이다. 도구가 절대 목적이 되어서는 안 된다. 주객이 전도되면 안 된다는 말이다.

데이터 분석을 하는 목적이 분명하고, 이를 통해 우리가 얻고자 하는 목표들이 명확할 때, 데이터 분석 행위는 극단적으로 간단해질 수 있다. 그리고 이렇게 간단해진 행동들을 매일, 매주, 매월에 반복적으로 하는 할 일 목록을 만들면 마치 숨을 쉬듯 우리 생활 속으로 가져올 수 있게 된다. 이미 생활 속에서 데이터 분석을 손쉽게 할 수 있도록 애널리틱스analytics 앱이 있으며, 구글 애널리틱스에서 제공하는 대시보드와 커스텀 리포트 그리고 데이터 통합 리포트인 데이터 스튜디오까지 손가락만 움직이면 우리가 보고자 하는 데이터를 한눈에 볼 수 있게 되었다. 물론 이런 도구 역시 학습이 필요한 부분이지만, 우리가 얻게 되는 가치에 비하면 학습에 들이는 시간은 아주 적다.

당신이 세운 가설이 분명하다면 우리가 볼 지표는 단 하나이다. 바로 전환율. 가설 기반하에 우린 특정 지표들을 관찰하게 되는데, 이때 유의미함을 정의하고 의사결정을 가능하게 만드는 것이 바로 이 지표이다. 이 지표가 없다면 그 어떤 지표도 우리의 의사결정을 도울 수 없다. 품질을 구분해 내기 어렵기 때문이다. 이 지표는 반드시 고객의 행동에 기반을 두어야 하며, 고객의 니즈와 행동의 이유를 담고 있어야 한다. 우리가 데이터 분석을 하는 목적은 분명하다. 고객과 시장의 니즈에 맞춰 서비스와 제품, 더 나아가 비즈니스를 개선하기 위함이다. 이 목적과 정렬되지 않는 목적은 행동으로 옮길 필요가 없다.

그래서 데이터 분석을 하면서 묻게 되는 질문들이 있다.

첫째, 오늘의 데이터 분석은 기존에 세워 둔 가설을 검증하는 데 유용한가?
둘째, 오늘의 데이터 분석을 통해 난 새로운 가설 수립이 가능한가?
셋째, 오늘의 데이터 분석을 통해 새로운 것을 배울 수 있는가?

이 3가지 질문에 대해 단 하나라도 '예'를 찾을 수 없다면 지금 당신이 하고 있는 데이터 분석은 아마도 분석을 위한 분석이 될 가능성이 클 것이다. 반드시 데이터 분석 전, 이 3가지 질문을 해보자. 수많은 지표를 보는 당신의 눈과 머리가 더 맑아질 것이다.

2장

구글 애널리틱스
어떻게 잘 세팅할까?

2-1

구글 애널리틱스, 꼭 써야 할까?

- -

1. 디지털 마케팅 환경의 변화

만약 당신이 평소에 오가던 골목에 자판기를 설치하는 신규 창업을 준비하고 있다고 하자. 먼저 자판기를 설치할 지역에서 가장 많이 팔리는 음료수가 무엇인지 알고 싶어 할 것이다. 바로 어떤 음료수 시장이 존재하는지 그리고 그 시장의 고객들은 어떤 음료수를 좋아하는지 말이다. 이런 데이터를 얻기 위해 보통은 관찰을 먼저 시작한다. 고객들이 다른 자판기에서 어떤 음료수를 많이 먹는지 말이다. 심지어 다른 지역까지 찾아가서 요즘 자판기 이용객들이 어떤 음료수를 많이 먹는지 말이다.

이런 생각을 해보자. 자판기에서 음료수를 소비하는 일반 고객의 모든 행동을 처음부터 끝까지 상상해 보는 것이다. 음료수를 자판기에서 뽑아 다 마신 후, 빈 병이나 빈

캔이 남을 것이다. 그리고 그 고객은 빈 캔을 집에 가져가서 버릴 수도 있겠지만, 실제로 그렇게 하는 사람들은 많지 않을 것이다. 그보다 자판기 옆의 쓰레기통에 버리는 것이 더 편하기 때문이다. 만약 이처럼 자판기 음료 소비 고객의 자연스러운 소비 행동을 알고 있다면, 당신은 고객의 행동을 직접 관찰하기보다 고객이 소비 경험 속에서 남기고 간 흔적을 발견하려고 노력할 것이다.

오프라인 환성에서도 고객을 관찰하고 고객의 흔적을 찾는 일은 매우 중요하다. 고객의 행동을 직접 내 눈으로 관찰할 수 없는 온라인은 어떻겠는가? 당신의 고객이 PC, 모바일을 사용해서 당신의 웹사이트를 노닌다 하여도 우린 그 고객의 행동을 오프라인 매장의 고객처럼 직접 관찰하기 어렵다. 그러나 관찰은 필수적이다. 그 환경이 온라인이어도 말이다. 다만 두 눈으로 고객을 관찰할 수는 없으니 고객의 행동을 모두 데이터로 전환해야 한다. 그래야만 고객이 당신의 웹사이트에서 어떤 행동을 했으며, 어떤 페이지에서 나갔는지도 알 수 있다.

오프라인에서 대부분 고객의 행동은 디지털 환경으로 이전되고 있다. 고객의 행동은 점점 두 눈으로 관찰하기 어려워지고 있지만, 우린 여전히 마케팅 전략 수립을 위해 고객의 행동을 관찰해야 한다. 데이터 분석은 이런 환경의 변화에 따라 선택이 아닌 필수로 자리매김하고 있다. 다양한 매체를 통해 다양한 사용자가 당신의 서비스를 사용한다. 이때 사용자의 행동 분석과 매체의 성과 분석은 필연적이다. 그뿐이겠는가? 고객 행동에 맞춰 발 빠르게 서비스에 대한 개선 활동이 동반되어야 한다. 그래야만 원하는 성과도 얻을 수 있지만 경쟁 시장에서 살아남을 수 있는 것이다.

난 고등학교를 졸업하고 백화점 지하상가에서 옷을 팔아 본 경험이 있다. 그때 세일즈 응대를 더 신속하고 효율적으로 하기 위해 상하의가 분리된 코디북을 제작해 고객

응대를 했다. 물론 성과는 바로 확인할 수 있었다. 업셀링과 교차 세일이 발생하여 매출이 증가했던 것이다. 사실, 지금 생각해 보면 그때 고민을 통해 코디북을 제작하고 현장에서 고객에게 직접 세일즈로 실험한 것과 지금 디지털 환경에서 고객에게 다양한 실험을 통해 유의미한 행동을 이끌어 내려는 것은 같은 일이라는 생각이 든다. 이런 경험이 비단 나만 하는 것은 아니라고 생각한다. 거의 대부분의 오프라인 경험이 온라인 환경으로 이전되고 있고, 전혀 새로운 서비스의 출현이라기보다 경험을 할 수 있는 환경의 변화라고 인식된다.

디지털 마케팅도 그렇다. 결국 완전 새로운 고객을 인지하고 그들을 팬으로 만들어야 하는 어려운 미션이라기보다 그들의 주변을 감싸는 환경의 급속한 변화가 우리가 전달해야 하는 메시지와 전달 방식의 변화를 필요로 하는 것이다. 그리고 이 중심에는 데이터가 필수적인 것이다. 즉, 보이지 않는 고객의 관찰을 통해 디지털 마케팅 전략 수립을 위해서는 데이터 분석을 기초로 한 여러 가지 행동이 뒤따를 수밖에 없다. 이런 의미에서 고객의 행동을 관찰하기보다 여전히 경험에 비춘 아이데이션ideation으로 고객에게 더 나은 서비스를 제공하려는 노력은 한계를 가질 수밖에 없다. 예전의 미적인 디자인이나 기발한 아이디어가 넘쳐 나는 마케팅을 이해했다면, 지금은 그 기반 위에 데이터 분석을 통한 고객 행동을 파악해야만 하는 시대가 된 것이다.

2. 성과 추적의 필요성 대두

디지털 마케팅을 하면서 필요한 성과추적 지표가 있다. 바로 LTVLifetime Value와 CACCustomer Acqusition Cost다. 쉽게 설명하면 이렇다. LTV는 한 명의 고객이 당신의 브랜드를 접하고 더 이상 소비하지 않을 때까지 당신에게 기여하는 총수익이다. CAC는 그런 고객을 만들기까지 투입하는 비용이 된다. 즉, '얼마 써서 얼마 버느냐'에 대한 이야기이다. 사실 이 질문에 명쾌하게 답변할 수 있는 분들은 생각보다 많지 않다. 아마도 여기까지 성과 분석을 하는 분들이 많지 않아서일 것이다. 그런데 이 질문에 답변을 못한다면 그야말로 '얼마 써서 얼마 번다'를 모르는 것과 같고, 이를 모르면 이후의 마케팅 전략을 세우기 힘든 것은 당연한 일이다.

그림 2-1-1. 드롭박스 로고 @google image

대표적인 글로벌 클라우드 기업인 드롭박스의 경우, 초창기 마케팅 진행 시, LTV가 CAC보다 낮은 저품질 사용자가 대부분이었다. 쓴 비용보다 덜 지불하는 사용자가 많았던 것이다. 그러면 사용자와 매출은 꾸준히 늘지만, 비용과 함께 고려하면 서비스가 성장한다고 이야기할 수 없는 상황이 된다. 그런 상황이 지속되다가 드롭박스는 친구 추천 이메일 프로모션을 진행하게 된다. 친구로부터 드롭박스 사용 추천 링크를 메일로 받게 되고 해당 링크를 통해 드롭박스 서비스를 가입하면 친구와 나는 모두 무료 저장 공간을 받게 되는 것이다. 이 프로모션을 통해 매우 빠르게 신규 사용자를 늘려 나갔고, 나 역시 이 프로모션을 통해 드롭박스를 알고 유료 서비스까지 사용하였다. 그리고 이 프로모션을 통해 들어온 사용자의 LTV는 CAC보다 높아 고품질 사용자의 유입을 크게 늘렸다.

에어비앤비 역시 비슷한 사례를 가지고 있다. 에어비앤비를 통해 집의 남은 방을 호스팅한 후, 해당 링크를 크레이그리스트Craigslist라는 글로벌 커뮤니티에 홍보차 게시한 이들이 있었다. 그런데 다른 매체를 통해 유입된 사용자보다 이 링크를 통해 유입된 사용자들의 집 예약률이 더 높았던 것이 아닌가! 에어비앤비는 이런 분석을 통해 각각의 매체가 동일한 성과를 가지고 있다기보다 특정 매체 유입 사용자의 성과가 더욱 높다는 것을 알게 된다.

최근 어느 쇼핑몰의 경우, '바로 구매' 버튼 위에 마우스를 몇 초간 가져다 대면 배송 준비를 시작하게 된다. 이런 고객 행동 기반의 자동화 마케팅 구현을 통해 더 빠르고 신속한 서비스 구현이 가능하다. 결국, 보이지 않는 환경에서 고객의 행동을 읽어 내고, 그 행동에 맞춰 마케팅 전략을 수립하는 동시에 더 나은 고객 경험을 만들어 내기 위해 끊임없는 개선 활동을 진행해 나간다.

디지털 환경에서의 성과 추적은 이제 선택이 아니다. 디지털 환경이라서 성과 추적이 필요한 것도 아니다. 성과 추적은 오프라인 공간의 사업에서도 당연히 해왔던 것이며, 그 수준이 디지털 환경에서 어려웠던 것뿐이다. 하지만 지금은 그렇지 않다. 다양한 툴의 발전과 확대, 그리고 그 사용의 편의성이 매우 높아 데이터와 툴을 다루는 공학박사가 아니어도 약간의 교육만으로도 충분히 성과 추적의 일들을 해낼 수 있다. 당신은 데이터와 고객의 실제 행동을 기반으로 의사결정을 하는 마케터가 되고 싶은가? 여러 경험을 바탕으로 추측하는 마케터가 되고 싶은가? 약간의 투자만으로도 당신은 크게 달라질 수 있다.

2-2
구글 애널리틱스 주요 용어 - 리포트, 분석을 위한 핵심 용어 설명

GA 리포트를 읽다 보면 다양한 용어가 나온다. 이미 마케팅 업무를 하고 있는 분들이 봐도 다소 생소한 단어라고 느껴질 것이다. 사실 알고 보면 어렵지 않은 용어인 경우가 많다. 디지털 마케팅 업무를 하고 있다면 이미 알고 있는 것인데 그 표현 방법이 다를 뿐인 경우가 많다. 그래서 본격적인 시작에 앞서 GA의 중요한 용어 몇 가지를 짚어 보고 시작하면 이후에 나오는 다양한 리포트 분석이 어렵게 느껴지지 않을 것이다.

상호작용
상호작용은 사용자가 당신의 웹사이트나 앱에 들어와서 하는 모든 행동을 의미한다. 페이지 전환, 버튼 클릭, 영상 조회, 개인정보 입력 등 할 수 있는 모든 행동들을 의미한다. 여기에서 스크롤뎁스 등의 비상호작용으로 인식되는 행동들도 있어 사전에 어떤 행동들을 상호작용과 비상호작용으로 나눠서 볼지를 결정해야 한다. 그래야만 이후 세션의 지표나, 여러 분석에 있어서 잘못된 데이터 분석의 오류를 막을 수 있다.

세션
세션은 상호작용의 집합으로 상호작용의 길이, 혹은 기간으로도 표현하며, 기본적인 세션의 시간은 30분으로 정의된다. 물론, 이 시간은 추적의 목적에 따라 변경할 수 있다. 상호작용의 길이를 뜻하는 이 세션은 GA에서 확인하는 가장 기초적인 사용자의 품질 지표가 되기도 한다. 이후 세션의 집합을 '사용자'라고도 표현하는데, 사용자는 30분 이상을 사이트에 머무르기도 하므로 다수의 세션을 갖기도 한다. 웹사이트 내에서 여러 상호작용을 어떻게 정의하느냐에 따라 세션 증가의 추이가 달라질 수도 있다.

전환

GA를 활용한 데이터 분석 시 가장 중요한 지표일 것이라 생각한다. 전환은 데이터 분석자가 설정한 행동을 사용자가 수행했을 경우를 의미한다. 이를테면, 특정 페이지 조회를 전환이라는 목표 설정을 했고, 사용자가 그 목표를 달성했다면 '전환되었다'라고 표현할 수 있는 것이다. 이렇게 전환을 위해서는 사전에 목표 설정이 필요한데, 해당 목표가 달성되어 전환이 발생하는 경우, 동시에 우린 전환율이란 데이터를 얻을 수 있다. 전환율을 알게 되면 아주 중요한 의사결정들이 가능해진다. 단순하게 유입 자수만을 가지고 판단하는 것이 아니라 목표 전환율을 기준으로 더 나은 사용자, 매체, 행동들을 판단할 수 있게 된다.

이탈률

웹사이트에 고객이 방문 후, 아무런 상호작용 없이 사이트를 나가면 '이탈'이라 정의한다. 그리고 전체 사용자 대비, 이탈 사용자의 비율을 이탈률이라고 한다. 이탈의 원인은 다양할 수 있지만, 사용자가 랜딩 페이지 조회 시 만족스러운 느낌을 받지 못하거나 고객 경험이 좋지 않은 경우가 그 원인의 대부분일 것이다. 이탈률은 낮게 기록되는 것이 정량적인 측면에서는 나을 수 있다. 하지만 사용자가 이용하는 매체와 랜딩 페이지의 컨디션에 따라 이탈률은 지속적으로 변동될 수 있으니, 여러 상황을 고려하여 이탈률 데이터를 평가해야 한다.

종료율

이탈률과 가장 많이 혼동되는 데이터는 종료율이다. 특정 페이지에서 사용자가 세션을 종료할 경우, 해당 페이지는 종료 페이지로 기록된다. 그리고 해당 페이지의 전체 페이지 뷰 대비 종료 페이지로 기록된 비율을 종료율이라고 한다. 다시 정리하면 혼동되기 쉬운 이탈률은 사용자 기준으로 기록되며, 종료율은 페이지 기준으로 기록된다. 이탈률은 높으면 무조건 개선이 대상이 된다고 이야기할 수 있지만, 종료율은 사실 그렇지만도 않다. 보통의 고객 경험을 살펴보면, 랜딩 페이지와 전환이 포함되어 있는 페이지에서 종료율이 높게 기록된다. 그래서 결제 완료 페이지나 회원가입 완료 페이지처럼 최종 목표의 달성이 일어나는 페이지는 종료율이 높게 나올 수밖에 없다. 그런데 이런 페이지들은 고객 경험상 마지막 페이지이므로 굳이 개선을 위해 노력할 필요가 없다. 즉, 종료율이 높다 하더라도 마지막 전환이 포함되어 있는 페이지와 랜딩 페이지라면 개선의 필요성이 없으며, 그 외 페이지만 개선의 노력을 해야 한다.

구글 애널리틱스 인터페이스의 기본 이해

1. 측정 기준, 측정 항목

GA 리포트를 통해 우린 그동안 보지 못했던 인사이트를 얻고자 한다. 하지만 그 인사이트를 얻기 전에 더 기초적인 '읽기'가 먼저다. 읽기가 선행되어야 우린 그 안에 숨겨진 인사이트를 얻을 수 있게 된다. 하지만 거의 대부분 GA 리포트를 처음 접하는 분들은 하나같이 이 방대한 데이터 속에서 어떻게 '읽기'를 하느냐며 어려움을 토로한다. 이런 의견에 일부 공감이 되기도 한다. 무엇을 봐야 할지 모를 경우, 리포트 역시 우리에게 무엇인가를 알려주기 어려울 수 있다. 데이터 분석이 리포트를 읽다가 우연치 않게 보물을 발견해 내는 일이라고 생각한다면 아마 매일 야근을 하더라도 당신의 일은 언제 끝날지 모를 것이다. 반드시 무엇을 찾아야 하는가를 정해 놓아야만 그 데이터를 찾기 위해 리포트를 효율적으로 보게 된다.

리포트 읽기의 기본은 측정 기준과 측정 항목이다. 보통 좌표를 읽을 때, 가로축, 세로축 혹은 x축, y축으로 보지 않는가? 그리고 그 좌표를 따라가다 보면 그곳에 위치한 보물을 발견하게 된다. GA의 리포트는 대부분 이와 유사하게 구성되어 있다. 그리고 그 좌표 역할을 하는 측정 기준과 측정 항목으로 나뉜다. 쌓여 있는 데이터를 어떤 기준으로 나눌지 정의하는 것이 '측정 기준'이다. 잠재고객에서는 연령, 성별, 관심사 등 다양한 기준으로 데이터를 나눠 본다. 그리고 이 기준에 맞춰 다양한 데이터를 보게 되는 된다. 사용자 수, 이탈률, 전환율 등 이런 다양한 항목을 '측정 항목'이라고 한다. 즉, 어떤 기준으로 어떤 항목을 볼지 결정하게 되면 그곳에는 우리가 원하는 데이터가 있는 것이다.

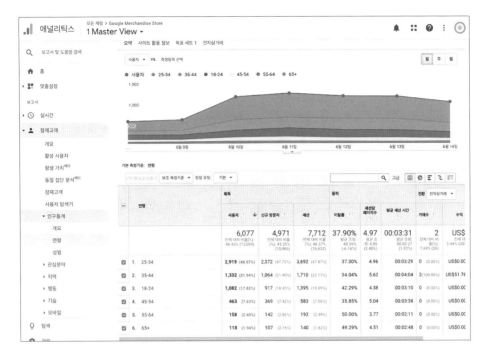

그림 2-3-1. 잠재고객 리포트

우린 동료들과 마케팅 전략을 수립하며 다양한 대화를 나눈다. 지난주 페이스북을 통해 유입된 사용자 수는 얼마인지, 네이버 검색광고를 통해 유입된 사용자의 구매 전환율은 얼마인지 등등, 수많은 데이터를 요구하는 질문들을 주고받는다. 우리가 데이터 '읽기'에 능숙해지기 위해서는 이런 일상의 대화들을 측정 기준과 측정 항목으로 나눠 보는 연습이 필요하다. 방금 위 대화를 살펴보자.

"지난주에 페이스북을 통해 유입된 사용자 수는 얼마일까?"

이때 지난주는 데이터를 보기 위한 기간이므로 제거한다. 그럼, 데이터를 나누는 기준, 측정 기준은 '페이스북을 통해 유입된 사용자'가 될 것이다. 그리고 측정 항목은 '사용자의 수인 사용자 수'가 된다. 그럼, 해당 측정 기준이 매체로 나열되는 획득 리포트를 통해 위 데이터를 찾을 수 있게 된다.

	소셜 네트워크	획득			동작			전환 전자상거래	
		사용자 ↓	신규 방문자	세션	이탈률	세션당 페이지수	평균 세션 시간	전자상거래 전환율	거래수
		397 전체 대비 비율 (%): 3.03% (13,089)	329 전체 대비 비율 (%): 2.99% (10,986)	455 전체 대비 비율 (%): 2.74% (16,632)	56.70% 평균 조회: 40.39% (40.38%)	3.55 평균 조회: 4.85 (-26.90%)	00:02:10 평균 조회: 00:03:27 (-37.03%)	0.00% 평균 조회: 0.16% (-100.00%)	0 전체 대비 비 율(%): 0.00% (26)
☐	1. YouTube	260 (65.33%)	244 (74.16%)	272 (59.78%)	66.54%	2.73	00:01:26	0.00%	0 (0.00%)
☐	2. Google Groups	52 (13.07%)	16 (4.86%)	87 (19.12%)	34.48%	4.33	00:04:16	0.00%	0 (0.00%)
☐	3. Facebook	51 (12.81%)	43 (13.07%)	58 (12.75%)	51.72%	5.38	00:02:36	0.00%	0 (0.00%)
☐	4. wikiHow	13 (3.27%)	13 (3.95%)	13 (2.86%)	38.46%	8.54	00:04:18	0.00%	0 (0.00%)
☐	5. reddit	8 (2.01%)	6 (1.82%)	9 (1.98%)	55.56%	3.00	00:00:41	0.00%	0 (0.00%)
☐	6. Twitter	6 (1.51%)	3 (0.91%)	8 (1.76%)	50.00%	2.38	00:00:49	0.00%	0 (0.00%)
☐	7. Quora	5 (1.26%)	3 (0.91%)	5 (1.10%)	40.00%	3.60	00:01:10	0.00%	0 (0.00%)
☐	8. Pinterest	2 (0.50%)	0 (0.00%)	2 (0.44%)	50.00%	2.50	00:00:31	0.00%	0 (0.00%)
☐	9. VKontakte	1 (0.25%)	1 (0.30%)	1 (0.22%)	0.00%	2.00	00:00:11	0.00%	0 (0.00%)

그림 2-3-2. 획득, 소셜네트워크 소스의 리포트

위 내용이 쉬울 수도 있고, 어렵게 느껴질 수도 있다. 하지만 분명 우리가 찾고자 하는 데이터는 이와 같은 방식으로 대부분 찾아낼 수 있다. 그러나 이렇게 데이터를 찾는다고 해서 이 데이터 조합들이 인사이트를 선사해 주지는 않는다. 데이터에서 인사이트를 찾기 위해서는 반드시 기간이 들어가야 한다. 움직임이 없는 곳에서 생명력을 찾기는 어렵다. 무엇이든지 움직임이 있어야 우린 그 안에서 의미를 찾을 수 있다. 그렇기 때문에 해당 리포트에 반드시 비교 기간을 설정하고 데이터를 확인해야 한다. 그래야만 해당 데이터가 지난주, 지난달 대비 어떻게 등락되고 있는지를 알 수 있고, 이를 통해 어떤 액션을 해야 하는지를 생각해 볼 수 있는 것이다.

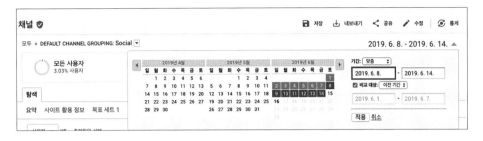

그림 2-3-3. 기간 구분

측정 기준은 두 번째 측정 기준을 활용하여 2개의 측정 기준을 한 리포트에 설정할 수 있다. 그래서 측정 기준에 따라 다양한 관점에서 데이터를 읽을 수 있으며, 비교 기간까지 설정해 두면 측정 기준별, 등락에 어떤 영향을 미치는지도 알아낼 수 있다.

2. 리포트 종류

모든 GA 리포트를 한번에 알기란 어렵다. 그 수많은 데이터가 다양한 리포트에 담기기에 우린 반드시 알아야 할 리포트를 구분하여 습득할 필요가 있다. 여러 가지 리포트 중 4가지 리포트의 우선순위가 높다. 크게 리포트를 4가지로 구분하면 아래와 같다.

- 전환 리포트
- 잠재고객 리포트
- 획득 리포트
- 행동 리포트

각각의 리포트에는 성공적인 마케팅 전략 수립을 위해 반드시 알아야 하는 데이터들이 담겨 있다. 사실, 이외에도 리포트의 종류는 더 있다. 실시간 리포트부터 맞춤 알림 리포트까지, 더 다양한 데이터를 담고 있는 수많은 리포트가 있다. 하지만 특정한 목적에만 쓰일 가능성이 높아 꼭 짚고 넘어가야 할 이유가 적다. 위에서 나열한 리포트만 잘 볼 수 있어도 우린 생각하지도 못했던 인사이트를 얻을 수 있게 된다. 각각의 리포트를 통해 얻을 수 있는 데이터와 특징을 알아보자.

그림 2-3-4. 구글 애널리틱스 전환 리포트

전환 리포트

전환 리포트는 마케팅을 통해 서비스 성장이나 비즈니스 스코어 등을 알아볼 수 있다. 전환 리포트를 보기 위해서는 사전에 목표 설정이 필수적이다. 목표가 없이는 전환 리포트도 아무 의미가 없다. 그 어떤 데이터도 확인이 불가능하다. 간혹, 목표 설정 없이 단순 유입자수와 페이지 뷰 등의 데이터만을 보는 경우도 있지만, 이런 경우에 데이터를 통한 의사결정이 쉽지 않다. 즉, 데이터를 통한 의사결정을 위해 목표가 존재해야 하며, 이 목표 지표의 등락을 확인할 수 있는 리포트가 전환 리포트다.

보통은 전환 리포트 내의 개요나 목표 관련 리포트를 확인하여 목표수, 목표 전환율 등을 살펴보며, 전자상거래 데이터를 확인할 수 있는 경우 전자상거래 리포트를 별도로 확인하여 매출이나 거래수 등을 살펴볼 수 있다. 뿐만 아니라 각 매체별 기여도를 살펴볼 수 있는 유입 경로 리포트도 이 전환 리포트에서 확인할 수 있다.

그림 2-3-5. 구글 애널리틱스 잠재고객 개요 리포트

잠재고객 리포트

잠재고객 리포트는 사용자에 대한 데이터, 즉 잠재고객에 대한 데이터를 볼 수 있는 리포트다. 인구통계 데이터뿐만 아니라 사용자의 디바이스, OS 환경까지 리포트를

통해 확인할 수 있다. 다만 개인의 정보를 침해하는 수준의 정보가 아니다. 연령대 역시 구체적으로 표기되는 것이 아니라 25~34세, 35~44세 등으로 표기되며, 개인의 정보와 정확히 데이터를 일치하는 방식으로 표기해 주지 않는다(User ID 제외).

잠재고객 리포트 중 연령 리포트를 통해 각 연령대의 사용자의 유입수를 알 수 있다. 그런데 이전 전환 리포트의 데이터와 목표 지표를 활용하게 되면 잠재고객 리포트에서 한층 더 유의미한 데이터를 얻게 된다. 바로 전환율이다. 잠재고객 리포트는 결국 측정 기준이 잠재고객과 관련된 것들을 모아 둔 리포트 집합이므로 잠재고객과 관련된 측정 기준의 전환율을 볼 수 있는 것이다.

이 리포트를 통해 우린 전환율이 높은 측정 기준들을 알게 되며, 이런 특징을 가진 사용자에게 집중해야 한다는 결과를 얻게 된다.

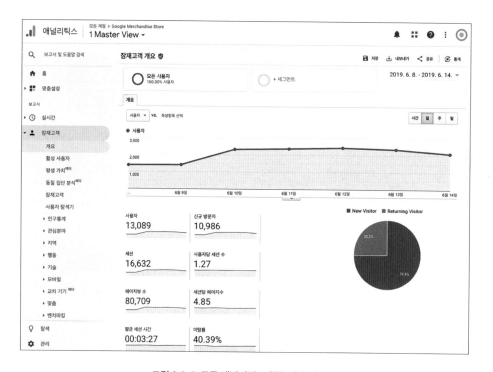

그림 2-3-6. 구글 애널리틱스 획득 개요 리포트

획득 리포트

획득 리포트는 측정 기준이 매체로 구별되는 리포트의 집합이다. 여기에서 매체란, 사용자를 웹이나 앱으로 획득하는 방법을 의미한다. 일반적인 검색, 유료 광고, 소셜 미디어 등등, 사용자를 획득하는 방법은 정말 다양하다. 여기서 GA는 기본적인 9가지 방식을 제공하고 있으며, 사용자의 획득 방식에 따라 매체 리포트에서 그들의 유입 채널을 분리한다.

그럼, 이 리포트를 통해 각 매체별, 사용자수가 얼마나 되는지 기록하게 되는데, 잠재고객 리포트와 마찬가지로 매체별 전환율도 알 수 있다. 이를 통해 어떤 매체를 통해 유입되는 사용자가 목표 전환이 잘 되는지를 알 수 있어 이후에 집중하고 활용성을 높여야 하는 매체가 무엇인지 의사결정이 가능해진다.

이뿐만 아니라 광고 캠페인 등의 성과도 별도로 분석할 수 있다. 결국, 고객을 획득하는 방법에 대한 분류이니 매체뿐만 아니라 진행 중인 캠페인들의 성과 분석도 이 리포트를 통해 가능한 것이다.

행동 리포트

마지막으로 행동 리포트는 웹, 앱에 유입된 사용자들의 다양한 행동을 확인할 수 있는 리포트이다. 사용자가 웹사이트에 들어와 어떤 행동을 했는지 '이벤트'라는 지표를 가지고 확인이 가능하며, 페이지를 탐색하다가 어떤 페이지에서 사이트를 나갔는지도 알 수 있다.

이런 데이터를 통해 최종 전환에 영향을 미치는 행동이 무엇이고, 사용자의 이탈이나 종료를 막기 위해 우선적으로 조치가 필요한 페이지가 무엇인지도 알 수 있다.

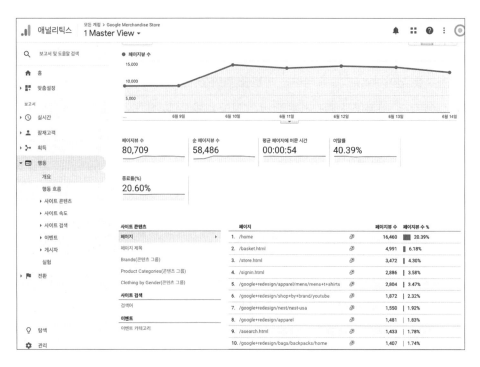

그림 2-3-7. 구글 애널리틱스 행동 개요 리포트

각각의 리포트를 통해 우리가 무엇을 얻을 수 있는가보다 확인해야 할 것들이 어떤 리포트에서 확인이 가능한지를 알아보는 관점에서 리포트를 이해하는 것이 수많은 리포트를 잘 이해할 수 있는 방법이다.

3. 세그먼트

리포트를 통해 잘 쌓인 데이터를 하나의 관점으로 바라보는 것을 측정 기준이라고 정의했다. 이 측정 기준은 최대 2개까지 설정하여 다양한 관점으로 데이터를 관찰할 수 있다. 그런데 이 측정 기준이 2개가 초과되면 어떻게 할까? 하나의 항목을 3개 이상의 측정 기준으로 바라보고 싶은 것이다. 이런 질문을 생각해 보자. "페이스북에서 유입된 30대 이상의 여성 사용자는 얼마나 될까?" 이 질문에서 측정 항목은 사용자수다. 단일 측정 항목을 가지고 있다. 하지만 측정 기준은 그렇지 않다. 측정 기준은 페이스북 유입, 30대 이상의 연령 그리고 여성인 사용자. 즉, 3개의 측정 기준을 가지고 있다. 그래서 최대 2개의 측정 기준을 볼 수 있는 일반 리포트에서는 위 질문의 측정 항목을 확인하기 어렵다.

이런 경우도 생각해 보자. 한 리포트에서 서로 다른 측정 기준을 구분 지어 다른 리포트에 있는 동일한 측정 항목을 평가하고 싶다. 이를테면, 20대 여성과 30대 남성의 관심사를 보고 싶은 경우가 이런 예시에 해당한다. 연령과 성별, 관심사는 모두 다른 리포트의 데이터다. 이럴 때는 20대 여성의 그룹과 30대 남성 그룹을 별도로 구분하여 관심사 리포트를 통해 데이터를 확인할 수 있다.

2가지 경우 모두 측정 기준을 다른 방식으로 그룹화시켜야 하는 일이 필요하다. 이것을 '세그먼트'라고 한다. 기존에 제시된 측정 기준을 다르게 조합하거나 해당 측정 기준 조합으로 새로운 데이터 모수를 쌓고 싶을 때 사용하는 기능이다. 이런 세그먼트 기능을 잘 활용하면 표면적인 데이터를 아주 깊게 들여다볼 수 있게 되어 조금 더 심도 있는 데이터 분석이 가능해진다. 세그먼트는 최대 4개까지 동시에 구성하여 데이터 분석이 가능하며, 세그먼트 내부에 다양한 측정 기준과 측정 항목 설정이 가능하여 데이터를 정의하는 관점에 따라 데이터 분류와 관리가 매우 간편해진다.

또한, 이렇게 쌓은 세그먼트 데이터는 계정이 변경되어도 Gmail 계정이 같다면 다른 GA 계정에서도 세그먼트 공유가 가능해진다. 이는 동일한 타깃target을 공유하는 다른 브랜드라면 서로의 데이터를 공유할 수 있어 더 나은 마케팅 액션이 가능해진다는 뜻이기도 하다.

세그먼트는 단순한 데이터 분류 및 비교 분석을 위해 사용하기보다 세그먼트로 쌓아진 데이터 모수를 대상으로 미디어 광고 집행도 할 수 있다. 즉, 유의미한 사용자나 액션을 한 사용자를 세그먼트로 저장하여 다시 마케팅 대상으로 삼을 수 있다. 이런 활동을 통해 더 효율적인 마케팅 결과를 기대할 수 있다.

2-4

기본 설정 및 목표의 이해

- -

1. 속성, 보기 설정

데이터 분석 전, 기초 설정은 매우 중요하다. 그렇지 않을 경우 시간이 한참이나 지난 후에도 분석하는 데이터가 제대로 쌓이고 있는지 아닌지 구별하기 어렵다. 이때 각 속성과 보기의 몇 가지 설정만 놓치지 않고 구현한다면 데이터 오류나 이후의 처참한 결과를 피할 수 있을 것이다. 속성은 웹사이트 단위로 설명하면 이해가 쉬울 것이다. 웹사이트마다 추적을 위해 설치해야 하는 스크립트가 발행되는 곳을 속성이라 부른다. 그리고 보기는 그 스크립트를 통해 쌓이는 데이터 리포트의 집합으로 정의한다. 그래서 먼저 이 두 곳의 올바른 설정이 필요한 것이다.

그림 2-4-1. 속성 설정

그림 2-4-2. 인구통계 및 관심분야 리포트 사용 설정

속성 설정에서 가장 중요한 것은 인구통계 추적의 설정이다. 속성 설정으로 들어가면 인구통계 기능이 해제되어 있다. 이 기능을 해제한 상태에서 리포트를 사용할 이유가 없다. 그렇기 때문에 추적하고자 하는 곳에 스크립트가 설치된 이후로 최초의 속성 설정이라면 반드시 인구통계 기능을 설정으로 바꿔 놓아야 한다. 그래야만 성별, 연

령, 관심사 등의 데이터를 확인할 수 있다. 이는 구글 애즈와도 연결되어 이후의 리마케팅 등의 광고 운영에도 필수적인 데이터 활용이 가능해진다.

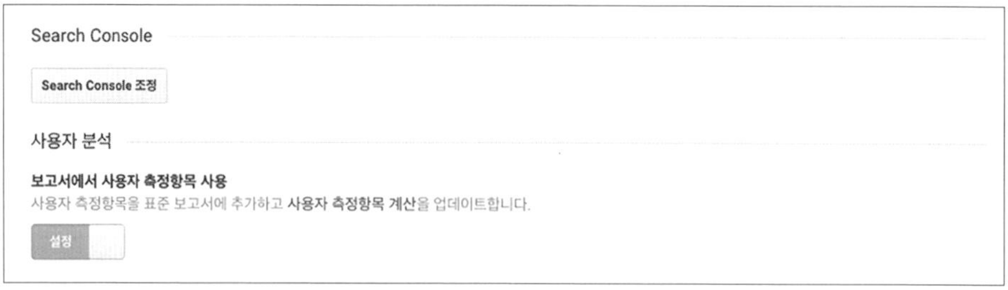

그림 2-4-3. 서치 콘솔 사용

그리고 중요한 것이 또 하나 있다. 바로 서치 콘솔 기능이다. 바로 구글에 추적 대상의 웹사이트를 등록하는 일이다. 국내의 네이버의 경우, '웹마스터 도구'란 이름으로 사이트를 등록하는 절차를 걸친다. 네이버의 경우 이런 방식으로 사이트 등록을 하지 않는 경우, 검색에서도 결과물로 나오지 않게 된다. 하지만 구글에서는 서치 콘솔 등록을 하지 않아도 검색 결과물로 노출이 되다 보니, 많은 분들이 서치 콘솔을 통해 사이트 등록을 안 하는 경우가 많다. 다만, 이렇게 사이트 등록을 하지 않는 경우, 구글에서 특정 키워드 검색을 통해 사이트에 유입된 사용자의 분석이 어려운 부작용이 있다. 즉, 구글 키워드 유입 분석이 불가능해진다. 물론, 예전에는 구글 사용 사용자가 매우 적어 키워드 분석이 안 된다고 해도 큰 어려움이 없었지만, 최근에는 구글 키워드 검색 사용자가 꾸준히 늘고 있어 이들에 대한 분석의 필요성이 높아졌다. 그렇기 때문에 속성 설정 때 반드시 서치 콘솔 기능을 활용하여 당신의 웹사이트를 구글에 등록해야만 한다.

이어서 보기 설정이 필요하다. 대부분의 설정은 보기에서 이루어지며, 이후 중요한 필터나 목표의 설정도 모두 보기에서 이루어진다. 보기 설정에서 가장 먼저 이루어져야 할 것은 보기의 구분이다. GA의 특성상 데이터를 백업하는 기능이 없다. 그렇다 보니 데이터 누적 중 오염이 발생할 경우 예전의 데이터를 복구시킬 수 없게 된다. 이런 경우 결국 데이터 누적을 다시 시작해야 하다 보니 여러모로 불편한 점이 아닐 수 없다. 그래서 데이터 보기를 분리함으로써 필요에 따라 보기를 복사하거나 분리해서 쓰게 되는 것이다.

그림 2-4-4. 보기 복사 버튼

데이터 보기는 크게 3가지 종류가 필요하다.

첫째, 백업용 데이터다. 순수 데이터만 쌓는 목적으로 최초 만들어진 전체 웹사이트 데이터 보기를 쓰는 경우가 많다. 그 어떤 필터도, 그 어떤 목표도 설정해 두지 않는 것이 일반적이다. 그래서 이후 다른 보기의 데이터가 오염될 경우 이 보기를 다시 복사해서 쓰게 된다. 필요에 따라 필터를 걸어 두어 데이터 변경을 주지만, 기본적으로 순수한 백업용 데이터 보기라고 생각하면 된다.

둘째, 마스터 보기이다. 이는 팀원이 모두 함께 데이터를 보게 되는 경우 사용하게 되는 팀 보기라고 생각하면 된다. 모두가 동일한 리포트를 보고 토론하며 의사결정을 해야 하는데, 만일 서로 다른 리포트를 본다면 이런 활동이 불가능하지 않겠는가? 그래서 모두가 볼 수 있는 팀 전용, 마스터 보기를 만든다. 보기 복사를 통해 손쉽게 제작이 가능하며, 이곳에 팀에서 약속한 필터나 목표를 설정하여 데이터를 함께 본다.

셋째, 테스트 보기이다. 이는 팀원들이 각각 볼 수 있는 자신만의 보기라고 생각하면 이해하기 쉽다. 각각이 마케터인 상황에서 스스로 볼 수 있는 보기가 필요한데 오로지 팀 보기로만 분석을 하면 다양한 활동에 제약이 많을 수밖에 없다. 그렇기 때문에 자신만이 볼 수 있는 보기를 생성하여 사전에 확인이 필요한 필터나 목표를 설정하여 데이터를 별도로 확인이 가능한 것이다. 실제로 마스터 보기에 설정해야 할 것을 테스트 보기에 선설정하여 결과를 지켜본 후, 마스터 보기에 설정함으로써 설정에 대한 실수를 막기도 한다.

이렇게 3개의 보기를 미리 만들어 데이터 분석을 하면 데이터 오염에 대한 대안 마련이 가능하고, 이후 데이터 누적 오류에 대해서 빠르게 대처할 수 있게 된다. 기본적인 속성, 보기 설정을 통해 이후에 지속적으로 업데이트되는 설정들에 대한 오류 또한 감지할 수 있으므로 이 기초적인 설정을 절대로 잊지 않고 초반에 할 수 있도록 해야 한다.

2. 필터 설정

기본적인 보기명은 '전체 웹사이트 데이터'이다. 말 그대로 웹사이트의 전체 데이터를 쌓고 있는 것이다. 그리고 보기를 3개로 분류했다고 하더라도 각각 다른 데이터가 쌓이는 것은 아니다. 보기명이 다르더라도 필터가 존재하지 않는다면 서로 다른 보기에 쌓이는 데이터는 모두 같다. 데이터 분석을 위해 꼭 모든 데이터가 필요한 것은 아니다. 모든 데이터가 아닌 필요한 데이터를 모아야 한다. 모바일 환경에서만 마케팅을 하고 있다면, PC로 유입된 사용자의 데이터는 필요하지 않을 수 있다. 국내 마케팅만 진행하고 있다면, 해외로부터 유입된 데이터는 오히려 전환 추적에 방해가 될 수 있다. 데이터를 쌓는 목적과 방향성에 따라서 필요한 데이터가 달라진다. 이처럼 모든 데이터가 아니라 필요한 데이터만을 쌓기 위한 설정이 필터 설정이다. 적절한 필터를 제작하여 필요한 데이터만을 쌓을 수 있게 준비해야 한다.

필터의 종류는 정말 다양하다. 데이터 분석의 목적과 방향성에 따라서 설정해 두어야 하는 필터가 달라지므로 먼저 분석 목적과 방향성을 잡는 것이 중요하다. 하지만 그것과는 무관하게 반드시 설정해 두어야 하는 필터 몇 가지를 소개한다.

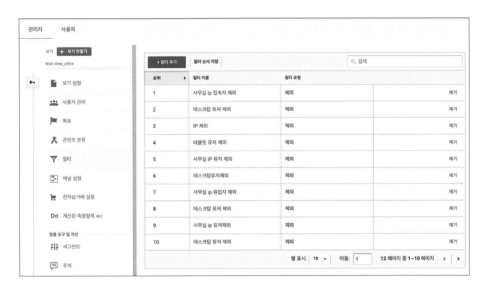

그림 2-4-5. 필터 추가 페이지

1) IP 주소 제외 필터

보기에 필터 추가

다음 중 보기에 필터를 적용할 방법을 선택합니다.

● 새 필터 만들기
○ 기존 필터 적용

필터 정보

필터 이름

사무실 IP 제외

필터 유형

[사전 정의됨] [맞춤]

[제외 ▾] [해당 IP 주소에서 유입된 트래픽 ▾] [표현식 선택 ▾]

                                         일치

IP 주소   시작값

예: 74.125.19.103 또는 2001:db8::1(IPv6의 경우   종료값

                                           포함

필터 확인 ⑦

애널리틱스에서는 이 필터에 대한 미리보기가 제공되지 않습니다. 고급 필터 및 위치 기반 필터(예: IP 주소, 국가 등)에 대한 미리보기는 아직 지원되지 않습니다.

[저장] [취소]

그림 2-4-6. 사무실 IP 제외 설정

만약 다수의 팀원이 동일한 사무실 IP 주소를 공유한다고 해보자. 그리고 그 팀원들이 빈번히 추적하는 사이트에 방문하여 목표 달성까지 한다고 하자. 아마도 GA 리포트에 허수의 목표 달성 데이터가 쌓이게 될 것이다. 이는 진짜 사용자의 데이터를 오염시키는 주원인이 되어, 전체 데이터를 심하게 훼손시킬 수 있다. 이때 필요한 것이 필터다. 팀원들의 사이트 이용을 막을 수 없는 것이니, 그들의 방문 데이터를 모두 제외시키는 것이다. 방법은 간단하다. 그들이 공유하는 IP 주소를 통해 유입한 사용자의 데이터는 모두 제외시키면 된다.

방법도 간단하다. 보기의 필터 메뉴로 들어가서 필터를 제작하면 된다. 일반적인 필터 제작은 이미 공식화되어 있어서 요소 하나하나를 클릭해 보면 아주 직관적으로 제작할 수 있게 구성되어 있다. 맞춤이란 탭을 통해 더 개인화되고 다양한 필터를 제작할 수도 있겠지만 기본적인 필터 제작은 어려움 없이 가능하다.

2) 특정 디바이스 제외 필터

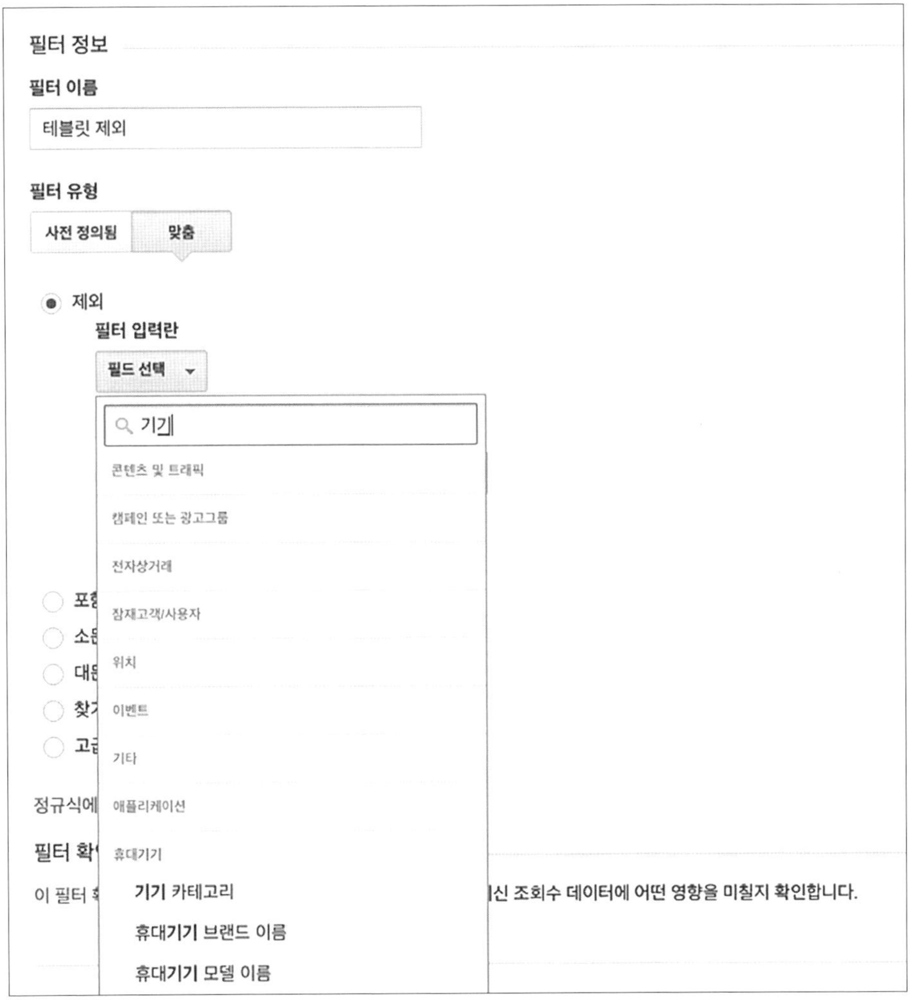

그림 2-4-7. 특정 기기 제외 필터 설정

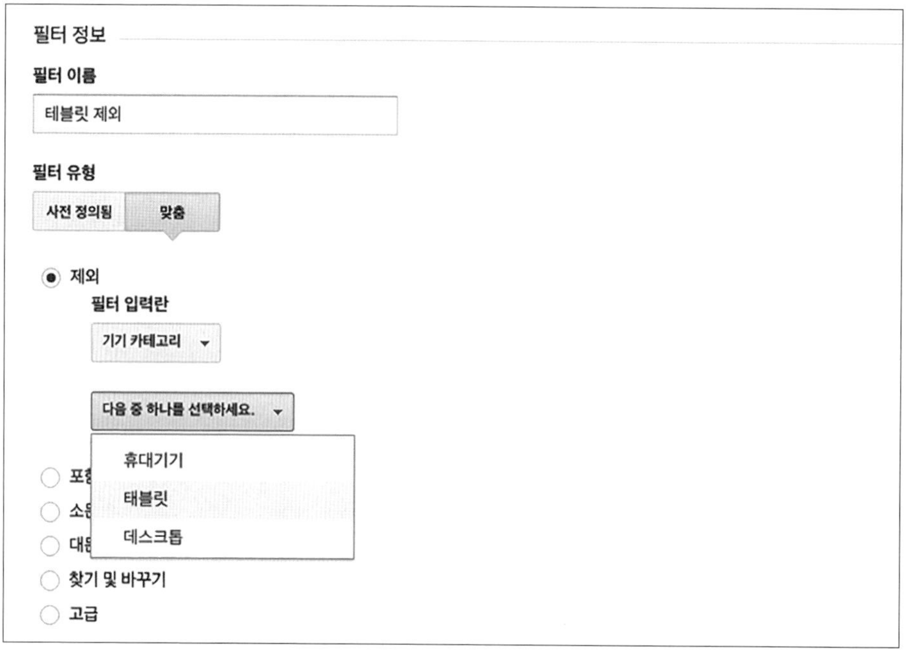

그림 2-4-8. 태블릿 제외 설정

최근 모바일 환경에서만 캠페인을 진행하는 경우가 종종 있다. 그럴 때는 특정 디바이스 유입을 데이터로 남기지 않기 위해 디바이스 필터를 생성한다. 이때는 맞춤 필터를 활용하여 디바이스 선택 후, 제외 필터를 생성하면 해당 디바이스를 이용하여 접속한 사용자의 데이터는 리포트에서 제외된다.

3) 호스트 이름을 통한 포함 필터

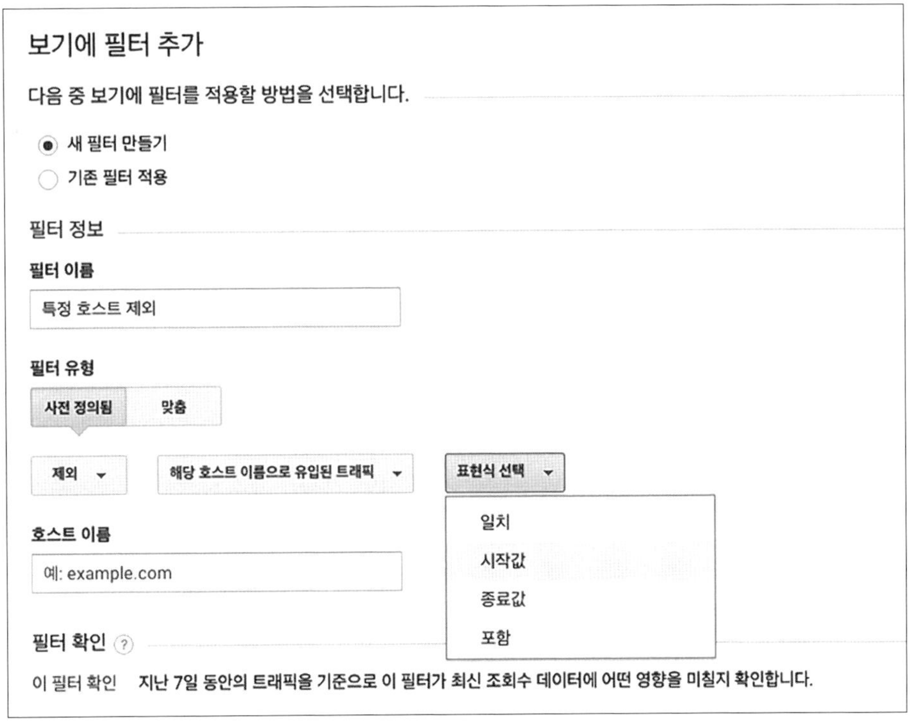

그림 2-4-9. 특정 호스트 제외 설정

만일 m.XXX.com의 형식처럼 서브 도메인으로 구성된 모바일 페이지 유입 사용자의 데이터를 별도로 쌓고 싶다면 제외가 아닌 포함 기준으로 해당 도메인 주소를 입력해 모바일 사용자만의 행동을 별도의 보기에서 관찰할 수 있다.

이렇게 보기의 필터를 제작하면 순서 기준의 리스트로 생성되는데, 이 순서는 필터가 적용되는 순서를 의미한다. 필터의 적용 순서에 따라 최종적으로 리포트에 보여지는 데이터가 바뀔 수 있으므로 어떤 필터를 먼저 적용할지 순서까지 고려할 필요가 있다. 필터는 다소 어려워 보일 수 있으나 최근에는 필터 자동 생성까지 제공되고 있어서 자신의 사이트에 반드시 필요한 필터만 우선 적용하고, 이후 데이터 누적에 따라 필요한 필터는 자동으로 생성되는 필터를 적용하여 더 선명한 데이터를 쌓을 수 있을 것이다.

3. 목표 종류

GA를 활용한 데이터 분석 때 가장 중요한 키워드는 무엇일까? 뭐니뭐니해도 '전환율'이다. 이 키워드가 가장 중요하다는 것을 부정할 수 있는 사람은 없다. 왜냐하면 이것이 GA와 다른 로그 분석을 구분하는 핵심적인 키워드이기 때문이다. 물론 최근에는 다른 로그 분석에도 목표를 추적하여 전환 여부를 알 수 있게 되었다. 기능의 유무를 떠나 의사결정을 돕는 지표를 직접 제작하고 볼 수 있음에 그 의미가 크다. 말 그대로 목표는 우리가 웹사이트에서 관찰하고자 하는 고객의 행동이다. 목표에 관해 더 자세한 이야기를 나누기 전에 그보다 상위 지표들을 먼저 확인해 볼 필요가 있다.

첫째, OKR Objective and Key Result이다. 바로 목적이다. 핵심적인 결과물은 나중에 이야기하더라도 목적은 무엇을 이야기하기 전에 반드시 정해져야 하는 것이다. 어떤 쇼핑몰을 예로 들어보자. 이 쇼핑몰의 OKR이 궁금하다면 이런 질문을 해보면 된다. '이 쇼핑몰은 왜 존재하는가?' 이런 존재의 이유를 묻는 질문은 해당 쇼핑몰의 OKR을 빠르게 정의할 수 있게 한다. 온라인 쇼핑몰의 존재 이유는 무엇일까? 바로, 온라인 영역의 매출 증대가 될 것이다. 물론 잠재고객 확보나 신규 제품의 소개 등이 될 수도 있지만, 결제까지 가능하다면 매출이 그보다 앞서는 목적이 될 것이다.

둘째, KPI^{Key Performance Indicator}이다. 바로 핵심성과 지표다. 바로 위에서 매출 증대가 목적이라고 이야기했으니 핵심성과 지표는 무엇으로 하면 좋을까? 아마도 누구나 매출이라고 말할 것이다. 맞다. 경우에 따라 매출이 될 수도 있고, 구매수, 구매당 단가가 될 수도 있다. 여기까지는 모든 마케터라면 이야기해 주지 않아도 알 수 있는 지표들이다. 이와 관련된 지표의 이해가 필요하다.

셋째, 목표^{Goal}다. 이때 목표에 대한 오해가 있다. 목표라고 하면 위의 매출이 얼마여야 되는가로 답변을 생각할 수 있다. 하지만 여기에서 이 목표는 그렇지 않다. 이때 목표의 정의는 이렇다. "고객이 KPI를 달성하는 순간, 취하는 마지막 행동". 쇼핑몰을 생각해 보자. 매출이 일어나는 순간의 고객 행동이 무엇인지 물어 보면 보통, 결제 버튼 클릭이라고 답변한다. 하지만 결제 버튼을 클릭하더라도 결제가 완료되지는 않는다. PG로 넘어가다가 결제 오류가 생길 수도 있는 일이다. 그렇기 때문에 마지막 행동은 결제 완료 페이지 도착으로만 정의될 수 있다. 이 책에서는 편의상 목표를 영어 발음인 '골'로 표기하는 단어가 일부 있다. 참고하길 바란다.

GA 리포트에서는 이런 목표 설정이 필수적이다. 그래야만 목표를 통해 전환율을 파악할 수 있기 때문이다. 그리고 이런 목표는 다시 3가지 종류로 나뉜다. 방금 KPI와 바로 연결지었던 목표를 매크로 골^{Macro Goal}이라 부른다. 그리고 매크로 골을 달성하기 위해 거칠 수밖에 없는 모든 순간들을 마이크로 골^{Micro Goal}이라 부른다. 마지막으로 매크로 골을 달성하는 사용자들이 공통적으로 하는 행동을 이벤트 골^{Event Goal}이라 한다.

- 매크로 골 Macro Goal
- 마이크로 골 Micro Goal
- 이벤트 골 Event Goal

이 3가지 Goal을 사전에 정의해야 이후 목표 설정을 막힘 없이 할 수 있다. 매크로 골은 KPI의 등락을 살펴보기 위해 설정한다. 그렇기 때문에 해당 골의 증감은 현재 서비스와 마케팅이 제대로 진행되고 있는지 살펴볼 수 있는 근거가 된다. 그리고 마이크로 골은 서비스 전달 과정 중이나 사이트 내부에서 최종 목표를 달성하는 과정 중에서 개선의 기회를 발견하게 하는 근거가 된다. 쇼핑몰에서 장바구니 페이지 도착은 구매 전 액션이므로 하나의 마이크로 골이 된다. 이때 장바구니 페이지 도착 전환율을 알면 구매 과정 중에 장바구니 페이지의 이탈률과 전환율을 관찰할 수 있어서 장바구니 페이지의 개선점을 도출할 수 있게 된다.

이벤트 골 역시 최종 목표 달성 전, 반복적으로 하는 행동을 알 수 있게 해주므로 웹사이트에 방문하는 고객들이 우리가 원하는 특정 행동을 할 수 있게 유도할 수 있게 된다. 이는 고객 경험 개선에 도움이 되어 전체적인 성과 향상에 기여하게 된다.

데이터 분석 전, 목표 설정은 상당히 중요하다. 심지어 목표 없는 데이터 분석도 하지 말라고 이야기한다. 그 정도로 중요하다. 데이터 분석은 여러 의사결정을 하기 위한 도구이다. 그렇기 때문에 의사결정에 필요한 지표가 반드시 필요하며, 그 지표의 역할을 목표가 하게 된다. 우선 위 3가지 목표에 대해서 고민해 볼 필요가 있다. 그리고 천천히 GA 설정으로 옮겨도 늦지 않는다.

구글 애널리틱스 주요 리포트

1. 잠재고객 리포트

데이터 분석의 첫걸음은 우리가 추적하고자 하는 사이트나 앱에 누가 유입되는지 알고 누가 더 유의미한지 구분하는 것에서부터 시작한다. 마케팅에서 흔히 이야기하는 타기팅tageting, 세그먼트도 결국 '고객 중 더 중요한 고객은 누구인가?'의 질문에서부터 시작된다. 디지털 세상에서 더 중요한 고객을 우린 어떻게 찾아야 할까? GA 리포트 중, 잠재고객 리포트는 이 질문에 답변을 찾아나갈 수 있는 방향을 안내한다. 사용자를 다양한 측정 기준으로 나누어 보게 됨으로써 고품질 사용자의 특징을 알아내는 것에 집중한다. 여기서 한 가지 양해를 구하겠다. 책의 본문에는 타깃, 타기팅으로 표기하고 있으나 일부 예제의 이미지에서는 '타켓', '타켓팅'으로 표기된 경우가 있다. 이는 페이스북 자체에서 제공하는 화면에서 타켓, 타켓팅으로 표기하고 있으나 책에서는 사전적으로 맞는 맞춤법인 타깃, 타기팅을 선택했다. 뜻은 동일하나, 표기에 따른 혼란이 생길 가능성이 있어 미리 설명했다.

연령, 성별

이 부분은 가장 기초적인 잠재고객 분석이 된다. 방문자의 연령과 성별을 판단함으로써 사용자 유입에 필요한 미디어의 선택이나 콘텐츠 소재의 근거가 된다. 연령 분석은 커스텀으로 직접 연령대를 지정할 수 없는 것이 아쉬운 부분이지만, 경제 활동에 근거하여 연령대가 구분되어 있어 마케팅에 활용도가 높다. 성별 역시 여성, 남성으로 구분되며, 이때 데이터 누락으로 성별이 구분되지 않을 경우 unknown으로 표기된다. 이렇게 표기되는 경우는 매우 드물며, 데이터 분석에 크게 영향을 끼치지는 못한다.

관심사

GA의 관심사 분석은 매우 유용하다. 구글 애드센스 기반의 관심사 추적 방법은 방문자가 평소 어떤 관심사를 가지고 있는지 비교 방식으로 알 수 있게 해주며, 이런 데이터를 통해서 콘텐츠 제작이나 광고 매체 운영에도 도움을 얻을 수 있다. 일반적으로 직접 관심사를 찾거나 지정하는 방식은 아니다. 농구에 관심 있는 이들을 찾고 싶다고 해서 basketball을 입력해서 사용자를 찾긴 어렵다. 다만, sports라는 관심사 카테고리가 있어서 이 관심사를 가진 사람들의 사용자수나 전환수 등을 고려하여 매체, 콘텐츠 전략 기획이 가능한 것이다.

디바이스, 재방문자

최근 모바일 사용자가 급증하면서 디바이스별 행동과 성과 분석도 매우 중요하다. 데스크톱, 테블릿, 모바일의 사용자별로 페이지가 다르게 구성되어 있어 보통은 고객 경험이 달라지고 이에 따라 여러 가지 행동과 전환에 영향을 미치게 된다. 이때 디바이스별, 이탈률이나 전환율 파악이 필요하며 각 디바이스 페이지마다 고객 경험을 다르게 구성해야 한다. 재방문자 분석 역시 매우 중요하다. 데이터 분석상, 대부분의 커머스 환경에서 매출의 절반 이상은 재방문자가 기여하게 된다. 그러므로 재방문자의 방문이 꾸준히 상승하는지, 그들의 전환율이 유지되는지 살펴보아야 한다.

사용자 흐름 분석

잠재고객 리포트에서 사용자 흐름 분석을 어떻게 이용해야 할지 난감해 하는 분들이 적지 않다. 사용자 흐름 분석은 고객의 유입의 시작부터 종료까지 이어지는 다양한 페이지 이동 패턴을 시각화해 주는 리포트다. 중간의 붉은 색으로 처리되는 것은 다음 페이지로 이동하지 못하고 이탈되거나 페이지를 종료된 상태를 보여 준다. 리포트 오른쪽의 화살표를 클릭하면 끊임없이 이 리포트를 확장할 수 있다. 이 리포트의 활용 목적은 고객의 페이지 이동 패턴을 아는 것이다. 처음 시작점부터 계속해서 이 리포트를 확장하다 보면 고객의 페이지 이동 패턴을 알게 된다. 고객의 페이지 이동 패턴을 아는 것은 매우 중요한데, 각 페이지마다 그다음 이동될 페이지의 이동을 안내해 주는 명확한 행동유도 장치를 설치해 주는 것만으로 고객의 이탈을 방지할 수 있기 때문이다.

리텐션 분석

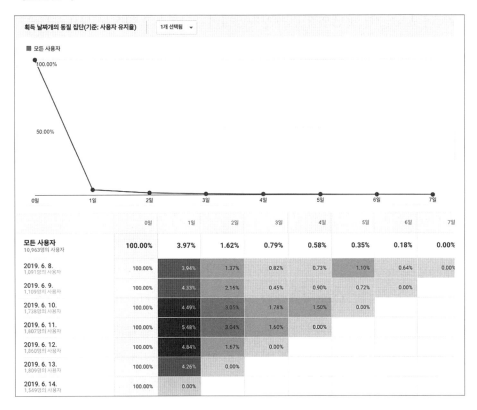

그림 2-5-1. 리텐션 분석 리포트

지속적인 고객의 방문이 필요한 비즈니스 모델을 가지고 있다면 잠재고객 리포트에서 리텐션 분석도 매우 유의미하다. 사용자 방문일을 0일로 기준하여 그다음 날의 방문자를 수치화한 리포트이다. 재방문 시점이 높은 사용자 집단이나 재방문 시점이 높아지는 기간을 고려하여 마케팅 전략을 수립할 수 있다.

2. 획득 리포트

데이터 분석을 생각하면 가장 먼저 성과 분석이 머리에 떠오른다. 그 성과 분석에 가장 큰 역할을 하는 것은 획득 리포트다. 획득 리포트는 말 그대로 사용자를 어떻게 획득했는가를 보는 리포트이며, 이 데이터를 통해 미디어 조합을 어떻게 할지, 마케팅 예산을 어떤 미디어에 더 효율적으로 집행할지에 대한 의사결정을 하게 된다. 더불어 각 광고 캠페인별로 성과 추적을 할 수 있어 매체 성과뿐만 아니라 캠페인 성과까지 한눈에 비교할 수 있어서 효율적인 광고 운영이 가능해진다. GA에서는 총 9개의 사전에 정해진 매체가 존재한다. 각각의 매체를 이해하면 고객의 유입 방법을 이해하는 데 도움이 된다.

organic search

이 매체는 말 그대로 자연검색 유입을 의미한다. NAVER, Google과 같은 다양한 검색 포털이 존재하는데, 이곳에서 특정 키워드를 검색하여 웹사이트를 방문했다면, 해당 사이트에서는 그 방문자를 검색 사용자로 기록한다. 그리고 그 검색 사용자가 유료 광고 키워드 검색이 아닌 일반 검색 키워드를 입력했다면 Organic search로 매체명이 기록된다. SEO가 잘 설정되어 있다면 자연검색 유입이 많아질 수 있으며, 실제 브랜드 키워드 검색량이 증가하는 추세에도 자연검색 사용자 유입은 증가하게 된다. 이 매체에서 해당 사용자를 유입하는 비용은 0에 가까우며, 실제 자연검색 사용자의 전환율은 다른 유입 사용자보다 월등히 앞서서 전체적인 마케팅 목적을 자연검색 사용자 증가로 설정하는 경우도 많다.

paid search

위의 내용처럼 키워드 검색 사용자 중에서도 유료 광고 검색 키워드를 통해 웹사이트에 방문하게 되면 해당 웹사이트에서는 방문자의 매체를 지불검색으로 기록한다. 키워드 광고 집행에 따라 해당 매체를 통한 방문자의 수는 달라질 수 있으며, 비교적 자연검색 사용자보다는 목표 전환율이 낮은 편이다. 또한 지불검색 사용자의 전환율은 자연검색보다 더 고려되어야 할 대상이 되는데, 전환율을 통해 전환단가와 지불검색 유입 비용이 이상적인가를 확인해야 한다. 해당 매체를 통해 방문자수가 아무리 많아도 전환이 일어나지 않으면 유입에 대한 비용은 많이 지불하나 수익에 기여를 할 수 없기 때문이다.

referral

이 매체는 말 그대로 추천을 통해 고객이 유입된 경우를 의미한다. 타 사이트를 통해 고객이 유입될 경우 그 타 사이트가 우리의 사이트를 추천했다고 이해하면 된다. 보통은 HTML 구조의 사이트의 경우를 이야기하며, 검색포털의 경우에 추천보다는 검색으로 우선 결정된다. 그래서 검색포털을 통해 사이트에 유입되면 referral이 아니라 search로 분류된다.

social

우리가 주로 사용하는 블로그, 페이스북, 인스타그램, 유튜브, 핀터레스트 등의 매체를 통해 사이트에 유입되면 social로 기록된다. 다만, social 비즈니스를 지향하는 수준만으로 이 social 매체로 자동 기록이 되지 않는다. 글로벌 social 매체로 인지되고 있어야 기록되며, 일반적인 경우에 social로 기록되지 않고 referral로 기록된다. 네이버의 경우도 검색을 제외한 모든 영역이 social로 기록된다. 이를테면, 뉴스, 블로그, 카페, 지식인 등에서 유입된 사용자는 social로 기록되는 것이다.

direct

주소창에 웹사이트 주소를 직접 입력하고 들어오는 경우를 의미한다. 경우에 따라서 북마크 링크나 문자 및 메신저 메시지에 포함된 링크를 클릭하고 유입된 사용자도 direct로 기록된다. 그래서 direct 사용자의 증가는 긍정적 신호로 받아들여지기도 한다. 재방문자 혹은 이미 브랜드나 사이트 주소를 알고 있는 이들이 방문할 가능성이 크기 때문이다. 다만, 최근에 보안강화 이슈로 사이트 내 도메인 주소가 바뀌면서 페이지 이동만으로도 direct로 기록되는 경우가 있어서 사이트 구조가 어떤지 체크해보고 해당 매체 데이터를 살펴봐야 한다.

email

다양한 이메일 솔루션을 통해 사이트에 유입되면 email 매체로 기록된다. 이 중에서 네이버나 다음의 메일을 통해 유입되는 경우는 social로 기록되므로 유의해서 확인해야 한다.

display

일반적인 네트워크 광고를 통해 사용자가 유입되는 것을 의미한다. 다만 다양한 네트워크 배너 광고가 있지만, 자동으로 해당 매체에 기록을 하는 것은 구글 디스플레이 네트워크GDN만 해당이 된다. 유사한 서비스를 제공하는 크리테오, 모비온, 타기팅 게이츠와 같은 광고를 통해 고객이 유입되면 referral로 기록이 되니 사전에 display로 기록될 수 있도록 설정 후 광고 집행해야 한다.

3. 행동 리포트

행동 리포트는 웹사이트 내에서 고객의 행동을 구체적으로 확인하기 위해 반드시 확인해야 하는 리포트이다. 단순하게 매체 성과 분석만을 위해서는 획득 리포트나 잠재고객 리포트를 살펴보면 되지만, GA를 활용한 데이터 분석은 사용자의 행동 분석을 기반으로 더 나은 경험 디자인과 개선 활동이 반드시 뒤따라 줘야 한다. 사용자의 행동분석으로 반드시 살펴봐야 하는 것은 고객이 자주 사이트를 나가게 되는 종료 페이지, 그리고 사이트 상호작용이 없는 이탈 페이지이다. 추가로 사용자의 상호작용을 추적하면 이벤트 추적이 되는데, 마케팅 KPI와 관련된 고객 행동은 모두 이벤트로 추적할 필요가 있다. 그래야만 최종 전환과 관련성이 높은 이벤트를 찾아 고객의 행동을 해당 이벤트로 유도할 수 있다.

이탈 페이지

이탈 페이지는 성공적인 전환 경로상에서 반드시 개선되거나 제거되어야 할 페이지이다. 이탈은 사용자가 사이트 방문 후, 아무런 상호작용 없이 사이트를 나가는 경우를 의미하는데 이탈 페이지는 그런 이탈이 발생한 페이지이다. 이탈이 다수 발생하는 페이지는 자연스럽게 문제가 있다고 판단되고, 개선을 하기 위한 다양한 실험이 적용된다. 이때 가장 많은 테스트를 거치는 것은 전환율이 높은 고품질 사용자의 특성에 맞게 페이지의 톤앤매너tone and manner(해당 랜딩 페이지의 전체적인 디자인적 분위기. 즉 브랜드가 유지하고 싶은 본연의 이미지를 말한다.)를 변경하는 것이다. 이탈은 최초 페이지에 랜딩 이후 판단되는 데이터이므로 사용자가 느끼는 사이트의 첫 이미지가 좋지 않다면 이탈될 가능성이 크기 때문이다. 추가로 테스트해 보는 것은 사용자의 사이트 방문을 위해 이용한 콘텐츠의 톤앤매너와 랜딩 페이지 톤앤매너를 일치시키는 것이다. 실제로 콘텐츠의 내용과 랜딩 페이지 내용이 일치하지 않는 경우 이탈률이 높아지기 마련이다.

종료 페이지

종료 페이지는 사용자가 사이트를 종료할 때 마지막으로 남아 있던 페이지를 의미한다. 그래서 종료 페이지라고 해서 반드시 부정적인 의미를 갖진 않는다. 회원가입을 목적으로 한 사용자에게 회원가입 완료 페이지는 종료 페이지가 될 가능성이 크며, 구매를 목적으로 한 사용자에게 구매 완료 페이지가 종료 페이지가 될 가능성이 크기 때문이다. 이미 전환 완료 후, 사이트를 종료했으므로 전환이 포함되어 있는 페이지가 종료 페이지라서 부정적으로 정의될 필요는 없는 것이다. 다만, 쇼핑몰의 경우 장바구니 페이지에서 종료 페이지로 기록되는 것이 많다면 문제가 될 수 있다. 장바구니 페이지는 구매 경로 중 일부이지 최종 완료 페이지가 아니기 때문이다. 이런 경우 종료율을 낮추고 그다음 결제 페이지로 얼마나 고객을 전환시켜야 하는지에 대한 고민이 필요하다. 이럴 때는 그다음 페이지로 넘어가야 할 이유를 명확하게 제시해 주는 것이 좋다. 그래야만 사용자가 다른 페이지로 헤매지 않고 안전하게 전환이 가능하다.

이벤트

웹사이트 내에서 하는 모든 상호작용에 추적을 하기 위한 설정을 하였다면 이는 이벤트라는 항목으로 데이터 확인이 가능해진다. 특정 버튼 클릭, 배너 클릭, 영상 조회, DB 입력 등 모든 것을 이벤트 조회로 추적할 수 있다. 이런 고객 행동 추적은 이후에 특정 이벤트 사용자를 세그먼트로 정의해서 각 세그먼트마다 최종 전환이 얼마나 잘 되는지 추적해 볼 수 있다. 그러면 목표 달성에 기여를 많이 하는 유의미한 이벤트를 정의할 수 있게 된다.

검색 키워드 분석

일반적인 키워드 분석은 외부 포털에서 키워드 검색 후 유입된 사용자의 데이터를 추적하는데, 이 리포트는 사이트 내에서 특정 키워드를 입력한 사용자의 데이터를 추적한다. 즉, 외부 키워드 검색이 아니라 내부 키워드 검색으로 정의할 수 있다. 내부 키워드 분석은 사용자가 사이트에 유입 후 어떤 니즈가 있는지 키워드 분석을 통해 단번에 알아볼 수 있어서 랜딩 페이지 구성이나 프로모션 구성에도 도움이 된다.

4. 전환 리포트

주요 리포트 중 가장 먼저 확인해 봐야 하는 리포트는 바로 전환 리포트이다. GA에서 가장 중요한 것은 '전환율'이다. 반박할 수 없을 만큼 이 지표는 모든 의사결정을 위한 필수 요소이다. 전환율은 목표가 설정되어 있다는 가정하에 모든 리포트에서 확인할 수 있다. 그리고 목표에 대해서 더 깊이 있게 데이터 분석을 하고 싶다면 이 전환 리포트에서 확인할 수 있다. 전환 리포트에서 기간 비교를 통해 목표 전환율의 등락을 한눈에 볼 수 있고, 이 변경에 대해 더 자세한 데이터를 보고 싶다면 잠재고객, 획득, 행동 리포트를 통해 추가적인 인사이트를 얻을 수 있다.

목표

목표 리포트를 통해 기본적인 목표 전환과 관련된 여러 지표들의 등락 추이를 확인할 수 있다. 뿐만 아니라 목표 달성 전의 페이지 이동 경로를 체크할 수 있다. 유입경로 시각화 리포트를 통해 미리 정해 둔 경로에서 사용자가 얼마나 이동하고 중간에 이탈했는지 확인할 수 있어서 개선이 필요한 페이지들을 발견할 수 있다. 이런 시각화 리포트를 통해 원하는 사용자의 흐름이 유의미한지 테스트해 볼 수 있다는 점에서 수많은 세일즈 가설을 테스트해 볼 수 있는 것은 큰 장점이다.

전자상거래

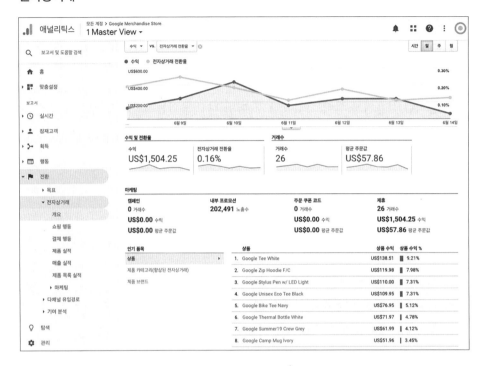

그림 2-5-2. 전자상거래 개요 리포트

쇼핑몰 등의 결제 기능이 있는 사이트의 경우, 매출 추적을 통해 성과 분석을 하게 되는데 GA에서 전자상거래 설정을 통해 매출 및 객단가, 거래수 등을 관찰할 수 있다. 목표 설정과는 조금 다른 이야기이므로 별도의 태그 설정이 필요하다. 그래서 솔루션에 따라 개발팀의 지원이 필요한 업무이기도 하지만, 세부 장바구니, 결제 페이지에서의 고객 행동 흐름을 관찰할 수 있어서 설정 이후에 살펴볼 수 있는 데이터의 가치가 높다. 그리고 각 이탈 페이지에서 손쉽게 세그먼트를 제작할 수 있어서 주요 페이지 이탈 사용자를 대상으로 리마케팅 운영도 매우 간단한 편이다.

다채널 유입경로

기본 측정기준: MCF 채널 그룹 경로 기본 채널 그룹 경로 소스/매체 경로 소스 경로 매체 경로 기타 ▾ 채널 그룹 ▾

보조 측정기준 ▾ 고급

MCF 채널 그룹 경로	전환수	전환 가치
1. 추천 > 직접	148 (12.96%)	–
2. 자연 검색 > 직접	127 (11.12%)	US$72.96
3. 직접 × 2	120 (10.51%)	–
4. 추천 > 직접 × 2	68 (5.95%)	–
5. 직접 × 3	59 (5.17%)	–
6. 자연 검색 > 직접 × 2	49 (4.29%)	US$88.15
7. 직접 > 추천	29 (2.54%)	–
8. 추천 > 직접 × 3	27 (2.36%)	–
9. 직접 × 4	23 (2.01%)	US$12.99
10. 직접 × 5	21 (1.84%)	–

그림 2-5-3. MCF 리포트

MCF 리포트로 불리는 이 리포트는 분석자에게 전환 전에 사용자가 어떤 매체를 순차적으로 이용했는지 알 수 있게 해준다. 이를테면, 사용자가 direct 매체를 이용해 사이트 유입 후에 미전환 상태로 사이트를 떠난 다음, organic search로 재유입하여 전환되었다면 구매 유입경로가 direct → organic search로 구성이 된다. 이런 식으로 사용자의 외부 매체 이용 패턴을 볼 수 있어 매체 믹스 전략 수립 때 인사이트를 얻을 수 있다.

목표 설정 및 유입경로 설정

1. 주요 목표 설정

GA 리포트에서 데이터를 읽고 인사이트를 얻기 위해서는 목표는 반드시 사전에 설정되어 있어야 한다. 목표가 없을 경우 전환율 추적이 어려우므로 사전에 무엇을 추적할지 정의해야 한다. 목표가 설정되어 있다면 잠재고객, 획득, 행동, 전환 리포트 모두에서 고객 행동의 전환율 추적이 가능해지며, 이를 통해 당신의 마케팅 전략 수립에도 큰 도움이 된다.

목표의 특징

목표는 보기당 최대 20개까지 제작이 가능하다. 20개 이상의 목표를 설정하기 위해서는 추가 보기에 설정을 해야 하는데, 이럴 때 서로 다른 보기의 목표 간의 상관관계를 추적하기 어려워진다. 그래서 가능하면 하나의 보기에 목표를 설정하는 것을 권장한다.

또한 목표는 제작 후 삭제가 불가능하다. 이미 제작된 목표는 추적 해제를 하여 더 이상 해당 목표를 추적하지 않도록 설정할 수는 있지만, 삭제가 불가능하므로 섣불리 목표 제작을 할 경우 보기에 20개의 목표를 불필요한 목표로 채울 가능성이 커진다. 그렇기 때문에 꼭 사전에 마케팅 이해관계자들과의 미팅을 통해 어떤 목표를 수립할지 논의가 필요한 것이다.

목표 제작

목표는 다음과 같이 제작한다.

1. 목표 정의 → 목표명 정의

2. 목표 유형 정의

3. 목표 제작

4. 데이터 미리보기

5. 저장

- 목표 정의와 목표명 정의

그림 2-6-1. 목표 설명

최초 정의하는 OKR과 KPI에 따른 추적하고자 하는 목표를 정의하게 된다. 그리고 해당 목표를 팀 전원이 이해할 수 있는 목표명으로 정의한다. 이때 보기의 목표 메뉴를 클릭하고 '새목표'를 클릭하여 목표 만들기를 준비한다. 최초 새 목표 클릭 시, 목표 템플릿이 나오게 되는데, 이 템플릿은 속성 설정 시, 업종 카테고리 선택에 따라 달라질 수 있다. 사실, 템플릿의 어떤 목표를 클릭하더라도 실제 목표가 생성되는 것은 아니다. 그렇기 때문에 하단의 맞춤 설정을 클릭하고, 그다음 단계로 넘어가도 좋다.

- 목표 유형 정의

그림 2-6-2. 목표 유형

목표 유형은 총 4가지로 분류된다. 도착, 세션 시간, 조회 페이지수, 이벤트로 나뉜다. 조회할 고객의 행동 유형에 따라 4가지 목표 중 하나를 고르게 된다. 특정 페이지의 도착으로 고객 행동을 정의한다면 '도착'을 선택하며, 사용자의 사이트 내 머문 시간으로 본다면 '세션' 그리고 페이지 조회의 수로 목표 설정을 원한다면 '조회 페이지수'로 정의한다. 마지막으로 특정 고객의 행동으로 목표를 설정하고 싶다면 '이벤트' 설정을 통해 추가 설정들이 필요하게 된다.

- 목표 제작

• 도착

그림 2-6-3. 목표 세부정보

도착 유형을 선택한 후, 계속 버튼을 누르면 최종 페이지의 URL을 입력하게 된다. 이때 전체 URL을 입력해도 되지만, 메인 호스트명을 제외한 URI만 입력해도 괜찮다. 형태에 따라 같음, 시작값, 정규식으로 바꾸어 규칙을 정의하면 하나의 설정으로 더 다양한 목표를 정의할 수 있다.

• 세션 시간

사용자가 사이트에서 머무르는 시간을 정의하여 목표 수립을 하게 된다. 그렇기 때문에 몇 분의 세션 시간이 당신의 목표 달성에 부합하는지 먼저 알아야 한다. 이를테면, 특정 목표 달성까지 걸리는 시간을 이미 알고 있다면 그 시간으로 목표 시간을 설정하여 진행한다.

• 조회 페이지수

블로그나 커뮤니티를 운영하고 있다면 이 유형의 목표가 유용할 수 있다. 페이지 조회수를 정의하여 목표 달성을 판단하게 된다. 일반적인 쇼핑몰에서는 크게 유의미하지 않을 수 있지만, 콘텐츠 조회 기반의 서비스를 제공하는 사이트에서는 유의미한 목표로 작동할 수 있다.

• 이벤트

가장 많이 설정하는 목표의 유형으로 고객의 특정 행동을 이벤트로 정의한 뒤, 해당 이벤트를 목표로 설정하는 방법이다. 특정 버튼 클릭, 영상 조회, DB입력 등이 여기에 해당한다. 이벤트 설정은 목표 설정과는 무관하게 사전에 이루어져야 하는 설정으로 사용자의 각 상호작용마다 이벤트 태그를 만들어 설정하기도 하며, 별도로 구글 태그 매니저 도구를 활용하여 설정하기도 한다. 목표 제작 시 카테고리명, 작업명, 라벨명, 값명이 필요하며, 이는 이벤트 제작 시 정의가 되어 있으므로 그것을 그대로 활용하면 좋다. 구글 태그 매니저를 참고하라.

- 데이터 미리보기 → 저장
데이터 미리보기를 통해 설정한 목표가 정상적으로 데이터 수집이 가능한지 사전에 확인이 가능하다. 그렇기 때문에 꼭 확인하여 이후에 데이터 추적이 안 되고 있는 상황을 막을 수 있다.

데이터 미리보기까지 마쳤다면 최종적으로 저장 버튼을 클릭하여 목표 제작을 완료한다.

이제 목표를 제작했다면 당신은 드디어 GA 데이터 분석에서 아주 유의미한 첫걸음을 시작한 것이다. 당신이 만든 목표로 인해 모든 마케팅 활동의 평가가 가능해진 것이다. 이 목표는 전환율 추적의 기초가 되며, 여러 가지 의사결정에 도움을 줄 것이다.

2. 주요 유입경로 설정

하나의 쇼핑몰을 생각해 보자. 이 사이트의 KPI는 아마도 매출이 될 것이다. 그에 따라 매크로 골는 결제완료 페이지 도착이 될 것이다. 이때 우리가 추적하게 되는 것은 최종적인 목표 단 하나가 된다. 그런데 마케터라면 이런 것들이 궁금해질 수 있다. 사용자가 장바구니 페이지에서 매크로 골까지 얼마만큼 달성하는지와 같은 유입경로 전환율이나 이탈률 등이 그것이 될 수 있다. 이런 유입경로 전환율, 이탈률을 알면 마케터는 이상이 있는 페이지들을 알게 되고 개선의 노력을 할 수 있다.

매크로 골, 마이크로 골 정의

유입경로 설정 전, 먼저 필요한 것은 각 유입경로를 구성하는 매크로와 마이크로 골설정이다. 어떤 경로를 추적하고 싶은지 사전에 정의되어야 빠르게 기술적인 설정이가능하다. 가령 쇼핑몰의 경우, 아래의 순서대로 보통 구매 유입경로를 정의한다.

상세 페이지 → 장바구니 페이지 → 결제 페이지 → 결제완료 페이지

이 외에도 특정 페이지 조회 후 목표 달성을 확인하고 싶다면 직접 페이지 구성을 바꿔 볼 수 있을 것이다. 일반적인 세일즈 퍼널 구성과도 유사한 과정이다. 특정 페이지를 순차적으로 경험시키고 난 후 세일즈 페이지로 사용자를 입장시키는 것과 같이 해당 경험들이 사용자에게 유용한지를 보기 위해서도 유입경로 설정은 반드시 필요한것이다.

그림 2-6-4. 유입경로 설정

유입경로 설정

유입경로 설정은 생각보다 간단하다. 아래 화면에서 유입경로 설정(선택사항)을 오픈한 뒤, 유입경로 순서에 따라 각 단계의 명칭을 왼쪽 빈칸에 기입하고 오른쪽 빈칸에는 해당 경로의 URL을 입력하면 된다. 유의할 점은 매크로 골, 즉 최종적인 목표는 상단의 최종 도착 페이지에 입력되므로 유입경로상에서는 입력할 필요가 없다. 또한 유입경로의 첫 페이지를 반드시 통과한 사용자만으로 유입경로 전환율을 얻고 싶다면 1단계 우측에 있는 '필수'란을 열어 둬야 한다.

유입경로 설정만으로도 당신은 중요한 마이크로 골의 컨디션 체크가 가능하며, 전반적인 퍼포먼스 향상을 기대해 볼 수 있다.

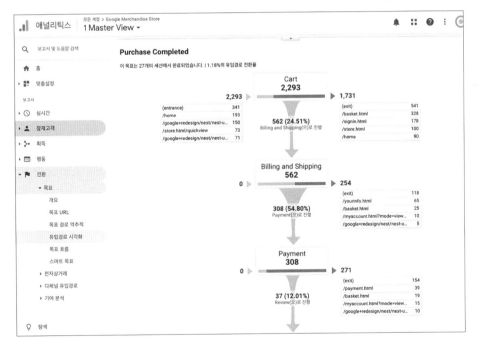

그림 2-6-5. 유입경로 리포트

구글 애널리틱스 추가 설정

1. 획득 - 매체, 소스 이해

성과 분석의 기본이 되는 획득 리포트를 통해 운영 중인 채널에 대한 다양한 인사이트를 얻게 된다. 이때 채널을 표현하는 2가지 용어가 있는데, 바로 매체와 소스다. 매체와 소스를 통해 사용자가 주로 이용하는 채널과 사이트 유입 시 성과로 연결되는 채널을 정의할 수 있다.

매체

매체는 사용자가 사이트를 방문하는 방법이다. 이때 organic search나 paid search, referral 등으로 구분하여 유입된 사용자의 이용 채널을 더 자세하게 정의해서 볼 수 있다.

소스

소스는 사용자가 사이트를 방문한 출처를 나타낸다. 매체 중 organic search를 할 수 있는 곳을 보면 네이버, 구글, 다음 등의 검색 포털이 있는데 이들을 소스라고 부른다. 즉, 매체로 구분되는 여러 채널들을 의미한다. social의 매체에는 faceboook, instagram, youtube 등이 해당될 수 있다.

사용자가 유입되는 매체와 소스를 명확하게 이해함으로써 사용자가 어디서 어떻게 유입되는지 명확하게 살펴볼 수 있게 되는 것이다. 더불어 매체별, 소스별 목표 전환율을 알 수 있어 이후 매체 예산 분배도 긴밀하게 움직일 수 있다.

2. UTM 설정

만약 당신이 프로모션 페이지 홍보가 필요한 상황이다. 해당 페이지 URL을 직접 운영하는 페이스북 페이지에 게시를 했다면 그 페이스북 페이지의 링크를 통해 프로모션 페이지에 유입되는 사용자의 매체, 소스 정보는 GA에 어떻게 기록이 될까? social 매체를 통해 유입이 되었으니, 매체명은 social, 소스명은 페이스북으로 기록될 것이다. social 유입이 이 단일 채널에서만 발생된다면 이런 상황은 전혀 문제될 것이 없다. 다만, 추가 페이스북 페이지에 동일 URL을 게재하여 신규 사용자를 방문하게 한다면 어떻게 될까?

예를 들어 페이스북 page A라는 곳과 제휴를 맺어 프로모션 페이지 URL을 동일하게 게시했다. 이제는 직접 운영하는 페이스북 페이지와 페이스북 page A에서 들어오는 social 사용자로 나뉘게 된다. 하지만 GA에 기록되는 것은 두 사용자 모두 social / 페이스북으로 기록된다. 바로 이때 성과 분석에 문제가 생긴다. 두 사용자 모두 동일한 매체와 소스로 기록되므로 어느 매체와 소스의 성과인지 구분하기 어려워지는 것이다.

이때 필요한 것이 UTM^{Urchin Tracking Module} tag이다. 이는 기존 URL에 매체, 소스 구분이 가능한 매개변수를 삽입하여 URL마다 성과 분석이 용이하게 만드는 것이다. 뿐만 아니라 campaign, term, label의 매개변수도 추가가 가능해 다양한 정보를 담고 있는 링크 생성이 가능하고, 각 링크마다 성과 분석이 가능하여 그 사용 범위가 넓다.

필수 매개변수

- URL: 본래 랜딩이 목적인 페이지의 URL이다.
- 매체: 변경된 URL을 게시하는 매체명이다. (제작자가 직접 네이밍 가능)
- 소스: 변경된 URL을 게시하는 소스명이다. (제작자가 직접 네이밍 가능)
- 캠페인명: 보통 URL을 변경하는 원인으로 제작한다. (제작자가 직접 네이밍 가능)

GA 관리 화면에서 좌측 하단의 탐색 버튼 클릭 후, 캠페인 URL 생성 화면으로 이동하면 UTM tag 생성을 간단히 할 수 있는 페이지로 이동할 수 있다. 각각의 빈칸에 URL, 매체명, 소스명, 캠페인명을 순차적으로 작성하게 되며, 바로 하단에 각각의 매개변수가 URL에 삽입된 신규 URL을 생성할 수 있다.

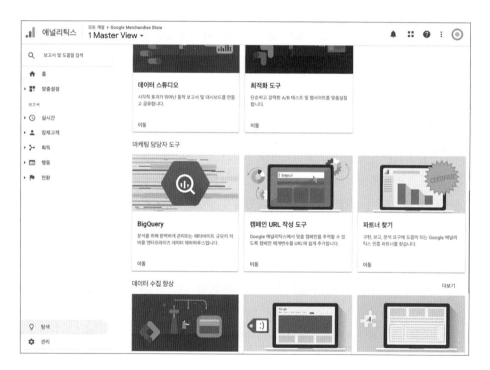

그림 2-7-1. 탐색 페이지

term과 label은 빈칸으로 두어도 무관하며, 각각의 요소가 겹치는 경우 추가적인 매개변수를 통해 구별해 주는 역할이라고 이해하면 된다.

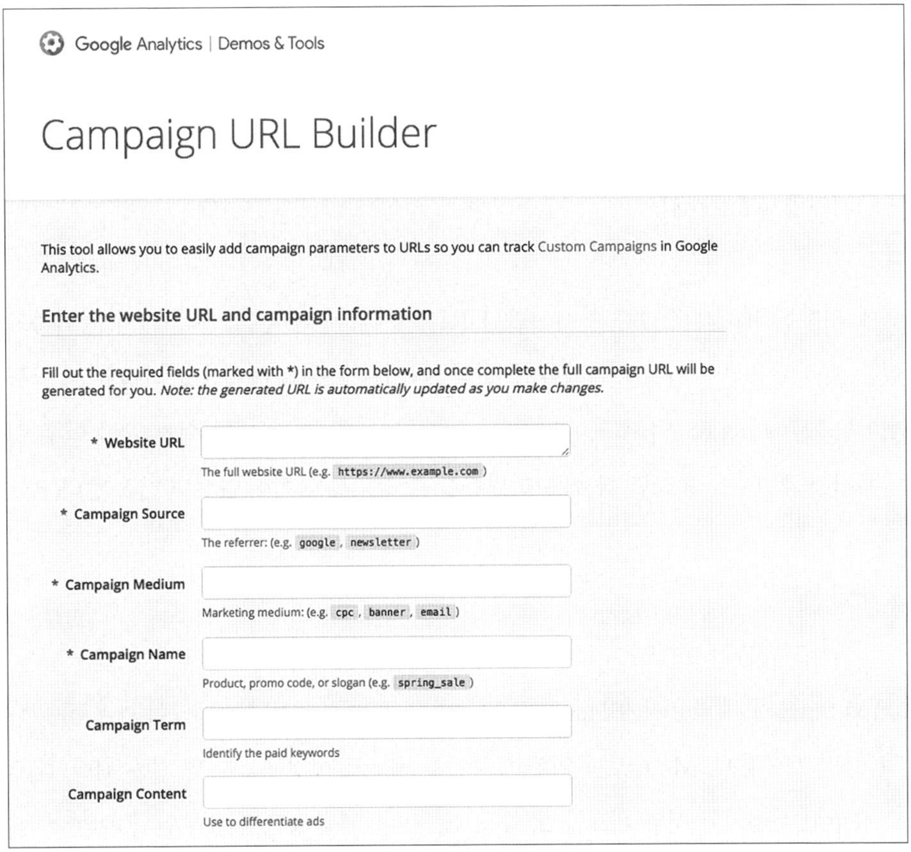

그림 2-7-2. 캠페인 URL 제작 페이지

예를 들어, 겨울 세일을 준비하는 마케팅 팀에서 abc.com이란 캠페인 페이지 홍보를 ABC 페이스북 페이지에서 진행하려 한다. 이때 그냥 abc.com으로 홍보를 하면 social/페이스북으로 GA에 기록이 되므로 abc.com에 매개변수를 결합시켜 UTM tag를 제작해 주어야 한다. 이것을 기초로 간단히 내용을 정리해 보면 아래와 같다.

- URL: abc.com
- 매체: social(GA에서 제공하는 디폴트 매체명을 써주는 것이 좋다. 그렇지 않은 경우 이후에 성과 분석에 혼란이 생길 수 있다.)
- 소스: ABC 페이스북 page
- 캠페인명: winter sale

위에 기재된 예시가 정답은 아니지만, URL을 제외한 나머지는 제작자가 정의하고 싶은 것을 활용하여 직접 네이밍할 수 있다. 하지만 다수의 캠페인을 진행할 때 만들어지는 UTM tag도 수십에서 수백 개가 될 수 있으며, 그 관리가 쉽지 않아 이후 팀 내에서 매개변수를 제작할 때 소통이 원활할 수 있도록 규칙이 있으면 더욱 좋다.

3. 채널 설정

UTM tag를 통해 사용자가 방문하면 링크마다 성과 분석을 할 수 있어 매우 유용하다. 그리고 특정 UTM tag로 유입된 사용자를 채널로 설정해 둔다면 기존 채널, 매체로 유입된 사용자와 성과 비교를 할 수 있게 된다. 이를테면, 인플루언서influencer 마케팅을 진행한다고 하자. 신규 런칭하는 제품을 홍보하기 위해 블로거 100명을 모집했다고 하자. 각각의 블로거에 캠페인 페이지로 랜딩될 수 있는 링크를 UTM으로 변경하여 각각의 블로거에게 전달했다. 그 URL은 아래와 같은 방식으로 생성했을 것이다.

- URL: 캠페인 페이지 URL

- 매체: blog
- 소스: blogger_1, blogger_2 ~ blogger_100
- 캠페인명: power

소스명만 바뀐 UTM tag가 생성되고 각각의 URL을 통해 100명의 블로거 성과를 모두 알아낼 수 있다. 이 상황에서 만약 블로거의 전체 성과와 social 매체 성과를 비교하고 싶다면 어떻게 해야 할까? 기본적인 상태에서 UTM tag로 제작된 매체명 'blog'는 기존의 매체에서 확인이 어렵다. GA 채널에서 제공되는 디폴트 9개의 매체가 아니라면 동일선상의 비교가 어려워진다. 그래서 blog라는 매체명을 가지고 들어오는 UTM tag 유입 사용자만 별도로 저장될 수 있는 채널을 만들어야 한다.

채널 만들기

그림 2-7-3. 관리 페이지 > 채널그룹

이름	집계됨	↑	최종 수정일	설명	
Default Channel Grouping	예		2019. 3. 17.	Direct, Organic Search, Social, 이메일, Affiliates, Referral, Paid Search, Other Advertising, Display	작업 ▼

그림 2-7-4. 디폴트 채널 그룹핑

Default Channel Grouping	채널 재설정

채널 정의

1. [ ]

규칙 정의

[검색어 ▼] [다음을 포함: ▼] [ ] [−] [OR] [AND]

표시 색상:　　　　　　　　　미리보기:
a a a a a a a a a a a a a　　○
a a a a a a a a a a a a a

[완료] 취소

2.	Direct	시스템 정의
3.	Organic Search	시스템 정의
4.	Social	시스템 정의
5.	이메일	시스템 정의
6.	Affiliates	시스템 정의
7.	Referral	시스템 정의

그림 2-7-5. 채널 정의

관리 화면에서 보기 메뉴 중 채널을 클릭하면 Default channel grouping을 확인할 수 있다. 이때 기본 채널 9개를 확인할 수 있으며, 가장 상단에 신규 채널을 직접 생성할 수 있다. 새 채널 만들기를 클릭한 후 채널명을 지정한다. 이때 blog라고 입력하면 된다. 이제 UTM tag를 통해 유입되는 사용자는 이 채널에 쌓이게 될까? 그렇지 않다. 채널에 적합한 사용자가 기록되게 하려면 채널의 규칙을 정의해 줘야 한다. 이때 UTM tag를 제작했을 때 사용했던 매개변수가 규칙을 만드는 요소가 된다.

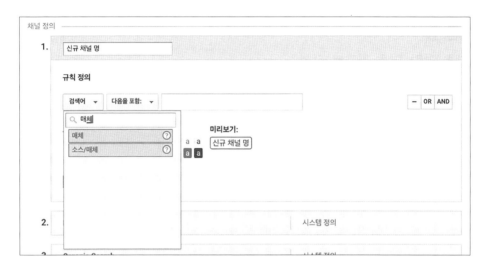

그림 2-7-6. 채널 규칙 정의

규칙 정의에서 각 매개변수를 지정한 후 실제 매개변수에 입력했던 값을 입력한다. 독립적으로 구분할 수 있는 매개변수가 있다면 단일 규칙을 입력해도 좋지만, 모든 매개변수를 입력하여 규칙을 다수로 지정하는 것이 조금 더 명확한 방법이다. 채널을 만들게 되면 생기는 의문 중, 소스명은 달라도 매체명이 같은 경우, 동일 매체에 중복해서 데이터가 기록되는 우려가 있다. 실제로 각 채널 앞의 넘버링이 있는데, 넘버링이 앞서는 채널일수록 해당 채널에서 필터링이 우선되어 넘버링이 밀리는 채널에는 매체명이 같다 하더라도 데이터가 중복해서 쌓이지 않는다.

이렇게 UTM tag를 통해 유입된 사용자를 별도로 만든 채널을 통해 기록하게 되면, 기존의 다른 채널과도 성과 비교 분석이 가능하다는 장점이 있어 반드시 UTM 을 활용하여 링크 분석을 한다면 채널 제작도 반드시 설정해야 한다.

2-8

맞춤 알림, 맞춤 리포트 작성

1. 맞춤 알림 설정

데이터 분석 시 주요 지표의 등락을 주기적으로 관찰하여 그에 맞게 전략을 변경하는 것은 매우 중요한 일이다. 하지만 아무리 주기적으로 데이터 관찰을 한다고 하더라도 틈새의 데이터 변동이 일어날 경우에 빠른 대응이 어려울 수 있다. 이때 GA 리포트로 설정해 두어야 하는 것이 바로 '맞춤 알림 설정'이다. 맞춤 알림 설정을 통해 일별, 주별, 월별로 발생하는 데이터 변동을 캐치하여 메일로 보고 받을 수 있어, 빠른 대응이 가능하므로 마케팅 전략 수립에 도움을 받을 수 있다.

맞춤 알림 설정

좌측 맞춤 설정 메뉴에서 맞춤 알림 메뉴를 클릭하면 맞춤 알림 관리 페이지로 이동된다.

그림 2-8-1. 메뉴 > 맞춤 알림

이때 새 맞춤 알림 만들기를 클릭하면 맞춤 알림 설정 페이지로 이동하며, 아래 화면처럼 직접 맞춤 알림을 제작할 수 있다. 여기서 2가지만 생각하면 맞춤 알림 제작은 생각보다 어렵지 않다. 아래 보이는 적용 대상은 '측정 기준'을 정의하는 곳이고, 알림이 표시되는 경우는 '측정 항목'이라고 정의하면 된다.

소셜 매체를 통해 들어온 사용자 수가 지난주 대비 10% 감소하면 알림을 받고자 할 때 '소셜매체'가 측정 기준이 되고, '사용자수'가 측정 항목이 된다. 우선 측정 기준과 측정 항목으로 분류한 뒤, 각 요소를 정의하여 맞춤 알림을 만들면 손쉽게 설정할 수 있다.

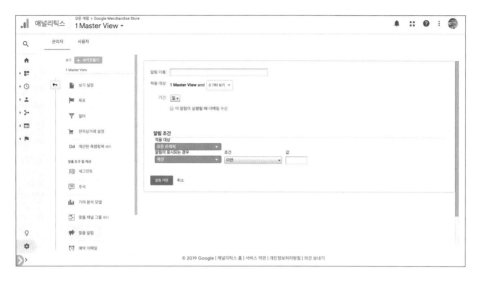

그림 2-8-2. 맞춤 알림 제작 페이지

2. 맞춤 리포트 설정

기본적인 GA 리포트를 보기에도 데이터 분석은 크게 무리가 없다. 이미 잘 가공된 데이터이므로 원하는 지표의 등락을 관찰하는 것이 용이하기 때문이다. 그리고 여기서 데이터 분석가 입장에서 원하는 지표만의 조합으로 데이터 관찰을 원할 때 리포트를 직접 커스터마이징할 수 있다. 맞춤 리포트 기능을 이용해 기존에 제공되었던 리포트의 측정 기준과 측정 항목들을 수정할 수 있어서 손쉽게 자신이 원하는 리포트를 제작할 수 있다.

맞춤 리포트 설정

관리 화면 좌측 메뉴에서 맞춤 설정에서 맞춤 리포트 메뉴를 클릭하면 맞춤 리포트 리스트 화면으로 이동한다.

그림 2-8-3. 맞춤 리포트 메뉴

맞춤 리포트 리스트 화면으로 이동 후, '새 맞춤 리포트'를 클릭하면 새로운 맞춤 리포트를 제작할 수 있다.

그림 2-8-4. 맞춤 리포트 제작 페이지

이 맞춤 리포트 제작에서도 2가지만 기억하면 된다. 측정 기준과 측정 항목이다. 이전의 맞춤 알림과 동일하다. 리포트는 측정 기준과 측정 항목으로 이루어져 있으므로 이 2가지를 원하는 것으로 조합하면 그것이 바로 맞춤 리포트가 되는 것이다.

특히 측정 기준은 드릴다운이라고 하위 항목을 지정할 수 있어서 연령, 성별을 순서대로 지정했다면, 성별 데이터가 나올 때는 연령 데이터가 전제가 되는 방식으로 데이터가 표시된다. 맞춤 리포트를 통해 직접 원하는 지표를 조합해서 볼 수 있는 장점이 있고, 이 리포트만으로 별도의 리포트 제작이 필요 없을 수 있어 데이터 분석으로 인한 시간 소모를 아껴 줄 수 있다.

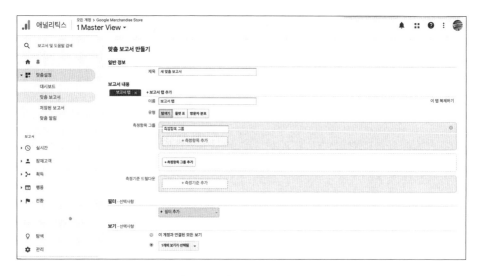

그림 2-8-5. 맞춤 리포트 제작 페이지

리포트 읽기

1. ABC 리포트

GA 리포트는 약 70%는 동일한 형태로 구성된다. 측정 항목이 획득Acqusition, 행동 Behavior, 전환Conversion의 항목으로 이루어지는데, 이 형태의 리포트를 각 알파벳의 앞글자를 따서 ABC 리포트라고 부른다. ABC 리포트에서 데이터 분석의 목적과 마케팅 목적에 따라 데이터를 읽는 방법이 다소 달라질 수 있다. 이는 같은 데이터를 보더라도 마케팅 목적이 어디에 맞춰져 있느냐에 따라서 데이터 해석이 달라지거나 액션에 대한 우선순위가 달라질 수 있음을 의미한다.

전환 기준(Conversion 우선)

GA 리포트는 목표 전환율을 기준으로 의사결정을 할 수 있는 것이 강점이자 특징이었다. 즉, 리포트 읽기에서도 일차적으로 전환, 전환율 등의 지표를 기준으로 우선순위 측정 기준을 정의한다.

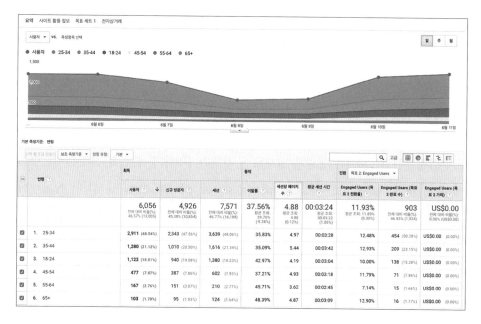

그림 2-9-1. 잠재고객 > 인구통계 리포트

위 그림에서 전환율을 기준으로 의사결정을 하게 되면 전환율이 12.93%로 가장 높은 35-44 연령대의 측정 기준을 고품질 사용자로 정의할 수 있다. 이런 방식으로 잠재고객의 모든 측정 기준과 획득 리포트를 살펴보면서 전환율 기준으로 고품질 사용자를 찾게 된다.

사용자 기준(Acquisition 우선)

데이터를 분석하는 입장에서 마케팅 운영 목적이 전환보다 유입에 맞춰져 있다면, 사용자 유입과 신규 사용자 지표를 주목해서 보아야 한다. 이때 잠재고객 측정 기준만 보는 경우가 있는데, 보조 측정 기준을 활용해서 획득 매체, 소스도 함께 보는 것을 권장한다. 그래야만 유입의 비용 구조도 함께 확인할 수 있어서 사용자 품질을 판단할 수 있기 때문이다.

행동 기준(Behavior 우선)

마지막으로 고객의 이탈률과 세션 시간, 페이지 뷰 수 등으로 데이터 분석을 하게 되는 경우, 행동 지표를 더 자세히 보아야 한다. 보통 고객 경험을 중시하는 경우 이탈률이 성과의 중요 지표가 되므로 이탈률이 높은 측정 기준의 개선을 고려하기도 한다. 해당 지표도 보조측정 기준과 함께 봄으로써 이용 매체의 이탈률을 보고 콘텐츠와 랜딩 페이지 간의 메시지 이질감은 없는지 판단해야 한다.

GA 리포트는 ABC 리포트부터 시작한다고 이야기해도 과언이 아니다. 이 리포트는 매우 간결하고 심플하지만, 이 안에 담겨 있는 데이터만 잘 볼 수 있다면 다양한 마케팅 to do list를 정의할 수 있으며, 정확한 마케팅 운영 방향을 잡을 수 있다.

2. 전환율을 기초로 한 평가

적지 않은 마케터들이 GA 리포트를 보고 어떻게 해석하고 의미를 찾아야 할지 난감해 하는 경우가 많다. 아무래도 수많은 데이터가 흩어져 있어 지표나 측정 기준, 측정 항목이 명확하더라도 지표 간의 연결 의미가 표시되어 있지 않은 것이 그 원인일 수 있다. 이때 늘 생각해야 하는 것이 있다. 바로, 삼고초려. 이전에 설명했던 고품질 사용자, 고효율 매체, 고관여 행동을 리포트를 통해 정의하고, 해당 데이터를 저장한다는 프로세스만 기억해도 리포트를 읽으면서 데이터의 늪에 빠질 가능성은 매우 적어진다.

그럼, 이 전에 설명했던 삼고초려는 무엇을 기준으로 나누는가? 바로, '전환율'이다. '고'의 의미는 '더 나은', '더 유의미한'의 의미이므로 무엇이 유의미한지 판단할 수 있는 기준이 된다. 그렇기 때문에 우선적으로 전환율을 기반으로 마케팅 전략의 방향을 잡아 나가는 방법이 가장 기초적인 방법이 될 것이다.

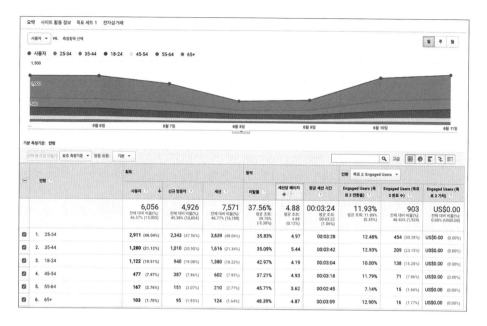

그림 2-9-2. 잠재고객 > 인구통계 리포트

그림 2-9-2에서 전환율을 기초로 정의한 고품질 사용자의 연령대는 35-44다. 이 연령대는 다른 연령대보다 전환율이 높으므로 다른 사용자들보다 더 많이 사용자가 들어와야 성과가 높아질 것이다. 전환율을 봤다면 자연스럽게 사용자 지표를 보면 된다. 데이터상, 아쉽게도 해당 연령대는 25-34 연령대 다음으로 사용자의 수가 많다. 그럼 이 데이터만으로도 35-44 연령대의 사용자를 더 유입시켜야 하는 미디어 전략에 관심을 가질 수 있다. 보조 측정 기준을 활용하여 성별을 추가한다면 35-44 연령대의 여성 혹은 남성에 맞는 더 구체적인 미디어 전략을 세울 수 있다.

그리고 전환율과 사용자수를 가지고 방향을 잡았다면 이탈률을 토대로 사용 매체마다 적합한 콘텐츠의 최적화 상태를 알아볼 수 있다. 이탈률은 콘텐츠와 랜딩 페이지의 매칭 밸런스에 따라 달라지므로, 이탈률이 높게 나타난다면 해당 잠재고객 측정 기준과 유입 매체에 따라 매칭 밸런스가 잘 되어 있는지 확인해 보아야 한다. 이처럼 전환율을 기준으로 사용자, 이탈률순으로 데이터를 보면서 어떤 방향으로 마케팅 전략을 수립해야 하는지 알아 낼 수 있게 된다.

삼고초려는 우선순위로 표현

전환율과 같은 지표로 결정하는 고품질 사용자, 고효율 매체, 고관여 행동 데이터는 극단적으로 단일 결과가 나오지 않는다. 이를테면, 앞선 이미지에서 전환율이 가장 좋은 연령대로 35-44를 이야기했는데, 그렇다고 이 연령대에만 집중해서 전략을 수립하진 않는다는 말이다. 35-44 연령대는 전환율은 좋지만 더 많은 유입자가 필요한 상황이며, 25-34 연령대는 다른 연령대와 비교 시 가장 많이 유입되고 있지만 전환율의 개선이 필요하다. 이런 조건에서 해당 기업이 처해 있는 마케팅 환경에 따라 어떤 선택을 하느냐는 운영자 결정에 따라 달라지게 될 것이다. 그렇기 때문에 반드시 전환율을 기준으로 단일 선택을 할 필요는 없으며, 해야 할 일을 우선순위로 나열하여 각자가 처한 상황에 맞춰 행동하면 될 것이다.

3. 주요 리포트 저장

웹사이트 서핑을 하다가 저장이 필요한 페이지는 브라우저의 북마크 기능을 활용하여 저장할 수 있다. GA에도 동일한 북마크 기능이 있다. 원하는 리포트를 저장하여 이후에 저장된 리포트만 간추려 볼 수 있는 기능이다. 데이터 분석을 하다 보면 매번 같은 리포트를 번거롭게 메뉴를 클릭하며 확인하게 되는데, 리포트 저장 기능을 통해 번거로운 과정을 단축시킬 수 있으며, 팀원 간 리포트 공유에도 도움이 된다.

리포트 저장

일반적인 리포트 화면에서 우측 상단에 '저장' 버튼이 있다. 저장하고 싶은 리포트로 이동 후에 저장 버튼을 클릭한다.

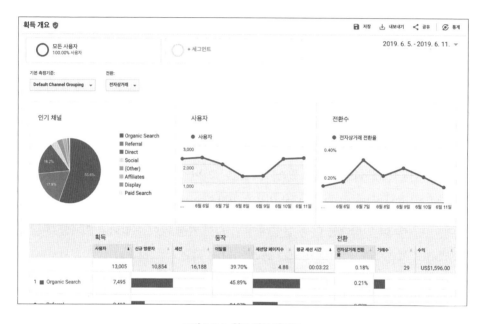

그림 2-9-3. 획득 개요 리포트

리포트 저장 팝업이 뜨면 알맞은 리포트명을 기록하고 최종 확인 버튼을 누른다.

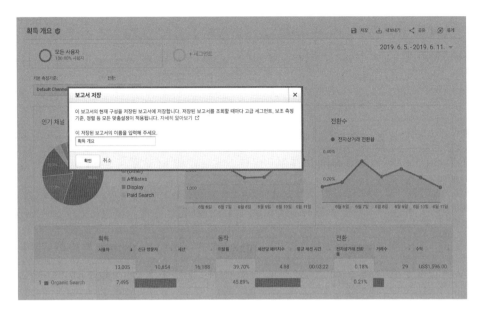

그림 2-9-4. 리포트 저장 기능

리포트 화면에서 좌측의 맞춤 설정 메뉴를 클릭하면 '저장된 리포트' 메뉴가 있으며, 이곳에서 기존에 저장한 리포트에 빠르게 접근하여 데이터 확인이 가능하다. 또한 보기가 다른 팀원과 공유되어 있다면 저장된 리포트 역시 함께 공유되어 팀원 간 소통에도 도움이 될 수 있다.

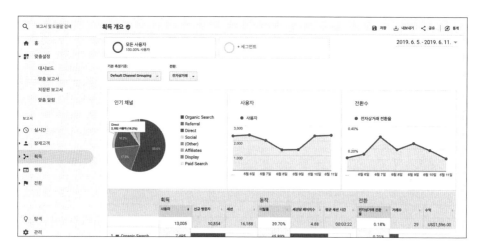

그림 2-9-5. 획득 개요 리포트

프로젝트 프로세스

----

1. interview - 마케팅 및 관련 부서 담당자 인터뷰

데이터 분석을 처음 시작하는 팀에서 가장 쉽게 범하는 실수는 해당 업무 담당자의 독단적인 의사결정과 실행에 있다. 보통 담당자 한 명이 스스로 학습하거나 교육을 통해 업무가 가능해지면 주변 동료와의 업무 밸런스를 맞추기가 생각보다 쉽지 않을 수 있다. 기본적인 용어의 이해나 데이터 분석 방법의 이해 차이로 소통이 매끄럽지 않으면 결국 팀의 지원을 받지 못하는 데이터 분석이 되고, 이런 환경은 담당자가 홀로 업무를 해야 하는 상황을 맞이할 수 있다. 결국 팀에서 데이터 분석의 중요성을 적게 보는 상황까지 다다를 수 있다. 그럼 팀 전체가 데이터 분석의 중요성을 인지시켜줄 방법이 무엇이 있을까? 사실 뭐든지 처음이 가장 중요하다.

마케팅 및 관련 부서 담당자 인터뷰

데이터 분석은 웹사이트 혹은 앱처럼 고객의 행동 관찰이 가능한 곳에서 이루어진다. 그렇기 때문에 해당 웹사이트나 앱에서 정보를 필요로 하는 부서의 담당자들과의 협업이 매우 중요하며, 이들 역시 웹사이트에서 얻을 수 있는 다양한 데이터에 관심이 있으므로 분명 협조적일 것이다.

인터뷰에 반드시 필요한 것은 데이터를 통해 '확인하고 싶은 것'을 먼저 정의하는 일이다. 결국 목표로 정의된다. 데이터 분석가도 목표를 설정하는 것이 우선적인 중요한 일이고, 관련 부서 담당자에게서 알아야 하는 것도 동일한 목표인 것이다. 그래서 OKR → KPI → Goal순으로 목표 정의를 했던 것처럼 여러 담당자에게 아래와 같은 질문을 순서대로 전달하여 답변을 얻어 보는 것이 좋다.

1. 당신에게 이 웹사이트는 왜 존재해야 합니까 / 당신은 이 캠페인을 왜 진행하는 건가요? → OKR
2. 그 목적이 달성됐는지 확인할 수 있는 주요 지표는 무엇인가요? → KPI
3. 목적 달성에 필요한 웹사이트 내 고객 행동은 무엇인가요? → Goal

위 질문에 대해 각 담당자들의 답변을 모아 비슷한 주제들끼리 그룹핑하여 OKR을 먼저 정의해야 한다. 그리고 KPI, Goal순으로 데이터 분석 담당자가 최종 정리한 후, 다시 담당자들에게 어떤 목표들이 추적될지를 상기시켜 주는 것이 좋다.

샘플 리포트와 리포팅 주기 안내

아무리 목표가 정해졌다고 하더라도 이 업무의 담당자가 아니라면 어떤 방식으로 데이터를 확인할 수 있는지 알기 어렵다. 그렇기 때문에 팀에서 확인 가능한 리포트를 먼저 샘플 방식으로 공유해 주어야 하며, 이 리포트가 얼마만큼의 주기로 공유될지도 미리 안내해 주는 것이 좋다. 주기적인 리포트를 통해 전사적으로 효율성 증대에 기여하는 데이터를 얻을 수 있는 것만으로도 이 업무에 큰 관심과 지지를 보내 줄 것이다.

2. configuration / customization - 설정 개요 잡기 / 설정 진행

데이터 분석의 모든 시작은 정확한 설정부터 시작한다. 간혹 이 과정에서 기술적인 어려움을 토로하거나 귀찮은 업무로 치부해 버리는 경우도 있다. 하지만 정확한 설정이 되지 않은 데이터 분석이 가져오는 불행은 생각보다 작지 않다. 잘못된 설정으로 인한 데이터 오염은 시간이 지날수록 구분하기 더 어려워지며, 여러 의사결정을 혼란에 빠트릴 수 있다. 그렇기 때문에 초기의 정확한 설정은 아무리 강조해도 절대 지나치지 않다.

계정, 속성, 보기 설정

계정이 생성되면 각 계정, 속성, 보기의 권한 부여부터 시작되며, 기본적인 필터를 계정에서 설정하여 보기 단계까지 전달하게 된다. 이용하는 구글의 광고 수단이 있다면 속성과 연결하여 매체 데이터를 GA 리포트에서 확인할 수 있으며, 일부 매체 입찰가 조정도 가능하다. 이러한 기초적인 설정은 팀의 데이터 분석의 목적과 운영 방향에 따라 크게 달라질 수 있다. PC와 mobile이 분리된 웹은 통합 분석을 하는 경우가 있는 반면에 플랫폼마다 별도로 나누어 분석하려는 경우가 있다. 이런 경우에 따라서 보기의 추가 여부나 필터의 추가 여부가 결정된다. 즉, 모든 설정 전에 분석의 목적과 방향이 명확하게 세워진 후에 이런 설정들이 진행되면 시간도 상당히 아낄 수 있다.

세션 설정

사용자의 품질을 나타내는 가장 기본적인 지표가 세션이다. 사용자의 상호작용 길이를 뜻하기도 하는데 디폴트 값은 30분으로 설정되어 있다. 그리고 이 30분은 서비스 성격에 따라 조정이 가능하므로 사용자의 목표 달성 시간 등을 파악하여 세션 시간도 조정해 놓아야 한다. 만약 2분마다 목표를 달성하는 사용자가 많은 서비스를 운영하고 있다면 30분이란 세션 시간은 고품질 사용자를 찾는 것에 도움이 되지 않기 때문이다.

User id 설정

만약, 사용자가 데스크톱을 통해 웹사이트에 유입되었다면 디바이스마다 부여되는 CID^{Client ID}가 생성된다. 동일한 사용자가 같은 웹사이트를 모바일을 통해 방문했다면 기존과 다른 CID가 부여된다. 이렇게 되면 GA에서 기록하는 사용자가 2명이 된다. 실제 방문자는 1명 임에도 말이다. 물론 이런 것이 데이터 분석 방법에 따라 굳이 사용자를 1명으로 통합하지 않아도 된다. 단, 디바이스별 사용자가 아닌, 통합 사용자로 데이터 분석을 위해서는 별도의 User ID 설정이 필요하다. 이를 통해 각 디바이스가 달라도 브라우저 로그인이 같다면 같은 사용자로 인식하게 되어 조금 더 정확한 사용자 단위의 분석이 가능하다.

추천 제외 목록 설정

일반적인 쇼핑몰의 경우 결제 페이지에서 결제 버튼을 클릭하면 PG 모듈을 통해 페이지 이동을 하게 되는데, 이때 결제를 마치고 다시 사용자의 세션이 유지되면 해당 사용자는 PG 페이지에서 방문하게 된 추천^{referral} 사용자로 기록된다. 이때 추천 매체에 신규 사용자가 기록되어 데이터 오염이 발생한다. 기술적으로는 결제 과정에서 PG 페이지를 거치게 되지만, 고객 경험상으로는 본 쇼핑몰에서 페이지 이동 없이 결제를 한 것이므로 추천으로 기록되면 안 되는 것이다. 그래서 이때 추천 매체에 기록되는 PG 사이트 URL을 추천 제외 목록에 입력해야 한다. 이를 통해 고객 경험에 맞게 데이터 수집이 가능하다.

이 외에도 데이터 분석 방법에 따라 설정해야 할 것은 수도 없이 많겠지만 기본적인 설정을 통해 데이터 수집의 준비를 마칠 수 있다.

3. data gathering - 데이터 모으기

앞선 설정과 목표를 정상적으로 마쳤다면 이제 기다림의 시간이 필요하다. 인사이트 추출이 가능한 수준의 데이터를 모아야 하기 때문이다. 서비스에 따라, 그리고 웹사이트에 방문하는 사용자의 트래픽에 따라 제대로 된 데이터를 보기 위한 시간이 달라지며, 목표의 수준에 따라서도 그 시간이 다소 달라질 수 있다. 그렇기에 얼만큼의 시간을 확보하고 의미 있는 데이터를 쌓을지는 내부에서 사전에 정의가 필요하다.

그리고 데이터를 쌓기 전, 데이터가 정상적으로 쌓이는지 먼저 확인해야 한다. 보통 설정 이후, 반영된 데이터를 확인할 수 있는 시간은 12시간이 필요하다. 아무래도 12시간을 기다리는 것은 어려운 일이 아닌가? 그래서 별도의 도구를 이용해서 추적 스크립트가 정상적으로 설치되었는지 확인이 필요하다.

태그 어시스턴트(Tag Assistant)
관리 화면의 좌측 하단의 탐색 메뉴를 클릭하면 여러 도구 사용이 가능한 페이지로 이동된다. 여기서 구글 태그 어시스턴트 다운로드가 가능하다.

그림 2-10-1. 탐색 페이지

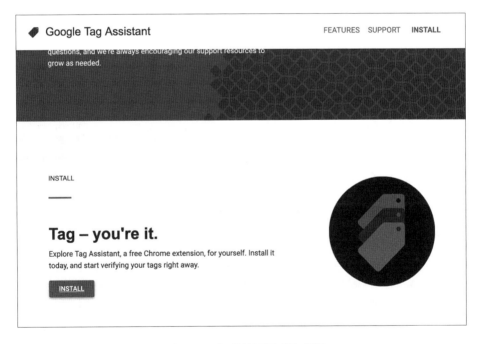

그림 2-10-2. 태그 어시스턴트 설치 페이지

다운로드가 완료되면 크롬 브라우저 우측 상단에서 태그 어시스턴트 아이콘을 확인할 수 있다. 이후에 태그 어시스턴트로 데이터 확인이 필요한 사이트에서 태그 어시스턴트를 통해 태그의 정상 작동을 확인하면 된다.

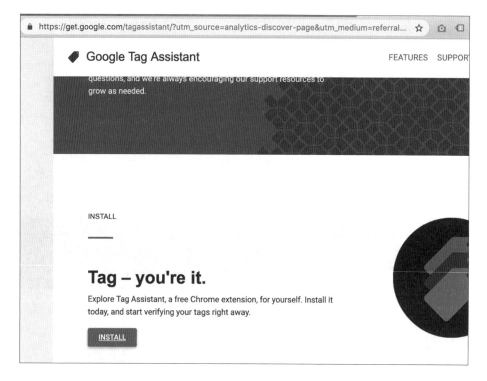

그림 2-10-3. 태그 어시스턴트 아이콘 확인

태그 어시스턴트를 작동시키면 레코드 버튼 클릭이 가능하다. 버튼 클릭 후 사이트에 설치된 태그들의 작동 여부를 확인할 수 있다.

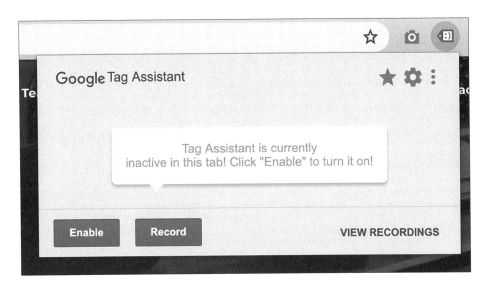

그림 2-10-4. 태그 어시스턴트 작동 화면

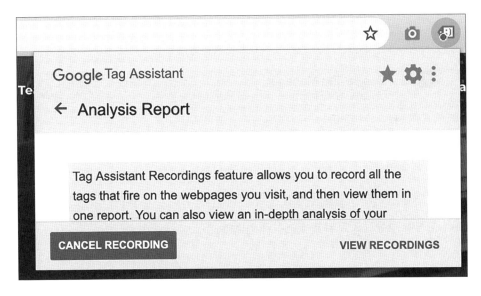

그림 2-10-5. 태그 어시스턴트 레코딩 화면

태그 작동 여부를 확인하면 아래처럼 사이트에 설치된 태그들의 정상 작동 여부를 확인할 수 있다. 이때 태그의 라벨 색깔이 녹색이나 청색으로 표기되는 경우 태그의 설치 및 데이터 수집이 정상적이란 것을 알 수 있다. 하지만 노란색의 경우 태그 설치는 정상적이지만 데이터 수집에 오류가 발생한 것을 의미한다. 추가로 태그 라벨 색깔이 적색일 경우 태그 설치에 이상이 있어 정상적인 데이터 수집, 추적이 어려운 경우를 의미하므로 재설치를 해야 한다.

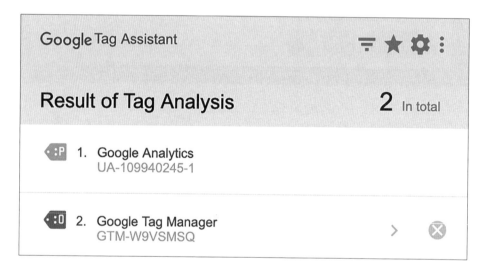

그림 2-10-6. 태그 어시스턴트의 태그 설치 확인 화면

데이터 수집은 시간이 필요한 작업이다. 그리고 본격적인 데이터 수집 전, 반드시 데이터 수집이 정상적으로 되고 있는지 확인해야 한다.

4. reports reading / insight drawing
- 리포트 구성 / 인사이트 추출 / 가설 리스트업 test - 실험 설계 / 실험 운영

데이터가 쌓이면 삼고초려를 고려하여 데이터 읽기와 인사이트 추출에 집중해야 한다. 고품질 사용자, 고효율 매체, 고관여 행동의 가설을 제작한다는 미션만 흔들리지 않으면 수많은 데이터 속에서 헤매지 않고 원하는 데이터 획득이 가능할 것이다.

일반적으로 가설을 수립하는 과정은 아래와 같다.

목표 설정 → 데이터 읽기 → 삼고초려 기반의 인사이트 추출 → 인사이트 기반의 to do list 작성 → 최종 가설리스트 작성

이렇게 가설 리스트가 정해지면 우선순위별로 직접 실행으로 옮길 테스트를 설계하고 실험을 진행하면 된다.

5. improvement - 개선 활동 반복

데이터 분석이 단순하게 데이터 분석으로 끝나면 정말 허무함을 느끼게 된다. 분석을 위한 분석 활동은 동기부여도 약하게 만들며, 결국에 서비스와 비즈니스의 발전보다 단순 분석에 파묻히게 만든다. 이런 악순환을 막기 위해서 데이터 분석은 반드시 개선 활동으로 이어져야 한다.

개선 활동은 가설리스트 수립과 실험 설계, 운영으로 시작되며 실험에서 얻어진 결과물을 빠르게 현재의 서비스나 사이트에 적용하여 개선하는 것으로 마무리된다.

개선 활동에서 중요한 것은 얼마나 최종 결과물을 빠르게 반영하느냐. 실제로 성과가 더 나아질 수 있는 결과물을 내년의 리뉴얼로 미루거나 다른 부서와의 협의점을 찾지 못해 결국 적용시키지 못하는 곳도 수없이 많이 보았다. 이런 상황을 최대한 막기 위해 부서 간 데이터 공유와 개선 활동으로 이루어지는 전 과정을 리포트나 가벼운 미팅을 통해서 꾸준히 공유해야 한다.

2-11 ▶

시너지가 배가되는 구글 애널리틱스 친구들
- -

1. 간단한 GTM 이해

GTM이 왜 꼭 필요할까

GA 데이터 분석을 하다 보면 고객의 행동 분석을 더 고려하게 된다. 그런데 코딩을 자유롭게 할 수 있는 분이 아니라면 추가 스크립트를 설치하면서 자유로운 추적이 다소 어려울 수 있다. 목표를 설정할 경우 보통 추적 유형은 도착, 시간, 페이지수를 사용하게 되는데, 실제 실무에서 고객의 '클릭' 활동을 더 많이 추적할 상황이 생긴다. 이런 방식을 '이벤트 추적'이라고 하는데, 이벤트 설정을 위해서 추적하고자 하는 고객 행동에 맞게 태그 설정을 기본 GA 태그에 여러 번 해주어야 한다. 하지만 코딩을 전혀 몰라도 이런 태그 설정을 해결해 줄 도구가 있다. 바로 '구글 태그 매니저Google Tag Manager'다.

GA와 동일한 방식으로 태그 매니저를 가입하면 태그, 트리거, 변수라는 중요한 메뉴를 발견할 수 있다. 태그, 트리거, 변수는 기본적인 이벤트 태그를 만들기 위한 요소다. 각 요소의 의미를 조금 더 쉽게 이해할 수 있는 설명이 있다.

그림 2-11-1. 태그 매니저 관리 화면

- 태그: 명령
- 트리거: 명령이 일어나는 원인
- 변수: 트리거가 적용되는 요소

예를 들어 웹사이트의 특정 버튼을 클릭할 경우 해당 클릭 이벤트 데이터를 GA에서 확인 하고 싶다고 하자. 이때 각 요소를 정의해 보면 아래와 같다.

- 태그: 이벤트 데이터를 GA로 전송
- 트리거: 특정 버튼 클릭
- 변수: 특정 버튼의 변수 값

즉, 어떤 클릭 태그라도 설정을 원할 때 위 요소의 의미만 정확하게 파악해도 클릭 이벤트 추적은 어려운 일이 아니다.

클릭 이벤트 제작 방법

변수 설정

먼저 클릭하고자 하는 요소를 선택하여 해당 요소가 가지고 있는 변수와 값을 체크한다. 그리고 해당 태그 매니저에서 해당 변수를 미리 지정해 놔야 하므로 태그 매니저 변수 메뉴를 확인하여 해당 변수를 사용가능할 수 있도록 설정한다.

아래 화면처럼 메뉴의 변수를 체크하면 기본 제공 변수가 확인이 되는데, 여기에 사용하려는 변수가 없다면 우측의 구성 버튼을 클릭하여 사용해야 하는 변수를 모두 체크한다.

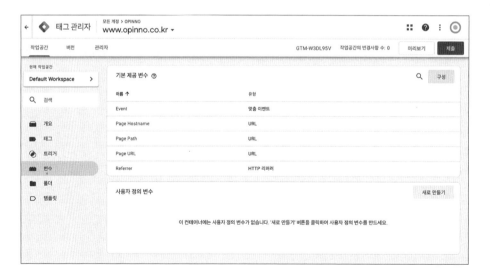

그림 2-11-2. 변수 설정 페이지

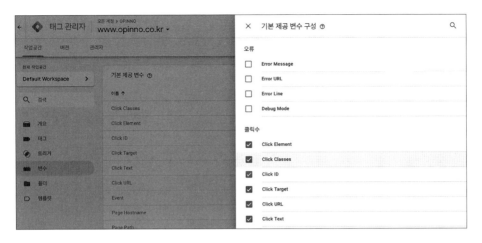

그림 2-11-3. 기본 제공 변수 구성

그림 2-11-3처럼 '클릭수' 관련 변수를 미리 모두 체크해 놓으면 클릭과 관련된 대부분의 이벤트 제작에 어려움이 없을 것이다.

트리거 설정

트리거는 요소에 적용되는 액션이며, 태그가 발생하는 원인이기도 하다. 우선 트리거 메뉴 클릭 후, 아래 화면에서 우측의 '새로 만들기'를 클릭하여 트리거 제작의 준비를 한다.

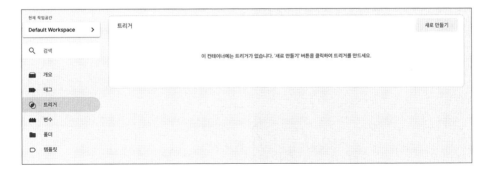

그림 2-11-4. 트리거 구성 페이지

트리거를 제작할 수 있는 화면으로 이동되며, 트리거 구성 화면을 클릭하여 트리거 유형을 선택한다.

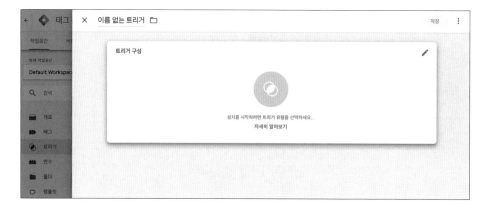

그림 2-11-5. 트리거 구성

트리거 유형은 다양하다. 페이지 뷰, 클릭, 사용자 참여 등, 다양한 방식의 트리거를 제작하여 태그와 연결할 수 있다.

그림 2-11-6. 트리거 유형 선택

클릭 유형의 트리거 제작 때 핵심은 변수와 값을 일치시키는 것이다. 트리거 구성 화면을 보면 모든 클릭과 일부 클릭이 있다. 여기서 특정 클릭을 추적하는 것이므로 일부 클릭을 체크해야 하며, 해당 클릭 시 요소의 변수와 값을 입력하여 트리거를 최종 정의하게 된다.

그림 2-11-7. 트리거의 변수와 값 설정

태그 설정

트리거 설정이 완료되었다면 최종적으로 해당 트리거가 발생 시 데이터를 GA로 보내 줄 수 있는 태그 설정이 필요하다. 태그 메뉴 클릭 시 태그 제작 화면으로 이동된다.

그림 2-11-8. 태그 제작 페이지

아래 이미지처럼 태그 제작 화면은 태그 구성 블록block과 트리거 블록의 2가지 요소로 구성되어 있다. 먼저 트리거 블록을 클릭하여 기존에 제작해 놓은 트리거를 선택한다. 해당 트리거 작동 시 여기에 연결된 태그가 작동하게 된다.

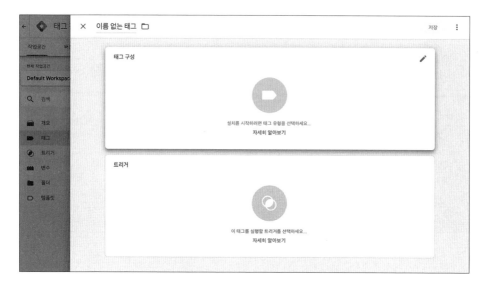

그림 2-11-9. 태그 제작 페이지 - 태그 구성, 트리거 구성

태그 구성 블록을 클릭하면 태그 유형을 선택해야 한다. 태그는 명령으로 정의되므로 트리거 작동 후 다양한 명령들을 내릴 수 있어서 태그 유형 역시 매우 다양하다. GA로 데이터를 보내기 위해서는 유니버설 애널리틱스를 클릭하여 GA로 연결할 준비를 한다.

그림 2-11-10. 태그 유형 선택

유니버설 애널리틱스를 연결하면 다양한 태그 정보를 입력해야 한다. 그중 첫 번째는 추적 유형을 선택해야 하는데, 이때 이벤트 유형을 선택해야 한다. 이벤트 유형 선택 시 이벤트의 네이밍을 하는 목적으로 4개의 매개변수 입력란이 생성된다. 여기서 카테고리와 작업이 필수 입력란이며, 라벨과 값은 추적 요소에 따라서 다소 달라질 수 있거나 입력을 꼭 하지 않아도 된다.

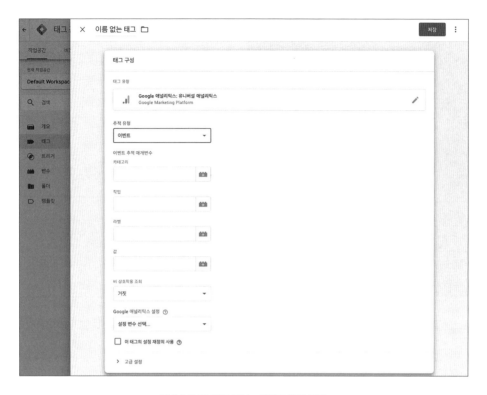

그림 2-11-11. 태그 구성 - 이벤트 유형 선택

이벤트의 매개변수를 입력한 후 이벤트 데이터를 연결된 GA로 보낼 수 있도록
'Google 애널리틱스 설정'의 새 변수를 클릭하여 연결할 GA의 추적 ID를 입력한다.

그림 2-11-12. GA 추적 ID 설정

그림 2-11-13. 추적 ID 입력

GA의 추적 ID까지 입력했다면 태그명을 정하고 최종 저장하면 된다.

태그의 발행

추적을 위한 태그 설정 후, 바로 이벤트 데이터가 GA로 전송되는 것은 아니다. 태그 매니저 화면에서 우측 상단의 '미리보기'와 '제출' 버튼을 확인할 수 있다. 태그 제작 완료 후 우선 미리보기를 통해 추적하는 사이트에서 태그가 정상적으로 작동하는지 확인 후에 최종적으로 제출 버튼을 눌러 태그 반영을 해야 한다. 이때 미리보기 과정에서 이상이 없더라도 실제 태그 반영 후, 사이트 에러가 발생 할 수 있으니 최종 제출 이후에도 사이트 에러가 없는지 재차 확인이 필요하다 .

그림 2-11-14. 태그 발행

이벤트 데이터 확인

태그를 통해 GA로 이벤트 데이터를 받게 되는 경우 행동 리포트에서 데이터 확인이
가능하다. 행동 리포트의 이벤트 메뉴를 클릭하면 개요 혹은 인기 이벤트 확인이 가
능하며, 이 리포트에서 이벤트 카테고리, 액션, 라벨의 데이터 확인이 가능하다. 이때
이벤트 카테고리, 액션(작업)은 태그 설정 시 직접 이벤트의 네이밍을 위해 입력했던
것을 알 수 있다.

그림 2-11-15. 이벤트 데이터 확인 리포트

태그의 제작은 어려운 코딩을 거치지 않아도 손쉽게 사용자의 행동을 이벤트 데이터
를 통해 확인할 수 있는 방법이다. 처음에는 변수, 트리거, 태그 등의 설정이 복잡하
고 어렵게 느껴질 수 있겠지만, 한두 번의 직접 연습을 해보면 말 그대로 손쉬운 설정
이란 것을 알 수 있을 것이다.

2. 데이터 스튜디오

GA는 이미 수많은 데이터를 보기 좋은 레이아웃을 통해 잘 가공한 리포트를 제공한
다. 물론, 사용자 필요와 취향에 맞게 측정 기준과 측정 항목을 선택하여 맞춤 리포트
또한 제작이 가능하다. 여기서 한 걸음 더 나아가 데이터의 변동 추이와 출력 형태,

데이터 계정, 날짜 선택을 자유롭게 할 수 있는 리포트 제작 도구가 있다. 레이아웃을 한 번 입맛에 맞게 제작해 놓으면 여러 데이터 계정이나 속성을 바꿔서 빠르게 리포트 제작이 가능하다. 바로 '데이터 스튜디오Data studio'이다. 데이터 스튜디오를 통해 전체적인 성과 추이를 확인하는 것이 용이하고, 데이터 간 상관관계 파악도 편리하여 주기적인 리포트 확인에 큰 공수가 들어가지 않는 효율적인 방법이다.

데이터 스튜디오 설정

데이터 연결

구글에서 데이터 스튜디오라고 검색해서 클릭하면 아래와 같은 화면으로 이동된다. 여기서 구글 계정으로 로그인을 하면 리포트 생성이 가능하다. 가장 먼저 눈에 띄는 커다란 + 버튼을 클릭하여 데이터를 연결시킬 준비를 한다.

그림 2-11-16. 데이터 스튜디오 관리 화면

그림 2-11-17 우측 하단의 '새 데이터 소스 만들기'라는 버튼을 클릭한다.

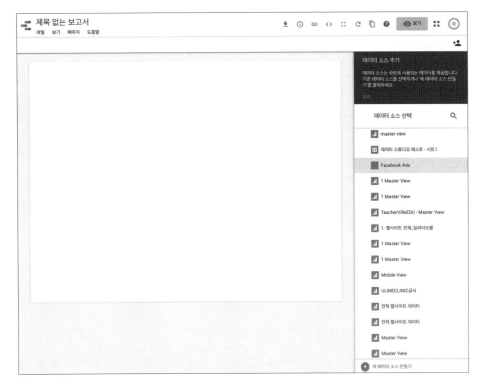

그림 2-11-17. 새 데이터 소스 만들기 화면

연결할 데이터 소스를 확인하게 되는데, 아래 이미지처럼 다양한 데이터 소스를 데이터 스튜디오와 연결할 수 있다. 이때 구글 애널리틱스 데이터 소스 연결을 클릭한다.

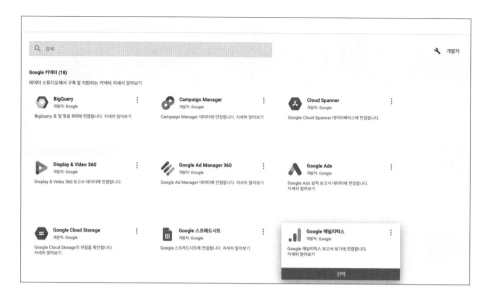

그림 2-11-18. 구글 애널리틱스 소스 연결

구글 애널리틱스를 클릭하면 계정, 속성, 보기 선택이 순차적으로 나오며, 어느 정도 시간이 지나면 우측 상단에 '연결'이란 버튼이 활성화된다. 버튼을 클릭하여 해당 보기 데이터를 데이터 스튜디오와 연결시킨다.

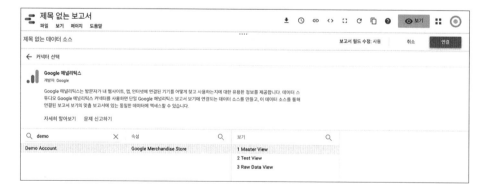

그림 2-11-19. 계정, 속성, 보기 연결

데이터 연결을 시도하면 아래 이미지처럼 활용 가능한 데이터 필드가 나열되며 사전에 어떤 데이터를 데이터 스튜디오에서 활용이 가능한지 확인할 수 있다. 확인을 마친 뒤, 우측 상단에 '리포트에 추가' 버튼이 활성화되며, 이를 클릭하면 최종적으로 데이터 스튜디오와 GA의 데이터가 연결된다.

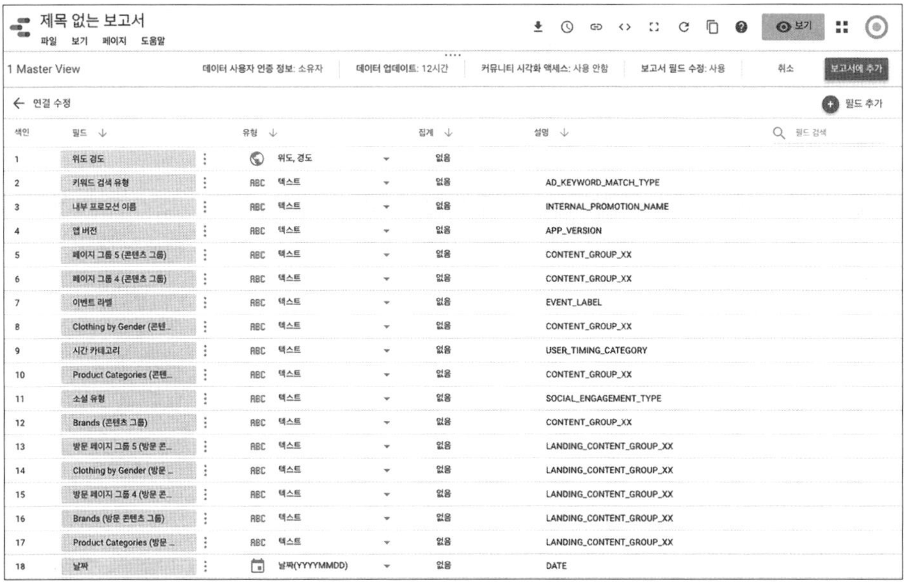

그림 2-11-20. 데이터 필드 확인

리포트 제작 방법

템플릿 활용하기

데이터 스튜디오에 미리 공유되고 있는 템플릿을 활용하면 리포트 제작이 한결 수월해진다. 마케팅 관련 리포트뿐만 아니라 광고 운영, 리서치 등에 관련된 리포트 템플릿이 있어서 데이터 소스만 변경하여 사용하면, 많은 시간을 들여서 리포트를 레이아웃을 제작할 필요가 없게 된다. 그리고 글로벌로 공유되는 템플릿이니, 리포트 완성도도 높은 편이다.

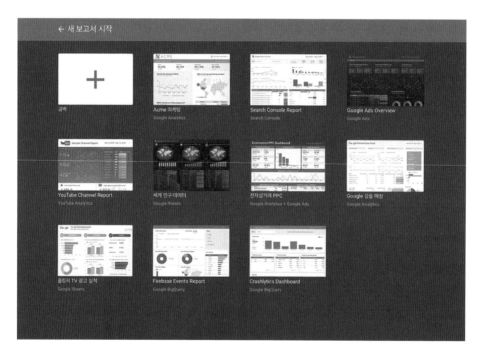

그림 2-11-21. 템플릿 적용 페이지

직접 그래프와 도형을 활용하기

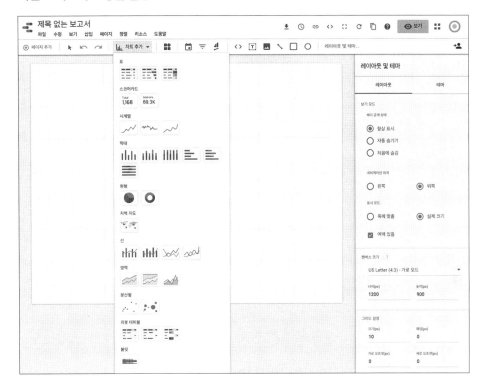

그림 2-11-22. 차트 추가 페이지

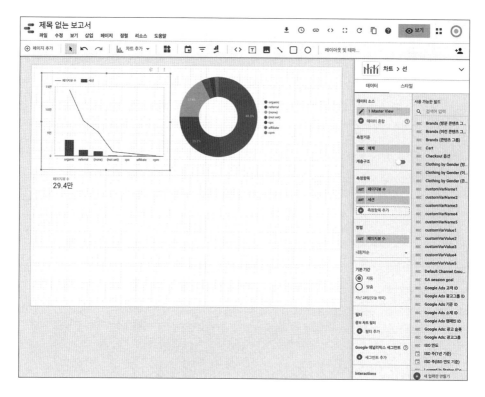

그림 2-11-23. 차트 추가 페이지

리포트 공유하기

리포트 제작 후 파트너나 팀 동료에게 리포트를 공유하는 방법도 다양하다. 그림 2-11-24처럼 우측 상단에 다양한 공유 방법을 제공하고 있다.

- PDF 파일 다운로드
- 자동 이메일링
- 링크 공유 - 권한에 따라 보기, 수정 가능
- 리포트 복사

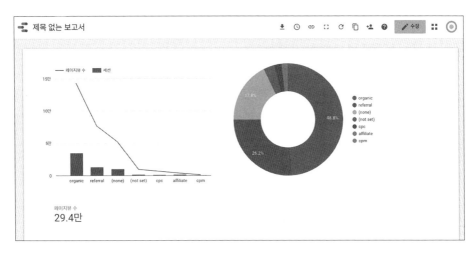

그림 2-11-24. 리포트 공유 방법

3. 구글 옵티마이즈

데이터 분석 후, 개선 활동에 반드시 필요한 도구가 있다. 바로 실험 도구, 옵티마이즈다. 구글에서 제공하는 옵티마이즈는 무료 실험 도구이면서도 개발을 할 줄 모르는 마케터가 이용하기에도 최적화된 도구다. 기본적인 HTML, CSS, 자바스크립트를 이해하고 있다면 이 도구를 활용한 실험의 범위가 더욱 광범위해질 수 있는데, 그렇지 않다고 하더라도 텍스트, 이미지 변경, 레이아웃 변경과 같은 빠르고 가볍게 진행할 만한 실험도 많다. 데일리 테스트를 선호하는 팀에서 빠르게 실험을 지원하는 도구이기 때문에 많은 스타트업이나 마케팅 팀에서 애용한다.

실험(환경) 만들기

옵티마이즈 역시 무료 회원 가입이 가능하며, 계정 가입 후에 발급되는 태그를 실험을 적용할 사이트에 삽입하면 그 이후부터 실험할 수 있다. 꼭 태그를 직접 삽입하지 않아도 기존에 태그 매니저가 설정되어 있다면 추가로 옵티마이즈 태그를 생성하여 손쉽게 태그 설정이 가능하다.

그림 2-11-25. 옵티마이즈 태그 설정 - 태그 매니저 활용

옵티마이즈 태그가 설정되었다면 최초 할 일은 환경 만들기다. 이 환경 만들기는 실험을 설정한다는 의미이다. 이때 실험의 이름과 실험 적용 페이지 URL을 입력하고, 환경의 유형을 선택하게 된다. 환경의 유형은 총 4가지로 실험을 진행하는 목적에 따라 적절한 환경을 선택하면 된다.

그림 2-11-26. 옵티마이즈 환경 설정

환경 제작 후에 원본과 대안 페이지에 적용될 트래픽의 비율을 정한다. 이후 대안 페이지의 수정이 필요한데, 이때는 대안 페이지 수정이 가능한 옵티마이즈 솔루션을 통해 손쉽게 대안 제작이 가능하다.

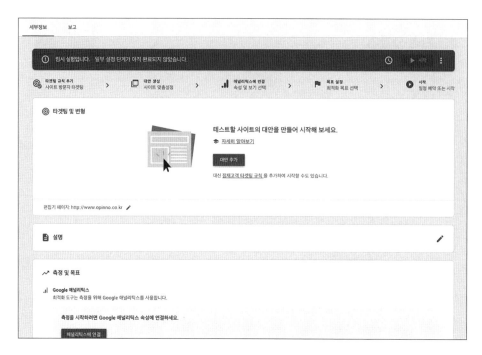

그림 2-11-27. 대안 제작 페이지

옵티마이즈 실험은 대안 제작 후 바로 실험 발행이 가능하다. 실험 페이지 트래픽과 추적 목적에 따라 리포트 가치가 상이한데, 일반적으로 7일 이내에는 실험을 통한 유의미한 결정이 가능해진다.

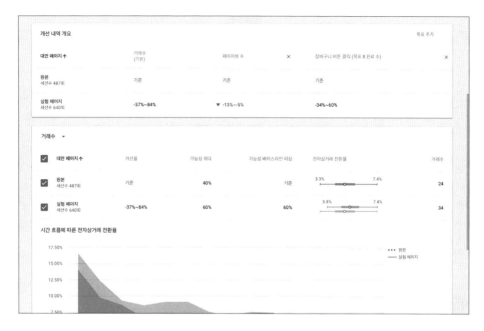

그림 2-11-28. 옵티마이즈 실험 리포트

실험 페이지에 방문하는 트래픽이 적거나 추적하는 매크로 골의 달성수가 적게 되면 7일이 지나도 유의미한 데이터를 리포트에서 찾기가 어려워진다. 이때는 실험 페이지를 고객 경험상 더 이전의 페이지로 실험을 진행하거나 매크로 골과 더불어 마이크로 골을 실험에서 확인해야 하는 목표로 추가 설정을 해서 적은 트래픽과 목표 달성 수만으로도 의사결정이 가능하도록 실험을 조정할 필요가 있다.

개선 활동에서 실험은 반드시 필요한 활동이다. 옵티마이즈 실험을 통해 성과가 나은 환경으로 트래픽을 유도할 수 있으며, 이는 실험의 진행이 곧 퍼포먼스의 향상이라고도 이야기할 수 있겠다.

3장

구글 애널리틱스를
더 잘 사용하는 방법은 무엇일까?
- 활용 방법

3-1

전환율을 기초로 한 의사결정

GA 분석에서 전환율은 곧 모든 것을 의미하기도 한다. 그런데 단순하게 전환율이 중요하다고 이야기하면 납득이 잘 가지 않는다. 이렇게 생각해 보면 쉽게 그 중요성을 인지하게 된다. GA 분석 시 데이터의 정확성도 물론 중요하지만, KPI의 등락을 고려한 성과 추이를 판단함에 그 목적성이 더 크다. 그렇기 때문에 우리가 원하는 목표가 기간에 따라 상승하고 있는지 하락하고 있는지 판단할 수 있어야 한다. 그런데 이 판단을 단순한 유입자수로는 불가능하다. 왜냐하면 유입자수는 마케팅 성과에 직접적으로 연결되지 않기 때문이다.

즉, 전환율은 목표와 연결되어 있다. 그리고 그 목표가 존재해야만 전환율 확인이 가능하다. 그리고 이 전환율이 있어야 '의사결정'이 가능하다. 전환율 등락에 따라 전체적인 성과가 오르거나 하락하면 '우리 팀은 무엇을 해야 할까?'라는 생각이 자연스럽게 다시 마케팅 전략 수립에 도움을 주게 된다.

하지만 전환율 지표가 없다면 어떻게 될까? 표면적인 지표에 얽매여 개선을 위한 가설 리스트 수립이 어려워질 수 있으며, 유입자 수나 페이지 뷰 수와 같은 허수지표로 마케팅 전략을 수립하게 될 수 있다. 그렇기 때문에 꼭 OKR → KPI → Goal의 흐름에 따라 목표 설정이 반드시 필요하며, 목표 역시 매크로 골 → 마이크로 골 → 이벤트 골 순으로 설정하여 더 세밀하게 전환율을 기준으로 한 의사결정이 가능해진다.

3-2

세그먼트를 활용한 마케팅 고도화

세그먼트를 잘 활용하면 기존의 데이터를 원하는 방식으로 그룹핑할 수 있다. 처음에는 '모든 사용자'라는 단일 세그먼트로만 리포트를 받게 되는데, 이미 제공되는 시스템 세그먼트나 전환율을 기초로 판단된 고품질 사용자 등, 저장이 필요한 세그먼트를 활용하여 더 깊이 있는 데이터 분석이 가능하다.

일반적인 리포트를 확인하면 상단에 세그먼트 추가 버튼이 있어 여러 세그먼트를 함께 비교하면서 보는 것이 가능하다. 이때 세그먼트는 최대 4개까지 동시에 분석할 수 있다.

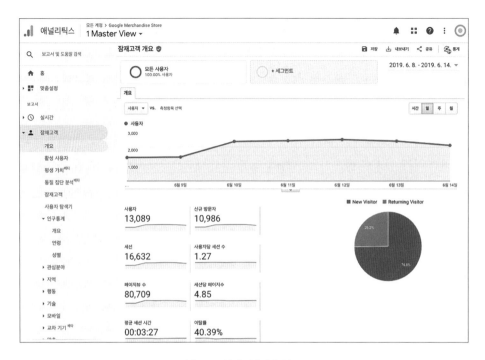

그림 3-2-1. 잠재고객 개요 리포트

세그먼트는 기본적으로 시스템 세그먼트가 제공된다. 이는 GA에서 이미 제공하는 템플릿과 같은 세그먼트이며, 활용도가 높은 세그먼트이므로 어렵지 않게 원하는 데이터를 그룹핑하여 비교하는 데 사용할 수 있다.

이렇게 제공되는 시스템 세그먼트가 아니더라도 좌측의 '새 세그먼트'를 클릭하여 데이터 분석을 통해 얻었던 인사이트를 적용하여 새로운 세그먼트를 제작할 수도 있다.

그림 3-2-2. 세그먼트 시스템 설정

새 세그먼트를 제작할 때, 인구 통계, 기술, 행동 등의 다양한 측정 기준으로 데이터 분류가 가능하며, 아래의 '고급' 기능을 활용하여 조건, 순서 등의 추가적인 데이터 분류도 가능하다. 이런 방식으로 새 세그먼트를 만들어 다양한 사용자의 행동을 추적해 볼 수 있고, 이렇게 제작된 세그먼트를 대상으로 이후 리타기팅 광고도 가능하다.

그림 3-2-3. 세그먼트 인구통계 설정

3-3

매체 기여도 평가를 통한 마케팅 메시지 최적화

획득 데이터 분석 시 매체마다 전환율이 상이한데, 이때 단순 전환율만을 가지고는 매체 기여도를 평가하기 어렵다. 왜냐하면 각 매체마다 전환에 어떤 기여 역할을 하는지 알 수 없기 때문이다. 쉽게 이야기하면 이렇다. 아래 이미지를 보면 각 매체마다 지원 전환수와 직접 전환수가 표시되어 있는 표가 있다. 여기서 직접 전환 매체와 지원 전환 매체에 대한 이해가 필요하다.

• 직접 전환 매체: 구매 경로상, 전환 직전에 사용한 매체

• 지원 전환 매체: 구매 경로상, 직접 전환 매체를 제외한 모든 사용 매체

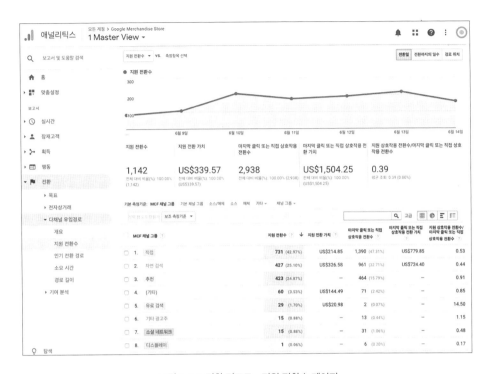

그림 3-3-1. 전환 리포트 - 지원 전환수 페이지

이렇게 구매 경로상에서도 사용된 매체에 따라 매체의 정의가 달라지는데, 이렇게 매체의 역할이 달라지면 여기에 사용되는 콘텐츠 형태도 달라져야 한다. 왜냐하면 사용자는 구매 경로상, 각 매체에서 접하는 콘텐츠의 목적이 달라지기 때문이다.

• 직접 전환 매체: 사용자의 행동을 직접 요구하는 메시지 - 할인, 프로모션 문구 등
• 지원 전환 매체: 사용자의 관심과 흥미를 자극하는 메시지 - 브랜드 스토리, 사용 후기 등

그림 3-3-1처럼 GA에서 지원 전환수 리포트를 통해 현재 이용하고 있는 매체의 성격을 분명하게 파악한 후, 해당 매체에서 사용하고 있는 콘텐츠가 매체 성격에 맞게 제작되었는지 살펴보아야 한다. 이를 통해 각 매체마다 최적화된 콘텐츠 소재를 정의할 수 있고, 더 나은 마케팅 성과에 도움이 될 수 있다.

3-4
가설 수립을 통한 UI, UX 최적화
- -

데이터 분석은 가설 수립으로 반드시 이어져야 하며, 이 가설들은 현재 서비스나 비즈니스가 처해 있는 상황에 맞춰 우선순위를 부여하고 실험으로 설계되어 개선 과정을 거쳐야 한다. 하지만 이런 모든 활동들을 매번 직접 수행한다면 상당히 많은 비용과 시간이 소요될 수밖에 없다. 그래서 검증이 되어 있는 몇 가지 개선 활동은 효율화를 목적으로 이미 만들어진 솔루션을 사용하기도 한다.

그래비티9 - 전환율 개선 실험을 통해 검증된 대안을 솔루션으로 제공

네이버 스마트 스토어의 후기들을 자사몰로 가져오는 솔루션부터 상세 페이지에서 예상되는 배송 시간을 미리 알려 주거나 프로모션 타임세일 배너를 제공해 사용자의 구매 전환율을 상승시키는 솔루션을 제공하고 있다. 더불어 상세 페이지 유입 전, 섬네일 이미지상에 해당 제품 조회수가 얼마나 되었는지 누적 숫자를 보여 줌으로써 고객의 상세 페이지 조회율을 높인다.

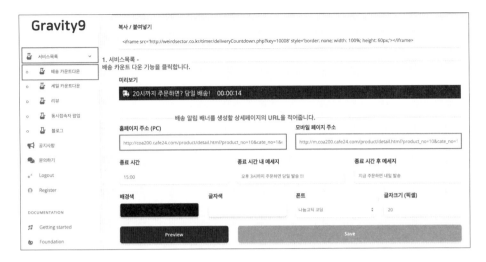

그림 3-4-1. Gravity9 설정 페이지

이런 솔루션은 최근에 더 다양해지고 있으며, 필요에 따라 다양한 솔루션을 크로스해서 사용하는 것도 UI, UX 개선과 성과 상승에 도움이 된다.

2부
페이스북 마케팅
들여다보기

Chapter 1
페이스북 초급 기능

우리는 페이스북 플랫폼을
어떻게 바라보아야 할까?

2019년이다. 여러분이 페이스북 광고를 직접 만져 보기 이전에 페이스북에서 광고를 집행하기 위해서는 페이스북을 사용하는 사람들의 행태를 알아야 한다. 페이스북 사용자는 어떤 특징을 가지고 있을까?

1-1

디지털 마케팅 시장이 점점 더 커지고 있다

그림 1-1-1의 그래프는 디지털 마케팅 시장에 쓰이는 전체 광고비와 전통적인 마케팅 매체인 TV 미디어 광고 시장에 쓰이는 전체 광고비를 비교한 그래프이다. 여러분도 보다시피 2016년 상반기부터 디지털 마케팅 시장에 쓰이는 광고비가 TV 광고 시장에 쓰이는 광고비를 돌파하며, 머지않아 곧 다가올 미래에는 디지털 마케팅 시장에 쓰이는 광고비가 점점 더 많아지고 있다.

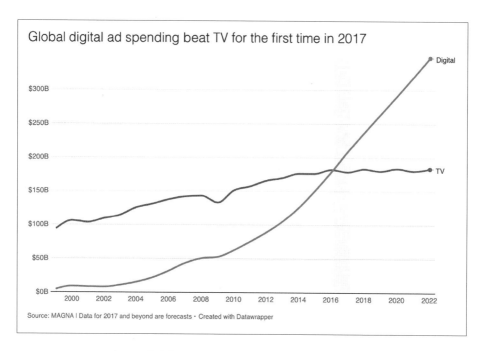

그림 1-1-1. 전 세계적인 디지털 마케팅 시장의 광고비용, 출처 : RECORD

디지털 마케팅 시장이 인기 있는 이유는 크게 세 가지가 있다.

첫 번째, 광고 성과가 값비싼 TV 광고보다 훨씬 더 좋다는 점이다. 온라인상에서 빠르게 상거래를 구현할 수 있으므로 사용자들은 모바일에서 좀 더 쉽게 제품을 구매할 수 있게 되었다.

두 번째, 온라인상에서 광고를 했을 때 지금 진행하고 있는 마케팅 캠페인이 과연 잘 되고 있는지 안 되고 있는지에 관한 성과를 실시간으로 추적할 수 있다.

세 번째, 광고 시장에 진입할 수 있는 접근 장벽이 굉장히 낮다. 단순히 광고 계정 하나만 만들게 되면 여러분은 매우 쉽게 광고를 구현할 수 있다. 심지어 여러분이 배워볼 페이스북은 페이스북 아이디만 있어도 광고 계정을 따로 만들 필요가 없다.

그렇기 때문에 디지털 마케팅 시장의 규모는 점점 더 커질 것이고, 여러분의 브랜드를 알리기 위해서라면 디지털 마케팅 시장이 가장 좋은 시작점이 될 것이다.

페이스북, 구글, 자본주의는 공평하지 않다

그림 1-2-1. 디지털 마케팅 시장의 90% 광고비를 차지하고 있는 페이스북과 구글 애즈

하지만 여러분도 아시다시피 자본주의는 공평하지 않다. 디지털 마케팅 시장 전체 광고비의 90%는 위에 보이는 구글 광고와 페이스북 광고에 집중되어 있다(물론 대한민국에는 네이버라는 굴지의 기업도 있긴 한다). 그렇기 때문에 여러분의 브랜드를 알리기 위

해서는 페이스북 광고와 구글 광고는 기본적으로 배워 둬야 한다.

하지만 구글 광고는 어렵다. 굉장히 어렵다. 여러분이 온라인상에서 광고 시장을 이해하는 데에 가장 쉬운 플랫폼은 페이스북이 될 것이다. 페이스북 광고 강의를 진행하면서, 굉장히 많은 수강생분을 만나 보았는데, 최고령 수강생분이 70대 할아버지였다. 연세가 있으심에도 불구하고 배우려는 열정을 가지고 있다 보니, 페이스북 플랫폼도 곧 잘 따라해 주셨다.

페이스북 플랫폼은 그만큼 직관적이고 쉽다.

1-3

페이스북을 사용하는 사람들의 특징

이 쉬운 페이스북 플랫폼을 활용하기 위해서는 페이스북을 지금도 사용하고 있는 사용자들의 특징을 파악해야 한다. 페이스북 아이디가 있는 분들, 페이스북 애플리케이션을 사용하고 계신 분들은 지금 자신이 페이스북을 언제 들어가는지 곰곰이 생각해 보자.

우리는 엘리베이터를 기다릴 때, 어색한 사람과 마주 앉아 있을 때, 잠들기 전에, 지하철 안에서 등 다양한 환경에서 페이스북을 무의식적으로 눌러보곤 한다. 이 모든 상황들의 공통점은 '우리가 그다지 생각하고 싶지 않을 때, 뇌 에너지를 쓰고 싶지 않을 때' 페이스북을 들어간다는 것이다. 페이스북은 우리 뇌가 쉬고 싶을 때 들어오게 되는 애플리케이션이다.

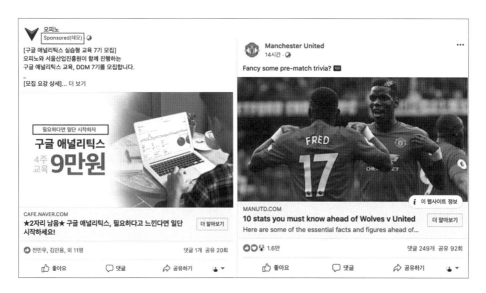

그림 1-3-1. 일반 게시물과 광고 게시물

필자가 쉬고 싶어서 페이스북에 들어갔더니 왼쪽 이미지와 오른쪽 이미지가 동시에 나타난다. 왼쪽 이미지 상단에 Sponsored라는 표시가 있는데, 이 표시가 페이스북에 돈을 내고 집행한 유료 광고임을 나타내 주는 표시이다. 왼쪽 게시물은 나를 타기팅해서 노출된 광고 게시물이고, 오른쪽 게시물은 필자가 개인적으로 좋아하는 영국 축구 팀인 맨체스터 유나이티드가 경기 일정 정보를 담은 이미지를 업로드했던 게시물이다.

여기서 우리는 어느 쪽에 눈이 먼저 갈까?

당연히 오른쪽에 눈이 먼저 가게 된다. 광고보다는 자기가 좋아하는 관심사에 먼저 눈이 가기 마련이다. 여기서 페이스북 광고 플랫폼의 첫 번째 특징을 알 수 있다.

페이스북 플랫폼은 기존 광고 시장과 달리 광고주들끼리 경쟁하는 것이 아니라 우리가 돈을 내고 집행하는 광고 콘텐츠가 내가 좋아하는 관심사 페이지의 게시물, 내가 좋아하는 친구들의 소식, 아니면 단순한 목적도 없는 소비성 동영상과 싸워서 주목을 이끌어 내야 한다.

페이스북 플랫폼에서의 경쟁자는 더 이상 광고주가 아니라는 것이다. 더 강력한 경쟁자들이 기다리고 있는 곳이 페이스북이다. 광고 콘텐츠가 어떻게 사용자들이 관심 있는 유기적 게시물을 이기고 주목도를 이끌 수 있을까?

이러한 단점을 극복하기 위해서 페이스북은 다양한 광고 포맷을 제공해 주고 있다.

그림 1-3-2. 페이스북에서 제공해 주는 다양한 광고 포맷

왼쪽에 보이는 이미지는 페이스북 광고를 클릭했을 때 나타나게 되는 가상의 페이지로서, 'Instant Experience' 또는 '캔버스 광고'라고 불린다. 이 캔버스를 통해 우리 브랜드 메시지를 더 많이 보여 줄 수 있다는 것이다. 오른쪽에 보이는 이미지는 메신저 광고라는 형태로서 사용자들에게 1:1로 다이렉트 메시지 광고를 보여 줄 수 있다.

이 밖에도 광고주들의 경쟁자들을 이기기 위해 동영상 광고, 이미지 광고, 스토리 광고, 컬렉션 광고 등 굉장히 많은 광고 포맷을 제공해 주고 있다. 우리 브랜드를 다양한 형태로 고객들에게 보여 줄 수 있는 최적의 플랫폼이 바로 페이스북이다. 온라인 상에서 광고를 처음 한다면 페이스북은 반드시 잡고 가야 할 광고 플랫폼이라는 것이다.

1-4

페이스북의 유기적 도달률 이슈

페이스북이 끝물이라는 이야기를 많이들 하고 있다. 그러한 시선에도 분명히 근거가 있다. 잠시 페이스북이 급성장을 했던 2013년의 이야기를 해보려고 한다. 페이스북에서는 2가지의 도달 개념이 있다. 바로 '유기적 도달'과 '광고를 통한 도달'이다.

유기적 도달이란 말 그대로 사람들이 우리가 업로드한 페이스북 게시물에 좋아요, 댓글, 공유(이를 페이스북의 3대 엣지랭크라 부른다) 등의 상호작용을 하면서 돈을 쓰지 않고도 자연적으로 게시물이 퍼지는 도달을 의미한다.

광고를 통한 도달은 유기적 도달과 반대되는 말로서, 광고비를 내고 인위적으로 게시물을 퍼뜨리는 것을 의미하는 도달이다.

사실 페이스북은 유기적 도달을 활용하여 조금 더 재밌거나, 유용하거나, 감동을 줄 수 있는 크리에이티브한 콘텐츠를 만듦으로써, 광고비를 그리 많이 쓰지 않고도 우리 브랜드를 널리 알릴 수 있는 마케팅이 유행하던 플랫폼이었다. 우리는 이를 **'콘텐츠 마케팅'**이라고 부른다.

하지만 큰 문제가 생겼다. 그림 1-4-1을 한번 보자.

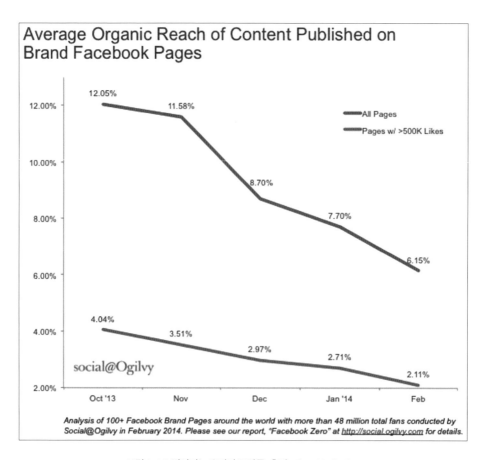

그림 1-4-1. 떨어지는 유기적 도달률, 출처 : Face Marketing

위 이미지 그래프에서 위쪽 선이 페이스북의 유기적 도달률을 나타낸 그래프이다. 페이스북의 급성장 시기였던 2013년에는 유기적 도달률이 12%까지 기록하고 있는데, 이는 '우리가 게시물을 업로드하면 해당 게시물이 사용자들의 상호작용에 따라 퍼지는 정도가 12%'라고 이해할 수 있다.

하지만 2014년 2월 시점의 유기적 도달률은 6%로 반토막이 나버린다. 유기적 도달률이 떨어졌다는 것은 어떤 것을 의미할까? 게시물을 업로드했음에도 불구하고 사람들이 아무리 '좋아요'를 눌러 봤자 게시물이 퍼지는 정도가 반토막이 났다는 것이다.

놀라지 말자. 저건 2014년 자료이다. 지금은 2019년이다. 2019년의 유기적 도달률은 몇 퍼센트 정도 될까?

아직 공식적으로 발표된 바는 없지만, 2019년의 유기적 도달률은 1~2% 정도일 것이라고 현업 마케터들은 추정하고 있다. 유기적 도달률이 1%라는 것은 우리가 아무리 크리에이티브한 콘텐츠를 업로드한다고 하더라도 사람들의 상호작용에 따라 퍼지는 정도가 2%가 채 안 된다는 것이다.

그렇다면 페이스북 알고리즘은 왜 이렇게 의도적으로 유기적 도달률을 낮추고 있을까?

물론 마크 주커버그도 이런 상황을 원치는 않겠지만, 페이스북의 유일한 비즈니스 모델은 광고비이다. 유기적 도달률이 높다면 광고주들이 광고비를 그리 많이 쓰지 않을 것이다. 하지만 마크 주커버그도 돈 안 벌어가면 이사회에서 혼난다. 즉, 광고주들의 지갑을 열기 위해 페이스북은 어쩔 수 없이 유기적 도달률을 의도적으로 낮추고 있다.

필자는 유기적 도달률이 얼마나 낮아졌는지 파악하기 위해서 2018년 3월에 한 가지 실험을 해보았다. 그림 1-4-2를 한번 보자.

그림 1-4-2. 유기적 도달률의 실험

왼쪽에 있는 이미지는 필자가 새롭게 페이스북 페이지를 만들어서 45,000원의 광고비를 쓴 카드 뉴스 형태의 게시물이다. 오른쪽은 이미 50만 명이 팔로워하고 있는 페이지에다가, 페이지 관리자에게 11만 원을 주고 업로드를 한 게시물이다.

왼쪽 게시물은 광고를 통한 도달을 노린 것이고, 오른쪽 게시물은 유기적 도달을 노린 전략이었다.

지금 보다시피 왼쪽의 게시물과 오른쪽의 게시물의 성과 차이(좋아요 수, 댓글, 공유 수 등)가 크게 없다. 이건 심해도 너무 심한 상황이다. 무려 50만 명이 팔로우하고 있는 페이지임에도 불구하고 상호작용이 적다.

여기서 우리는 절망적인 인사이트를 얻을 수 있다.

"우리는 무조건적으로 페이스북에 돈을 내고 광고를 집행해야 한다."

페이스북은 끝물이 맞다. 하지만 우리가 페이스북 광고를 배우는 이유는 페이스북을 대체할 플랫폼이 없다는 것이다. 우리 브랜드를 다양한 메시지의 형태로, 널리 알리기에 좋은 시작점이 페이스북 플랫폼이라는 것은 아무도 반박할 수 없다.

아직도 페이지 '좋아요', '팔로워 수'에 목매고 있는가? 이제 좋아요 수는 잊어버리자. 우리는 사용자들을 우리의 쇼핑몰로 데려와 상품을 팔아야 하고 성과를 내야 한다.

무조건적으로 광고비를 내고 성과를 내야 하는 페이스북, 하지만 탈출구가 없는 것은 아니다. 2장에서는 페이스북 광고비를 효율적으로 사용할 수 있는 퍼포먼스 마케팅 Performance Marketing에 대해서 배워 보겠다.

2장

이제는 페이스북도
퍼포먼스 마케팅이 필요하다

마케팅을 하고 계신 현업자나 대학생이라면 굉장히 많이 들어본 단어, '퍼포먼스 마케팅'이라는 개념이 있다. **퍼포먼스 마케팅은 "데이터를 기반으로 성과를 조금씩 최적화해 나가면서 마케팅 의사결정을 내리는 방식"**이라고 짧게 언급하고 넘어가겠다. 우리는 페이스북에서 필요한 마케팅을 배우는 것이지, 퍼포먼스 마케팅에 관한 깊은 개념을 이해할 필요는 없다.

2-1

퍼포먼스 마케팅 플랫폼, 페이스북

- -

우리가 광고를 집행하면 얻게 되는 데이터들이 있다. 예를 들면, 해당 동영상 광고의 클릭률CTR, 클릭당 비용CPC, 전환율CVR 등이다. 실제로 페이스북 광고 관리자에서 많은 성과 지표들을 실시간으로 관찰할 수 있다. 이 지표들은 모두 수치Number이며, 우리는 이 수치들Data을 기반으로 그다음 마케팅 의사결정을 내릴 수 있다. 이렇게 광고를 집행하면서 얻게 되는 데이터들을 기반으로 마케팅 의사결정을 하는 마케팅을 퍼포먼스 마케팅이라고 한다. 콘텐츠 마케팅의 대표적인 플랫폼이었던 페이스북은 유기적 도달률이 낮아짐에 따라 퍼포먼스 마케팅 플랫폼으로 변모하게 되었다.

2-2

페이스북 퍼포먼스 마케팅 Flow

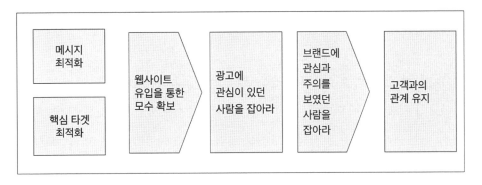

그림 2-1-1. 페이스북의 퍼포먼스 마케팅 전략론 도입 프레임 워크

우리는 해당 flow를 활용하여 페이스북에서 퍼포먼스 마케팅을 구현할 것이다. 굉장히 단순해 보이는 모델이지만, 아주 강력한 모델이다. 실제로 필자가 속해 있는 에이전시 오피노는 해당 방식으로 광고를 순차적으로 진행하고 있다. 한 단계씩 살펴보겠다.

여러분의 이해를 돕기 위해 필자가 양말을 판매하는 쇼핑몰을 하나 열었다고 가정해 보겠다.

1. 메시지 최적화

페이스북 플랫폼에서 광고를 집행할 때 "우리 양말이 예뻐요"라는 메시지로 광고를 집행할지, "우리 양말은 싸요", "우리 양말은 튼튼해요"라는 메시지로 광고를 게재할지, 도대체 어떤 메시지가 페이스북에서 잘 먹히는 효과적인 메시지인지 알 수 없다. 그래서 우리는 소액으로 다양한 메시지들을 베리에이션하여 성과 파악을 할 줄 알아야 한다. 이 단계가 '메시지 최적화' 단계이다.

2. 핵심 타깃 최적화

메시지를 최적화한다고 할지라도 해당 메시지가 20대 여성한테 잘 먹힐지 30대 여성에게 잘 먹힐지는 아무도 모른다. 우리는 메시지를 다양화하여 광고를 테스트해 볼 수 있지만, 우리 광고를 볼 사람들(타깃)도 여러 가지로 베리에이션하여 테스트해 볼 수 있다. 이 단계가 '핵심 타깃 최적화' 단계이다.

3. 광고에 관심이 있던 사용자들을 잡아라

그저 메시지 최적화와 타깃 최적화를 할 때 테스트용으로 광고 타깃을 여러 개로 정했다면, 우리가 첫 단계에서 집행했던 테스트 광고와 상호작용을 했던 사용자들이 있을 것이다.

영상 광고를 했다면 영상 광고를 본 사람, 이미지 광고를 했다면 이미지를 한 번이라도 클릭한 사람, 우리 비즈니스 페이스북 페이지 타임라인에 방문한 사람 등 다양한 상호작용을 했던 사용자들을 우리들의 타깃으로 만들고, 그들에게 다시 다른 메시지를 보낼 수 있다.

즉, 페이스북 플랫폼 내에서 우리 광고에 반응했던 사용자를 정의하고 그 데이터 모수를 쌓아 두는 게 '광고에 관심이 있던 사용자들을 잡아라' 단계이다.

4. 브랜드에 관심을 보인 사용자들을 잡아라

이젠 페이스북 광고뿐만 아니라 페이스북에서 광고를 클릭하고 우리 브랜드 웹사이트나 애플리케이션에 들어온 사용자들을 리마케팅 모수로 저장한다. 리마케팅 Remarketing이란 Re + Marketing의 합성어로서 우리 브랜드와 어떤 상호작용을 했던 사용자들에게 다시 한번 광고 메시지를 노출시키는 것을 의미한다.

가령, 제품 상세 페이지까지 도착한 사람, 장바구니에 물건을 담은 사람, 우리 브랜드 키워드를 검색하여 웹사이트에 들어온 사람들이 되겠다. 이들이 그저 이전 단계에서 광고 게시물에 반응한 사용자들보다는 상대적으로 고품질 사용자일 것이다. 이 리마케팅 모수 정의 단계에서는 **페이스북 바깥(우리 쇼핑몰, 웹사이트 등)**에서 이루어지는 사용자들의 행동을 트래킹해야 하므로 '**페이스북 픽셀**'이 사용된다. 이 책의 후반부에서 픽셀에 관해서 자세한 실무 내용들을 다루겠지만, 우선은 페이스북 픽셀을 하지 않으면 페이스북 광고는 안 하느니만 못하다는 것만 인지하면 된다. 그만큼 페이스북 픽셀은 중요하다.

5. 고객과의 관계 유지

픽셀을 통해 우리 브랜드의 고품질 사용자를 정의했다면, 그 데이터 모수들을 지속적으로 업데이트하면서 리마케팅을 끊임없이 진행한다. 해당 단계가 페이스북의 마지막 단계인 관계 유지 단계이다. 관계 유지 단계에서는 특정 제품의 상세 페이지를 조회한 사용자들에게 다시 한번 제품을 상기시켜 줄 수 있는 동적 리마케팅을 진행해야 한다. 동적 리마케팅은 이 책의 마지막에서 다루는 내용이며, 현재 광고 기술의 최고 수준까지 다다른 스킬이라고 이해하면 된다.

2-3

퍼포먼스 마케팅의 핵심 개념, 전환(Conversion)

퍼포먼스 마케팅에서 가장 중요하고, 아무리 강조해도 지나치지 않는 개념이 바로 '전환Conversion'이다. 우리는 이 전환이라는 개념에 목숨을 걸어야 한다.

퍼포먼스 마케팅에서의 전환이란, 목표를 가지고 마케팅 캠페인을 진행할 때 광고를 본 사용자가 우리가 의도했던 행동을 실제로 행했을 경우, 우리는 그 사용자를 가리켜 "전환했다"라고 표현한다.

최종 목적을 정의하는 데에는 두 가지 용어를 먼저 알아야 한다.

OKR^{Objective Key Result}: 마케팅 캠페인의 최종 목적 (ex. 매출 증대, 브랜드 인지도 증가, 리드 확보 등)

KPI Key Performance Index(or Indicator): 최종 목적의 성과를 판단하기 위한 측정 가능한 수치(ex. 결제 완료 페이지 도착 수, 브랜드 키워드 검색량 증가율, 재방문자 증가율 등)

조금은 감이 올 것이다. 더 이해하기 쉽게 예를 들어 보겠다. 부산에서 아이들 40명을 데리고 서울까지 가려고 한다. 그때 설정해 둔 OKR은 '안전'이다. 그러면 KPI는 무엇이 될까? 바로 '다치지 않은 아이들의 수'를 세면 OKR이 잘 달성되었는지 안 되었는지 판단할 수 있겠다.

만약에 똑같이 아이들 40명을 데리고 부산에서 서울까지 가는데, OKR이 '속도'라면 KPI는 '부산에서 서울까지 가는 데 걸린 시간'을 측정하면 된다.

한 가지 예를 더 들어 보겠다. 양말을 판매하는 쇼핑몰의 OKR은 '매출 증대'이다. 그렇다면 KPI는 '결제 완료 페이지 도착 수'가 되는 것이다. 그런데 실제로 사용자가 결제 완료 페이지에 도착하는 순간, 우리는 그 사용자를 보고 "전환했다"라고 표현한다.

우리가 의도한 행동을 사용자가 실제로 했을 때, 우리는 "전환했다"라고 표현한다. 그리 어렵지 않은 개념이다.

퍼널 모델 그리고 TOFU, MOFU, BOFU

이러한 전환 행동에 따라 고객들을 단계별로 분류해 놓은 모델을 퍼널 모델Funnel Model 또는 깔대기 모형이라고 부른다. 깔대기 모형은 그림 2-4-1과 같은 형태로 그려질 것이다.

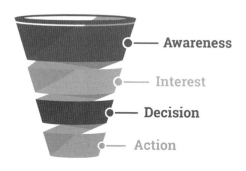

그림 2-4-1. 퍼널 모델

퍼널 모델의 정의와 다양한 개념들은 상당히 복잡하기 때문에 자세히 알 필요는 없다. 쉽게 예를 들어서, 양말을 판매하는 웹사이트가 있다고 가정한다면 해당 웹사이트의 구매 경로는 일반적으로 이런 방식으로 되어 있을 것이다.

메인 페이지 - 양말 제품 상세 페이지 - 장바구니 페이지 -

결제 정보 입력 페이지 - 결제 완료 페이지(최종 목적지)

해당 퍼널 모델에서 가로 길이(폭)를 담당하고 있는 영역이 '트래픽의 양'이라고 가정해 보겠다. 다음과 같이 퍼널 모델이 형성될 수 있다.

1) 메인 페이지에 들어갔다가 나간 사용자 → 퍼널 모델의 빨간색 영역(최상단)

2) 제품 상세 페이지에 들어갔다가 나간 사용자 → 퍼널 모델의 노란색 영역(중단)

3) 장바구니에 들어왔다가 나간 사용자 → 퍼널 모델의 파란색 영역

4) 결제 정보 입력 페이지까지 들어왔다가 나간 사용자 → 퍼널 모델의 초록색 영역

분명 1번의 사용자들보다는 2번이나 3번의 사용자들이 우리 브랜드에 있어서 훨씬 더 고품질 사용자이다. 간단히 쇼핑몰을 예를 들어 설명했으나, 모든 비즈니스 플랫폼(웹, 앱)은 이런 퍼널 모델이 생성될 수밖에 없다. 웹사이트나 애플리케이션의 최종 목적지가 있을 것이고, 그 전 단계를 거쳐가면서 트래픽은 점점 줄어들 것이기 때문이다.

우리는 이 퍼널 모델을 기반으로 우리 브랜드의 고품질 사용자를 정의하고 그들이 좋아할 만한 다른 메시지를 던져야 한다. 각 단계별로 다른 메시지를 던지는 것이 핵심이라는 것이다.

'장바구니 페이지에 도착했다가 이탈한 사용자'들에게는 단순히 "양말 사세요"라는 문구보다는 "지금 할인합니다"라는 메시지에 훨씬 더 눈이 갈 것이다.

메인 페이지에 도착했다가 이탈한 사용자를 퍼널 모델의 최상단에 있다 하여, **TOFU**Top of the Funnel Model라고 한다.

상세 페이지에 도착했다가 이탈한 사용자들을 퍼널 모델의 중간에 있다 하여, **MOFU**Middle of the Funnel Model라고 한다.

장바구니 페이지에 도착했다가 이탈한 사용자들을 퍼널 모델의 하단에 있다 하여, **BOFU**Bottom of the Funnel Model라고 정의한다.

양말 쇼핑몰이 다시 한번 있다고 가정하고, 우리가 이 TOFU, MOFU, BOFU들에게 일주일 후에 다시 한번 광고를 집행해 본다고 가정해 보자.

우선 TOFU(ex. 메인 페이지에 도착했다가 이탈한 사람)들에게 일주일 후에 광고를 집행하면, 그들은 우리 브랜드를 기억할 확률이 높을까? 낮을까? 당연히 낮다. 우리는 하루에도 수십 번씩 메인 페이지를 들락거리기 때문이다. 그들에게는 "우리 쇼핑몰은 예쁜 양말을 파는 곳입니다"라고 알려줄 필요가 있다.

하지만 BOFU(ex. 장바구니에 물건을 담았다가 이탈한 사용자)들에게 일주일 후에 광고를 집행하게 된다면 어떨까? 그들은 우리 브랜드를 기억할 확률이 TOFU들보다는 상대적으로 높을 것이다. 그렇기 때문에 이들에게는 "우리 쇼핑몰은 예쁜 양말을 파는 곳입니다"라는 메시지는 필요 없다. 어떤 메시지가 좋을까?

필자는 보통 장바구니에 물건을 담고 나가 버릴 때에는 가격이 비싸서 장바구니에 담고, 잊어버리곤 한다. 그런 상황에서 할인 프로모션 메시지가 나가면 어떨까? 훨씬 더 구매 전환을 유도하는 데 소구될 수 있는 메시지가 될 것이다. 일반적으로 페이스북에서 사용자들이 특정 광고 게시물에 반응을 보일지, 그냥 넘겨 버릴지 결정하는 시간이 1.4초라고 한다. 1.4초 안에 사용자들을 설득해야 하는 입장에서, 장바구니에 물건을 담았던 사람들에게 "우리 양말은 예뻐요"라고 말할 시간이 없다. 바로 할인 메시지가 들어가야 광고에 관심을 가질 것이기 때문이다.

이렇게 퍼널 모델의 전환 단계별로 리마케팅 메시지를 달리 주는 것이 페이스북 퍼포먼스 마케팅의 핵심이며, 이 책의 주요 골자이다.

TOFU, MOFU, BOFU별 메시지

퍼널 모델에 대한 이해가 되었다면 이런 궁금증이 들 것이다.

"그럼, 각 단계별로 어떤 메시지를 뿌려 줘야 하는데?"

퍼널 모델을 기반으로 리마케팅을 구현할 때에는 다음과 같은 대전제가 있다.

대전제: 사람들은 광고를 싫어하지 않는다. 광고가 사용자들에게 유익하다면 적극적으로 그 광고 콘텐츠를 소비한다.

이 대전제를 가지고, TOFU, MOFU, BOFU들에게 던져야 할 메시지를 결정해야 한다. 필자가 근래에 페이스북 광고를 직접 진행하면서 얻었던 일반적인 인사이트들이며, 절대 정답이 아니고 예외가 있을 수 있다.

1. TOFU(Top Of The Funnel Model)

- 우리 브랜드 이야기를 하지 않는 광고

TOFU들은 퍼널 모델의 최상단에 있는 사용자들로서, 우리 브랜드를 기억하지 못하고 있을 확률이 높은 고객군이다. 그래서 우리는 그들의 흥미를 끌 수 있을 만한 광고 콘텐츠를 기획해야 한다. 주의할 점은, TOFU들에게는 우리 광고 이야기를 해서는 안 된다는 것이다. 광고 이야기는 콘텐츠의 가장 마지막 부분에 짧막하게 넣거나, 아예 넣지 않는 것이 훨씬 더 좋다.

예를 들어 강아지 사료를 판매하는 브랜드가 있다고 하자. 그리고 TOFU들에게 광고를 집행하고자 한다. 그럴 때에는 '건강한 강아지 사료 BEST 5', '강아지 사료 잘 고르는 법' 등의 정보성 콘텐츠를 카드 뉴스나 영상으로 만들어서 광고를 집행한다. "우리 강아지 사료 좋아요!", "우리 강아지 사료 사세요!" 등의 메시지에는 TOFU들은 절대 반응하지 않는다. 오늘 하룻동안 본 수백 개의 광고 메시지 중 하나일 뿐이기 때문이다. 강아지 사료를 판매하는 브랜드의 잠재고객은 당연히 강아지를 키우는 고객들이다. 그렇기 때문에 강아지를 키우는 사람들이 유용하게 느낄 만한 정보나, 흥미를 가질 만한 내용들을 주제로 카드 뉴스나 영상을 제작하는 것이다. 해당 콘텐츠를 소비하면서 사람들은 우리 브랜드에 대해 간접적으로나마 인지할 수 있다.

- 사회적 준거(Social Proof) 메시지도 잘 먹힌다

사회적 준거는 심리학의 용어로 군중 심리론에 포함되어 있는 개념이다. 쉽게 말해서 구매 후기이다. 디지털 마케팅 시대의 소비자들은 너무나도 똑똑해서 기업이 자기네들 제품 좋다고 말하는 메시지를 쳐다보지도, 귀 기울이지도 않는다.

대부분의 사람들은 쇼핑을 하기 이전에, 상세 페이지 끝까지 스크롤을 내려 이 제품의 구매 후기를 보고 구매 결정을 하게 된다. 디지털 마케팅에서의 소비자들은 먼저 이 브랜드를 구매했던 사람들의 이야기를 가장 신뢰한다. 더 이상 기업은 신뢰하지 않는다. 우리 브랜드를 먼저 구매한 사람들의 이야기를 카드 뉴스로 만들거나, 영상으로 만들면 더할 나위 없이 관심을 끌 수 있는 좋은 광고 콘텐츠가 되어 있을 것이다.

2. MOFU(Middle Of The Funnel Model)

- 가벼운 경험을 혜택으로 바꾸는 광고 메시지

MOFU들은 이제 우리 브랜드는 인지했으나, 이 브랜드가 얼마나 좋은지에 대한 정보를 탐색하고 싶어하는 사용자들일 것이다. 퍼널 모델의 중간에 있는 사용자들에게는 "그들이 가볍게나마 우리 브랜드를 경험해 볼 수 있는 요소"를 가지고 메시지를 던지는 것이 좋다.

시간이 된다면 오피노의 웹사이트를 한번 들어가 보자. 오피노 웹사이트의 OKR은 당연히 광고 대행으로 이어지게끔 문의를 유도하는 것이다. 하지만 오피노는 메인 페이지 배너에서 바로 "우리 에이전시 잘 해요"와 같은 메시지를 던지고 있지 않다.

그림 2-5-1. 오피노의 가벼운 경험 유도 사례

'성과 상승의 주요 사례 & 방법 받기'라는 메시지와 함께 이메일을 입력하는 빈칸이 나타난다. 최종 전환으로 유도하기 이전에 가볍게 오피노에 대해서 경험해 볼 수 있는 전환 CTA^{Call To Action}를 만들어 주는 것이다. 실제로 메일 주소를 입력하고, 하단에 있는 버튼을 클릭하는 순간 1주일 동안 오피노가 마케팅을 하는 노하우에 대한 정보들이 메일로 자동 발송된다. 메일을 받아본 사람들은 1주일 동안 설득될 것이고, 설득되지 않았다고 한들 우리 브랜드를 기억할 것이다. 실제로 메일을 입력한 10명 중 4명이 오피노에 광고 대행 문의를 하곤 한다.

하지만 페이스북에서는 이렇게 말할 것이다.

"오피노 사이트에서 마케팅 노하우를 무료로 만나보세요!"

무료를 강조하면서 사용자들이 우리 브랜드를 가볍게 경험해 볼 수 있는 요소를 가지고, 단일 이미지나 영상을 만드는 것이다. 여러분도 여러분 브랜드에서 잠재고객에게 가볍게 체험해 볼 수 있는 요소들을 만들고, 그 요소들을 사용자들에게 주어지는 혜택으로 포장함으로써 광고를 할 수 있다. 실제로 사용자 입장에서는 가벼운 경험이 좋은 혜택이 될 것이다.

MOFU들은 우리 브랜드를 인지하곤 있지만, 우리 브랜드를 구매하기 전에 체험하고 싶은 요소를 찾고 있을 것이다. 이들에게 가벼운 경험을 해보라는 메시지를 준다면 그들은 더할 나위 없이 좋은 기회라 생각할 것이다. 쇼핑몰에서 시식 코너를 생각해 보자. 시식 코너도 어떻게 본다면 퍼널 모델에 기반을 둘 수 있는 것이다.

3. BOFU(Bottom Of The Funnel Model)

- 마감 임박! 할인합니다

BOFU들은 퍼널 모델의 최하단에 있는 잠재고객이다. 그들은 우리 브랜드를 인지하고 있고, 우리 브랜드를 가볍게 체험하여 우리 브랜드가 좋은 것을 알았다. 이제 마지막으로 양말을 살까 말까 고민하고 있는 사람들에게는 어떤 메시지가 좋을까? 여기서 할인, 프로모션, 행동을 유도할 수 있는 촉구 메시지가 들어가 줘야 한다. 구매하지 않을 것 같은 사람들도 할인을 하게 되면 구매할 확률이 매우 높아질 수 있다.

이렇게 우리는 TOFU, MOFU, BOFU별로 메시지를 달리하여 광고를 집행해야 된다는 것을 배워 보았다. 어느 정도 그림이 그려진다면 더할 나위 없을 것 같다.

사실 페이스북의 기술적인 것들은 조금만 연습하시면 금방 할 수 있다. 1~2장에서 다룬 내용들이 이 책에서는 더할 나위 없이 중요한 내용들이다.

거대한 퍼포먼스 마케팅으로서의 페이스북 플랫폼을 만나보았다. 이젠 노트북을 켜고 페이스북에 로그인한다. 참고로 페이스북 광고 관리자는 인터넷 익스플로러보다는 크롬Chrome 환경에서 최적화되어 있다. 인터넷 익스플로러에서는 간헐적으로 문제가 발생할 수 있으니, 크롬 브라우저에서 페이스북에 로그인하길 부탁드린다.

```
  ┌─────────────┐
     ╭───────╮
     │  3장  │
     ╰───────╯
┌──────────────────────────────────────┐
│                                        │
│            페이스북                     │
│         광고 관리자                     │
│                                        │
└──────────────────────────────────────┘
```

여러분은 페이스북 사용하는 데에는 충분히 친숙하다. 별로 어렵지도 않다. 하지만 페이스북에서 광고를 할 때에는 조금은 낯설어 보이는 용어들이 등장한다. 우선 가장 처음에 접하게 될 단어는 '광고 관리자'와 '페이스북 페이지'라는 개념이다. 페이스북 페이지를 직접 만들어 보면서 광고 집행을 위한 기본 세팅을 배워 보자.

3-1

Facebook 페이지란?

그림 3-1-1은 오피노에서 집행한 광고 게시물이다. 이미지 제일 상단에 오피노의 브랜드 로고가 프로필 사진으로 들어가 있고, '오피노'라는 프로필 명이 있다. 해당 광고는 페이스북 광고를 집행하는 주체가 '오피노'이다. **광고 게시물을 만들 때 얼굴마담의 역할을 하는 것이다.** 이 얼굴마담이 페이스북 페이지라는 것이다.

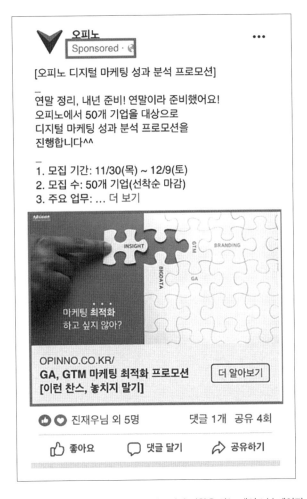

그림 3-1-1. 페이스북 광고 게시물의 얼굴마담 역할을 하는 페이스북 페이지

페이스북에서 광고를 하기 위해서는 프로필 사진과 페이지 이름이 기재된 상태에서 광고가 노출되어야 하므로 페이스북 페이지가 없다면 광고를 게재할 수 없다. 새롭게 페이스북 광고를 배우는 분들은 아직 페이스북 페이지가 없다. 페이스북 페이지를 만드는 방법은 간단하다.

하나 기억해 두어야 할 점은 페이스북 페이지를 운용하는 곳과 페이스북 광고를 집행하는 곳은 별개의 개념으로 존재한다는 것이다. 후반부에서 확인하겠지만, 광고를 집행하는 곳은 기본 URL부터 달라지는 아예 다른 사이트이다.

3-2

페이스북 광고 관리자와 페이스북 페이지의 차이

여러분은 우리가 배우게 될 광고 관리자보다는 페이스북 페이지가 더 익숙할 것이다. 광고 관리자와 비즈니스 페이지는 엄연히 다르다. 가령 여러분이 광고 관리자에서 광고를 게재할지라도 페이지에서는 어떤 게시물이 업로드되지 않을 수도 있다.

광고 관리자는 페이스북 플랫폼에서도 '광고'의 기능만 집중하고 있고, 다양한 타기팅 방식을 지원한다. 페이스북 페이지는 비즈니스 페이지를 운영하는 데에만 중점을 두고 있고, 광고와는 별개의 개념이다.

페이스북 페이지에도 광고는 있다. 페이지가 있는 분들은 '게시물 홍보하기'라는 버튼으로 광고를 게재할 수 있다. 아마도 광고를 처음 집행한 초보 페이스북 사용자라면, '게시물 홍보하기'라는 버튼은 모두들 보았을 것이라 생각한다. 하지만 '게시물 홍보하기'를 통해 광고를 게재하면 정교한 타기팅과 예산 세팅이 어려울 수 있다.

여러분이 페이스북에서 제대로 광고 집행을 하기 위해서는 페이스북 광고 관리자를 배워야 한다.

	광고 관리자	페이지
게시물 업로드	업로드할 필요 없음	업로드해야만 함
타기팅	정교한 타기팅 가능	정교한 타기팅의 한계
성과 파악	광고, 광고 세트, 캠페인 단위로 광고 효율 실시간 비교 가능	하나의 광고에만 집중되어 성과 파악 가능 (타 광고와 비교 어려움)

3-3

페이스북 페이지 만들기

1) 먼저 크롬 환경에서 여러분의 페이스북 계정으로 로그인한다. 주소창에 www. facebook.com을 입력하거나 검색창에 '페이스북'이라고 검색하면 쉽게 들어갈 수 있다.

그림 3-3-1. 페이스북 데스크톱 버전의 UI

이런 방식으로 페이스북 데스크톱 버전이 나타나게 된다.

페이스북 아이디가 없는 분들은 페이스북을 검색했을 때 아래와 같은 사이트가 나타
난다. 여기서 페이스북에서 요구하는 정보만 입력해 주면 바로 페이스북 계정을 만들
수 있다.

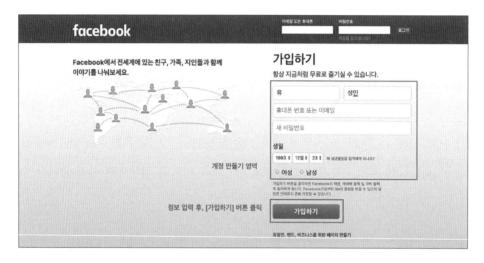

그림 3-3-2. 페이스북 회원가입 창

2) 일단 다른 부분은 간단히 무시하고, 페이스북 페이지부터 만들어 보겠다. 그림
3-3-3의 상단 오른쪽 역삼각형의 메뉴 버튼을 클릭하여 페이지 만들기로 이동한다.

그림 3-3-3. 광고 관리자로 이동하는 메뉴

3) 여기서 여러분의 페이지 정보를 입력하고, 페이지를 하나 개설하면 된다. 프로필 사진을 업로드하고, 커버 사진을 업로드하라고 나오지만, 일단은 프로필 사진만 넣고 페이지를 생성해 준다.

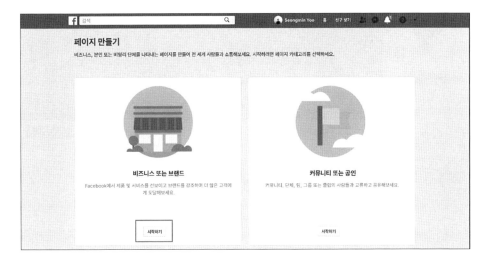

그림 3-3-4. 페이지 생성

그림 3-3-5. 프로필 사진 업로드

4) 이 정보들만 간단히 입력해 주면 페이스북 페이지 만들기가 완료된다. 우리는 이
제 광고 집행을 위한 페이스북 페이지를 만들었고, 이 페이스북 페이지가 얼굴마담의
역할을 할 것이다.

그림 3-3-6. 생성된 새로운 페이스북 페이지의 모습

5) 페이스북 페이지를 여러 사람과 함께 공유하고 싶다면 설정에서 페이지 역할로 가서 사용자들을 추가할 수도 있다.

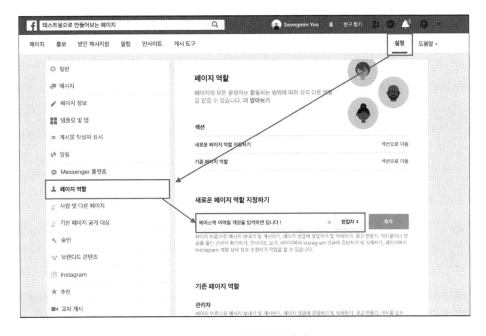

그림 3-3-7. 페이지 사용자 추가

페이스북 페이지 만들기는 모두 끝났다. 물론 페이스북 페이지에서 제공하는 수많은 유용한 기능들이 있으나, 우리의 목적은 페이스북 페이지를 키우는 것이 아니다. 우리는 광고를 하기 위해 페이스북 페이지를 만든 것이므로 페이스북 페이지에 대한 자세한 설명은 생략하겠다.

페이스북 광고 관리자로 이동하기

이제 페이스북 페이지를 만들었다면, 광고 관리자로 이동해 보겠다.

[광고 관리자 엑세스 방법]

1) 데스크톱에서 페이스북에 로그인한다.

2) 오른쪽 최상단 역삼각형 모양의 메뉴바를 클릭한다.

3) 광고 만들기 또는 광고 관리 또는 광고 시작하기와 같은 '광고와 관련된 메뉴'를 눌러 광고 관리자로 이동한다.

4) 메뉴에 어떤 텍스트가 나타날지는 계정의 상태에 따라 달라지므로 광고 만들기, facebook에서 하기와 같은 의미의 메뉴를 클릭한다.

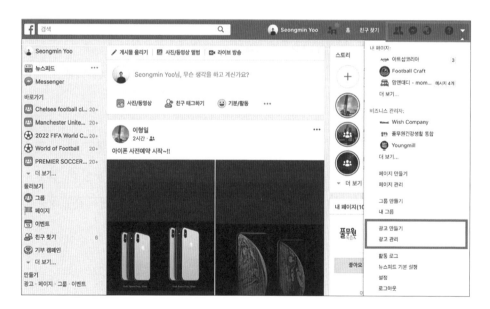

그림 3-4-1. 광고 관리자로 이동하기

광고 관리자에 들어가면 이렇게 이미지가 나타나는 경우도 있고, 아닌 경우도 있다. 페이스북 계정이 한 번이라도 광고를 집행한 이력이 있으면 광고 관리자 페이지로 바로 이동하게 된다. 처음 만들어 보는 경우를 기준으로 설명하겠다.

그림 3-4-2. 광고 관리자 처음 메뉴

그림 3-4-2처럼 고화질의 이미지와 함께 '광고 만들기'라는 버튼이 있다. 버튼을 누르면 그림 3-4-3과 같은 화면이 나타나는데, 이 영역이 페이스북 광고 관리자에서 광고를 처음 만들 때에 시작하는 영역이다.

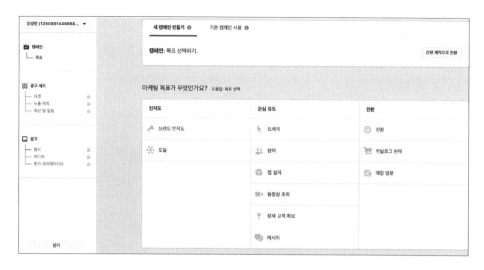

그림 3-4-3. 광고 관리자 캠페인

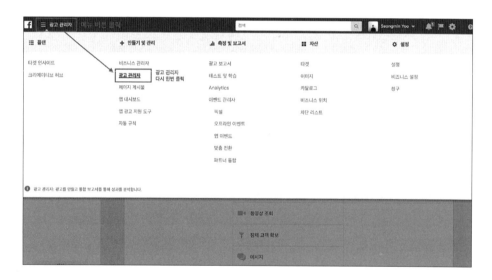

그림 3-4-4. 광고 관리자 홈 화면으로 이동

지금은 바로 페이스북 광고를 만들기 위해 "마케팅 목표가 무엇인가요?"라고 물어 보고 있지만, 일단은 무시하고 위쪽 카테고리 메뉴를 클릭한 후, 광고 관리자 홈 화면으로 이동해 보겠다.

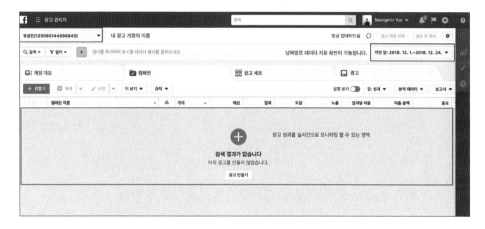

그림 3-4-5. 광고 관리자 홈 화면의 UI

위 화면대로 나타나면 광고 관리자의 홈 화면으로 이동된 것이다. 우리는 이 홈 화면에서 '만들기' 버튼을 클릭하여 캠페인을 만들 수 있다. 아직은 만들어 둔 광고 캠페인이 없다 보니 "검색된 결과가 없습니다"라고 나오는데, 이게 정상이다. 나중에 광고를 만들게 되면 우리가 만든 광고의 성과를 실시간으로 모니터링할 수 있는 영역이 광고 관리자 홈 화면이다.

이 단계까지만 오면 우리는 성공적으로 광고 관리자에 안착하게 되었다. 이제 다음 장에서는 페이스북 광고를 만드는 연습부터 해볼 것이다. 페이스북 UI가 굉장히 쉽고 직관적이므로 한두 번만 책에 나오는 예제들을 따라와 보면 금방 익숙해질 것이라 생각된다.

4장

캠페인,
광고 세트, 광고

페이스북 광고 관리자에 성공적으로 안착했다면 이제 광고를 만들어 볼 시간이다. 온라인상에서 광고를 다루어 본 경험이 있다면 친숙할 것이고, 다뤄 본 경험이 없다 하더라도 굉장히 쉬우니 크게 걱정할 것은 없다. 페이스북은 크게 3단계로 나뉘어 있다. 광고를 만들 때에는 이 3단계를 거쳐서 광고가 만들어진다.

캠페인 → 광고 세트 → 광고

캠페인이 가장 상위에 개념이고, 캠페인은 여러 가지의 광고 세트를 가질 수 있다. 광고 세트는 여러 개의 광고를 가질 수 있다. 각 단계별로 어떤 역할을 하는지 같이 알아보자.

캠페인의 목표 설정

그림 4-1-1. 광고 만들기 버튼

광고 관리자의 홈 화면에서 가장 왼쪽 버튼, '만들기'를 클릭한다. 이 버튼을 클릭하면 우리는 새로운 광고 캠페인을 생성할 수 있다.

광고 관리자는 페이스북에서 우리 브랜드의 광고 집행을 관리하고, 실시간 성과 분석을 도와주는 도구이다. 여러분이 광고를 세팅할 때에는 총 3단계의 프레임을 거쳐 광고를 구현한다.

광고 관리자의 3단계: 캠페인 → 광고 세트 → 광고

그림 4-1-2. 캠페인, 광고세트, 광고의 역할

캠페인: 캠페인의 목표를 설정하는 곳이다. 즉, 우리가 진행할 광고의 콘셉트를 정의하는 영역이다.

광고 세트: 광고 세트의 기능은 크게 4가지가 있다.

　1. 타깃을 선정한다.

　2. 노출 위치를 선정한다.

　3. 광고 게재 최적화 기준을 선정한다.

　4. 예산을 세팅한다.

광고: 광고의 소재와 광고가 나갈 페이지(얼굴마담)를 결정하는 영역이다.

1. 캠페인 목표 설정

위에서 언급한 대로 우리 광고의 전체적인 목표와 콘셉트, 방향을 지정하는 곳이다.

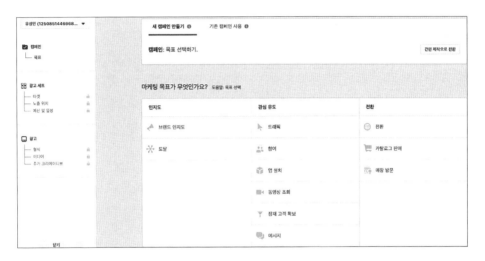

그림 4-1-3. 캠페인 목표 설정

다양한 목적들이 있는데, 굉장히 직관적이다.

브랜드 인지도를 올리고자 한다면, 첫 번째 열에서 '브랜드 인지도'를 캠페인의 목적으로 사용하면 광고는 페이스북 플랫폼에서 브랜드 인지도를 증대시키기 위해 '노출'에 집중할 것이다.

웹사이트에 많은 사람들이 들어오길 원한다면, 두 번째 열에서 '트래픽'을 선택하면 광고는 '노출'보다는 사이트 내에 보다 더 많은 사용자들이 들어오도록 집중한다.

우리가 만약에 영상 광고를 집행한다면, '동영상 조회' 캠페인 목적을 선택하면 동영상을 자주 보는 사용자들에게만 광고가 노출된다. 여기서 보이는 화면의 왼쪽을 주목해 보겠다.

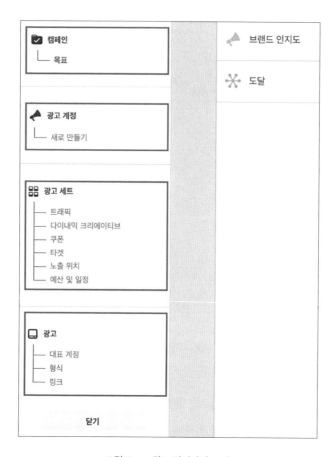

그림 4-1-4. 광고 관리자의 순서

캠페인 - 광고 계정 - 광고 세트 - 광고순으로 카테고리가 적혀 있고, 캠페인의 '목표' 쪽에 글씨가 쳐져 있다. 글씨는 우리가 지금 전체 광고를 만드는 과정에서 어느 단계에 와 있는지 보여 주는 역할을 한다. 광고 계정이 없는 새로운 계정이므로 두 번째 카테고리에 '광고 계정_새로 만들기'라는 목록이 있지만, 나중에 광고를 라이브할 때 신용카드를 입력해 두면 다시는 나타나지 않아서 바로 광고 세트 쪽으로 넘어갈 수 있다.

우리는 여기서 우리 브랜드가 지금 어느 위치에 와 있는지, 확인한 후 적절한 캠페인 목표를 선택할 필요가 있다.

트래픽 캠페인을 할 줄 알게 되면 나머지 캠페인도 구현하는 데 크게 상관이 없으므로 트래픽 캠페인으로 새 캠페인 목적을 설정하고 진행해 보겠다.

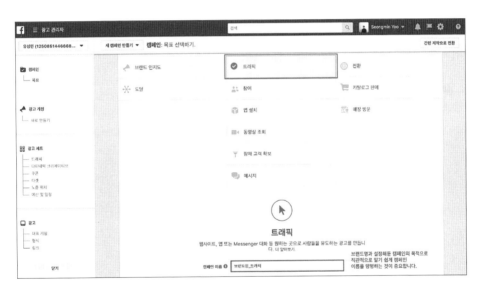

그림 4-1-5. 트래픽 캠페인 설정

캠페인의 이름을 설정해 주는 영역이 있는데, 나중에 광고 성과 리포트에서 캠페인별로 성과 비교를 할 때 페이스북 광고 관리자가 좀 더 직관적으로 데이터를 파악할 수 있게 (브랜드 명) _ (캠페인의 목표)를 적어 준다. '오피노'라는 브랜드가 캠페인의 목표를 트래픽으로 설정하였다면, '오피노_트래픽'으로 캠페인의 이름을 설정해 준다.

이름을 적어 주었다면 아래 버튼을 눌러 광고 계정 쪽으로 이동해 보겠다.

광고 세트 설정하기

광고 세트에는 4가지 기능이 있다고 앞서 열거했다. 그중 첫 번째 기능인 타기팅 화면이다.

1. 일반 타기팅(위치, 연령, 성별, 언어, 상세)

그림 4-2-1. 광고 세트 타기팅 기능

맞춤 타깃: 이 부분은 우리가 아직 타깃 모수를 저장하는 방법을 배우지 않아, 추후 다룰 예정이다.

나머지 부분은 굉장히 직관적이다.

- 위치 타기팅: 자신이 광고를 노출시키고 싶은 지역에만 광고를 게재할 수 있다. 서울, 경기와 같은 지역 키워드를 입력해도 되고, 직접 지도에 핀을 찍어서 해당 지역에만 광고를 게재할 수 있다.

(1) 위치를 검색하여 광고를 하는 방법

그림 4-2-2. 위치 타기팅 기능

대한민국에서 타기팅하고자 하는 지역을 검색한다. 예를 들어 서울이라고 검색을 하면 '서울_도시'라는 항목이 나오게 된다. 해당 항목을 눌러 준다.

그림 4-2-3. 위치 타기팅 기능 2

서울을 누르면, 서울 반경 40km로 반지름이 생기면서 해당 지역에 위치 타기팅이 되었음을 알 수 있다. 우리는 반경 40km를 최대 80km까지 늘릴 수 있고, 최소 17km까지 줄일 수도 있다.

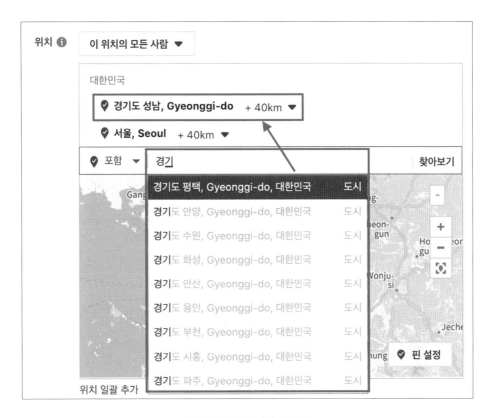

그림 4-2-4. 위치 타기팅 기능 3

서울 말고 그 밖의 다른 도시를 하고 싶다면 지역의 이름을 다시 한번 검색하여 위치를 추가해 줄 수 있다. 역시 해당 위치의 반경도 17~80km까지 조절할 수 있다. 이 위치 타기팅은 사용자들의 IP를 기반으로 트래킹되어 타기팅이 되므로 굉장히 정확하다.

(2) 핀을 설정하여 위치 타기팅하는 방법

좀 더 자세하게 위치 타기팅을 할 때에는 보이는 지도에서 '핀 설정'을 클릭하여 직접
핀을 찍어 준다.

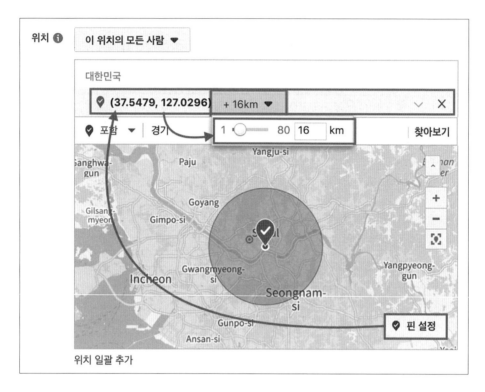

그림 4-2-5. 위치 타기팅 기능 4

핀 설정을 누르고 핀을 지도에 찍어 주면 찍어 준 점을 중심으로 반경이 생긴다. 최소
1km까지 상세하게 타기팅할 수 있다. 하지만 위치가 작으면 작을수록 페이스북 사
용자가 줄어들 수 있어서 광고비가 소진이 안 될 수도 있으니, 위치 타기팅은 1번에
서 소개한 도시 검색 타기팅으로 진행하길 권장한다.

그 다음은 연령, 성별, 언어 타기팅이다.

그림 4-2-6. 연령, 성별, 언어 타기팅 기능

연령, 성별, 언어 타기팅은 굉장히 직관적이다. 해당 정보들은 페이스북 회원가입 사용자들의 정보들을 기반으로 트래킹되므로 굉장히 정확하다. 연령 성별 타기팅은 원하시는 타깃에 맞춰서 클릭을 해주면 된다. 주의할 점은 언어 타기팅이다.

- 언어 타기팅: 우리 광고를 볼 사용자들이 사용하는 언어를 타기팅한다. 글로벌 업체가 아닌 이상 단순히 '한국어'를 기입해 줄 수 있겠지만, 한국어를 하지 않아도 위치 타기팅이 들어가고 있으니 페이스북에서 그리 권장하지 않고 있다.

이제 타기팅의 마지막 상세 타기팅이다. 상세 타기팅은 관심사 타기팅이라 생각하면 된다.

상세 타게팅 ⓘ	다음 중 하나 이상과 일치하는 사람 포함 ⓘ		
영에	내가 타겟팅하고자 원하는 키워드 검색	추천	**찾아보기**
영어			관심사
영국 **영어**	페이스북에서 제공해주는		관심사
미국 **영어**	다양한 추천 키워드 목록		관심사
캐나다 **영어**			관심사
고대 **영어**			관심사
오스트레일리아 **영어**			관심사
뉴질랜드 **영어**			관심사
아일랜드 **영어**			관심사
스코틀랜드 **영어**			관심사

그림 4-2-7. 상세 타기팅 기능

- 상세 타기팅: 페이스북에서 지원하는 특정 키워드를 검색하여 해당 키워드를 Select 하면, 해당 키워드에 관심이 있는 사용자들에게 광고가 게재된다. 구글의 관심사 타기팅과 유사하다.

하지만 우리가 원하는 모든 키워드를 타기팅하기에는 한계가 있고, 페이스북에서 제공해 주는 키워드를 활용해야 한다.

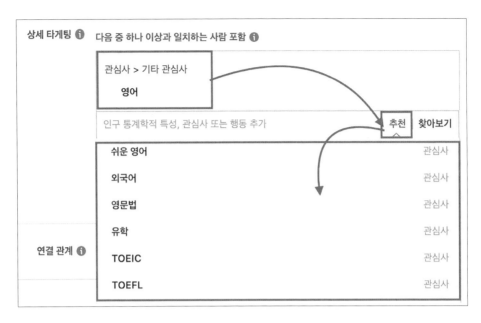

그림 4-2-8. 상세 타기팅 기능 2

키워드 하나가 들어가 있는 상태에서 추천 버튼을 눌러 더 많은 키워드 아이디어를 추천받을 수도 있다. 그래서 특정 키워드를 목록에 넣어 두면 해당 키워드에 관심을 가지고 행동하는 사용자들에게 광고가 게재될 수 있다.

그림 4-2-9. 상세 타기팅 기능 3

일반적으로 키워드 타기팅을 할 때 키워드 개수는 상관없지만, 5~10개 정도가 적당하다고 생각하면 된다. 여러분의 브랜드와 가장 관련이 있는 키워드를 5~10개 정도만 넣으면 타기팅 기능이 모두 끝나게 된다. 이렇게 연령, 성별, 위치, 언어, 관심사를 활용해 타깃을 정의하고 광고를 집행하는 것을 '일반 타기팅'이라 한다.

2. 노출 위치 설정

페이스북에서 광고가 게재될 '노출 위치'를 선정하는 영역이다. 페이스북에서는 크게 4가지 카테고리로 노출 위치가 나뉜다(페이스북 뉴스피드, 인스타그램, 메신저, Facebook Audience Network).

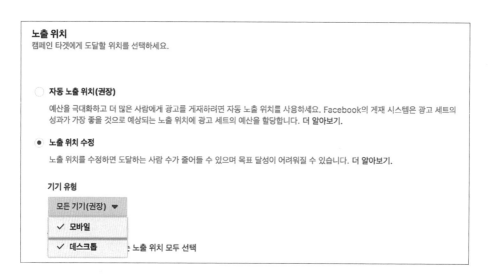

그림 4-2-10. 노출 위치 설정

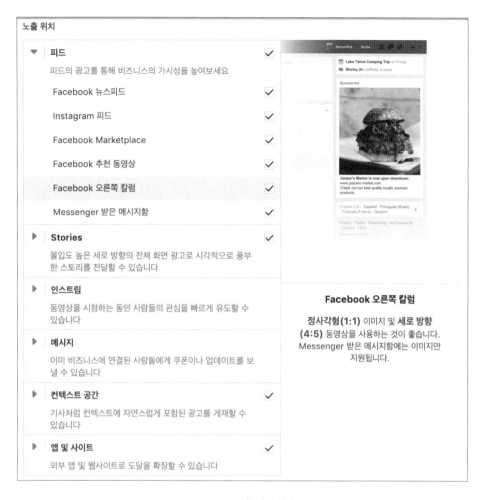

그림 4-2-11. 노출 위치 설정 2

Ⓐ 뉴스피드: 우리가 가장 많이 보는 페이스북 홈 화면이다.

Ⓑ 인스타그램: 페이스북은 인스타그램도 인수하였다. 인스타그램 광고도 페이스 북 광고 관리자에서 집행할 수 있다.

Ⓒ 메신저: 1:1 메신저로 고객들에게 페이스북 광고를 노출시킬 수 있다.

Ⓓ Audience Network: 페이스북과 제휴된 다양한 애플리케이션이나 웹페이지 지

면에 광고가 게재된다.

각 카테고리별로 상세 위치들이 나뉘어 할당되어 있으며, 마우스를 갖다 대면 미리보기로 어떤 위치에 광고가 게재될지 직관적으로 볼 수 있다.

하지만 노출 위치는 주의할 점이 있다. 페이스북 광고 알고리즘은 하나의 큰 AI라고 보면 된다. 스스로 광고를 진행하면서 학습을 하다가 가장 성과가 잘 나오는 지면에 광고가 노출되도록 알아서 최적화를 해준다. 그렇기 때문에 페이스북 광고를 처음 하는 분들은 자동 노출을 권장한다. 인위적으로 노출 지면을 수정하면 광고비가 소진되지 않거나, 광고 성과가 굉장히 나빠질 수 있다.

3. 광고 예산 설정

그림 4-2-12. 예산 및 일정 설정

광고 세트의 세 번째 기능인 예산 세팅 영역이다. 예산 역시 직관적으로 볼 수 있다.

일일 예산 기능과 총 예산 기능이 있는데, 일일 예산으로 세팅 시 하루에 2만 원은 무조건 소진시킨다는 예산 세팅이 된다. 총예산은 특정 기간 동안 하루에 무조건 2만 원은 아니지만, 2만 원 언저리에서 광고를 게재하겠다는 예산 세팅이다.

딱히 큰 차이는 없으나, 총예산으로 진행하면 페이스북이 해당 날짜별로 들어오는 타기팅 규모를 측정하여 타깃이 많이 들어오는 날에는 21,000원을, 타깃이 적게 들어오는 날에는 19,000원을 유동적으로 운용할 수 있다. 페이스북에게 공부할 수 있는 환경을 만들어 주는 것이다. 물론 경험상, 두 가지 예산 방식의 성과 차이는 크게 느끼지 못했다.

4. 광고 게재 최적화 기준 세팅

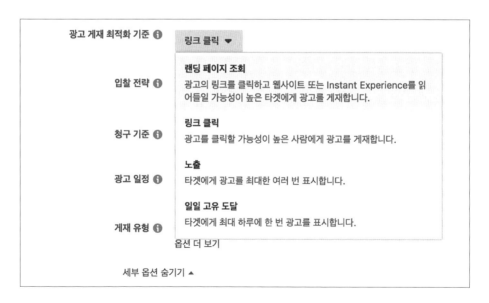

그림 4-2-13. 광고 게재 최적화 기준

광고 게재 최적화 기준은 광고가 중점적으로 지향하는 방향을 세팅하는 영역이다.

캠페인의 목적에 따라 제공되는 게재 최적화 기준이 달라진다. 캠페인의 목적을 '트래픽'으로 하였을 때에는 위 화면과 같이 4가지 게재 최적화 기준이 제공된다.

- 랜딩 페이지 조회: 광고를 클릭하여 떨어지는 웹페이지를 보게 하는 행동에 중점을 둔다.
- 링크 클릭: 광고에서 클릭을 많이 발생시키도록 중점을 둔다.
- 노출: 링크 클릭, 랜딩 페이지 조회는 상관없고, 오로지 광고를 많이 노출시키는 데에 중점을 둔다.
- 일일 고유 도달: 노출 상관없이 광고를 최대한 많은 사람들에게 도달시키는 데에 중점을 둔다.

당연히 성과를 잘 내기 위해서는 랜딩 페이지 조회로 광고 게재 최적화 기준을 잡는 것이 좋겠으나, '랜딩 페이지를 조회한다'라는 것을 알려 주기 위해서는 우리 웹사이트에 페이스북 픽셀Facebook Pixel이 설치되어야 한다. 후반부에서 페이스북 픽셀에 대해서 다룰 것이므로 '링크 클릭'으로 게재 최적화 기준을 세팅해 준다.

광고 세트에서의 4가지 기능을 모두 세팅해 보았다. 광고 쪽으로 넘어가겠다.

광고 설정하기

우리는 캠페인의 목적을 정의하고, 우리 광고를 볼 사람들을 정의했다. 또 광고가 게 재될 노출 위치를 선정하고 광고비도 설정했다. 이제 페이스북은 물어본다. "설정은 다 끝났다. 이제 어떤 광고를 집행할 것인가?"

광고 영역은 말 그대로 광고의 소재를 선정하는 영역이다.

1. 광고를 게재할 페이지 선정

그림 4-3-1. 페이지 설정

이 영역이 지난번 장에서 다루었던 페이스북 페이지 얼굴마담을 선택해 주는 영역이 다. 페이스북 페이지가 없다면 '페이지 새로 만들기'를 통해 여러분의 브랜드 페이지 를 새로 만들어야 한다. 위 사진과 같이 '오피노'로 얼굴마담이 선정되면 오피노의 비 즈니스 페이지 이름으로 광고가 게재된다.

2. 광고 소재 형식 선정

그림 4-3-2. 광고의 포맷

광고의 형식을 슬라이드 이미지로 할 것이냐, 영상으로 할 것이냐 등등 광고의 소재를 정의하는 영역이다.

Ⓐ **슬라이드**: 1080×1080px 형식의 정사각형 이미지 광고 형태이다(모바일에서는 작게 보이니 슬라이드 광고를 게재할 때에는 정사각형 이미지 안에 텍스트가 들어가 있으면 굉장히 가독성이 떨어진다).

Ⓑ **단일 이미지**: 1200×628px 또는 1080×1080px 사이즈의 단일 이미지를 광고로 게재할 수 있다. 이미지 광고 형식 중에서는 가장 많이 쓰이고 편리하며, 영상 광고 다음으로 효율이 좋다.

Ⓒ **단일 동영상**: 1200×628px 사이즈의 단일 영상 광고이다. 현재 페이스북에서 가장 인기가 많은 광고 형식이다.

Ⓓ **슬라이드 쇼**: 이미지를 슬라이드 쇼 형태로 영상화하여 보여 주는 광고이다. 이미지를 여러 장 업로드하면 페이스북이 자동으로 영상으로 바꿔 준다.

Ⓔ **컬렉션**: 쇼핑몰 광고이다. 단일 이미지 광고를 클릭했을 때 관련 제품들이 펼쳐지면서 모바일 전체 화면에 가상의 랜딩 페이지가 생긴다(캔버스라 부른다).

컬렉션과 캔버스 광고에 대해서는 후반부 과정에서 자세히 안내할 예정이다. 우리는 단일 이미지로 광고 포맷을 결정한 후에 1200×628px의 제작해 두었던 단일 이미지를 업로드해 보겠다.

이미지가 없는 분들을 위해 실습 이미지를 넣어 두었다. 아래 링크로 접속하면 필요한 이미지를 다운로드받을 수 있다.

그림 4-3-3. 광고의 포맷 2

실습 이미지 다운로드 받기: https://github.com/bjpublic/GAFBMarketing

3. 광고 문구, 제목 선정

광고의 마지막 영역이다. 여기서 광고 제목과 세부 설명, 광고를 클릭하면 이동하게
되는 랜딩 페이지의 URL 웹 주소를 설정할 수 있다.

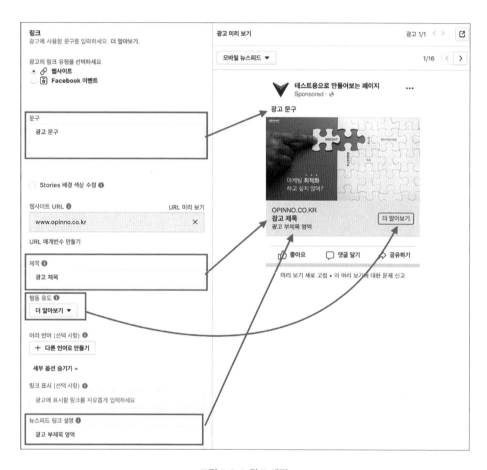

그림 4-3-4. 광고 세팅

그림 4-3-5. 광고 미리보기

광고 미리보기 영역에서는 모바일 뉴스피드뿐만 아니라 다양한 게재 지면에서 우리 광고가 어떻게 보일 수 있는지 화면 조회가 가능하다.

Ⓐ **광고 문구**: 이미지 위에 들어가는 텍스트로 분량의 제한은 없으나, 5줄 이상 넘어가면 모바일에서 '더 보기' 링크를 눌러야 사용자들이 전체 내용을 볼 수 있으므로 5줄 안에는 이 광고가 내포하고 있는 핵심 메시지를 언급해 주어야 한다.

Ⓑ **웹사이트 URL**: 이미지를 클릭하고 이동하게 되는 웹 주소를 넣어 주면 된다.

Ⓒ **제목**: 광고 제목을 쓰는 영역이다.

Ⓓ **행동 유도**: '더 알아보기', '지금 구매하기'와 같은 행동 유도 버튼을 설정해 주는 영역이다. 행동 유도 버튼을 바꿔 준다 할지라도 그 버튼의 기능이 달라지는 것이 아니라 광고 게시물에서 보여지는 텍스트만 달라진다는 점을 기억하자.

Ⓔ **뉴스피드 링크 설명**: 광고 제목 하단에 들어가는 세부 설명 영역이다.

물론 페이스북에서는 이미지도 중요하지만, 사실 이미지, 광고 문구, 광고 제목, 광고 부제목의 모든 요소가 광고의 성과에 영향을 미칠 수 있다. 이미지 소재도 잘 만들어야 하지만, 광고 제목 선정도 굉장히 중요하다.

그림 4-3-6. 광고 세팅이 완료된 모습

이렇게 하면 광고 세팅이 모두 완료된다. 광고를 최종적으로 발행할 때 오른쪽 하단 초록색의 '확인' 버튼을 누르면 일정 검수 시간 이후에 광고가 진행되면서 광고비가 소진된다. 실습 중에는 여러분의 계정 상태에 따라 광고가 그대로 진행될 수 있으니 광고비를 소진시키지 않기 위해 '확인' 버튼을 절대 누르지 말기 바란다.

검수란, 해당 광고가 선정적인 이미지나 과장 광고를 포함하고 있지 않는지, 부동산, P2P 투자 유도, 과장 의료, 비트 코인 소재들을 포함하고 있지는 않는지 체크하는 과정이다. 일반적으로 검수 시간은 10분 내지 20분 정도 걸리지만, 최대 24시간까지도 걸릴 수 있다.

이렇게 해서 캠페인 → 광고 세트 → 광고 3단계를 통해 광고를 만들어 보았다. 쉽다고 느낀 분도 있을 것이고, 어려운 분도 있을 것이다. 3번 정도만 반복하면 페이스북 광고 UI에 쉽게 적응할 수 있다. 아직도 여행해야 할 페이스북 영역이 너무나도 많다. UI 정도는 익숙해진 상태에서 다음 장을 따라와 주기 바란다.

5장

광고 수정과
복사

우리는 이제 페이스북에서 3단계를 거쳐 광고를 제작할 수 있게 되었다. 하지만 우리가 집행해야 할 광고 이미지의 개수가 4~10개 정도 된다거나, 테스트할 타깃이 여러 개라면 처음부터 다시 만들어 줘야 할까? 당연히 아니다. 우리는 '광고 수정과 복사하기' 기능을 통해 광고를 쉽게 수정하고 복사할 수 있다. 하지만 수정과 복사에도 유의할 점이 있다. 5장에서는 광고 수정과 복사에 대해서 자세히 살펴보겠다.

5-1

광고 관리자의 레벨

- -

실제로 광고를 집행하면, 광고 관리자 홈 화면에서 우리가 세팅한 이름으로 캠페인들이 나타나게 된다.

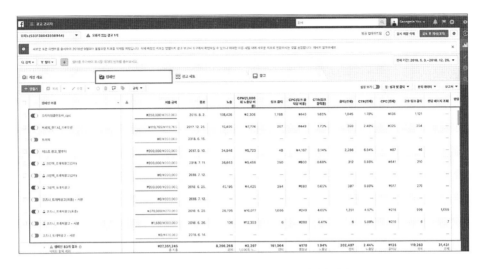

그림 5-1-1. 실제 데이터가 들어가는 광고 관리자 화면

여기서 눈치가 빠른 분들은 이해했겠지만, 우리는 캠페인별로 광고 성과를 비교하고 있다. 사실 캠페인 - 광고 세트 - 광고는 그림 5-1-2와 같은 구조를 가지고 있다.

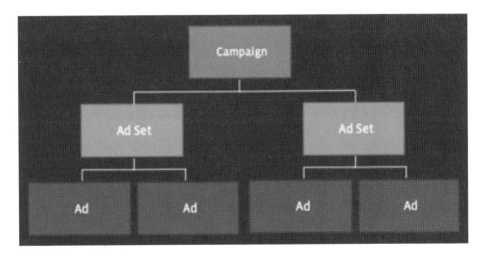

그림 5-1-2. 캠페인, 광고세트, 광고의 구조

캠페인이 가장 상위에 있는 단계가 되고, 캠페인 아래에 광고 세트가 여러 개 묶일 수 있으며, 해당 광고 세트 안에는 광고(이미지 A, 이미지 B, 동영상 A) 소재 단위들이 여러 개 묶일 수 있다.

광고 관리자에서는 캠페인별 성과 지표들만 비교할 수 있는 것이 아니라 광고 세트별, 광고별로도 성과 지표를 비교할 수 있다.

[캠페인별로 광고 성과 비교하기]]

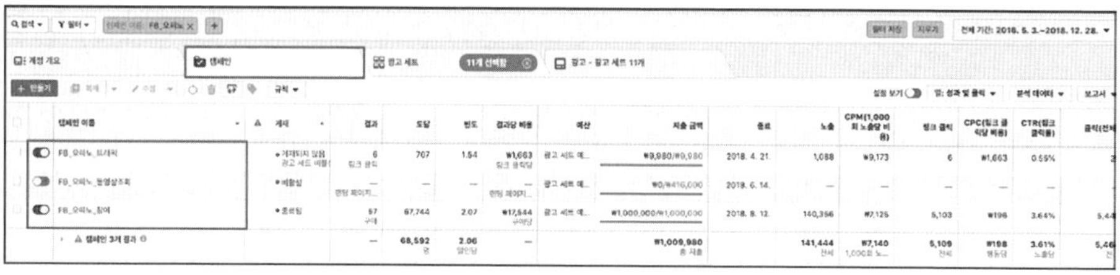

그림 5-1-3. 캠페인별 비교 데이터

캠페인에서 우리는 캠페인의 목적을 정의했다. 그래서 서로 목적이 다른 캠페인별로 광고 성과를 비교할 수 있다. 하지만 캠페인의 목적에 따라 우리가 지켜봐야 할 성과 지표, 성과 측정의 기준이 달라지므로 일반적으로는 캠페인별로 성과를 비교하지는 않는다. 예를 들면, 트래픽을 목표로 한 광고 캠페인에서는 클릭률, CPC, CPA 등의 지표들을 봐야 하지만, 브랜드 인지도 증가 목표 캠페인은 CPM과 같은 노출과 관련된 지표를 볼 수 있다.

그림 5-1-4. 캠페인 수정과 복사 기능

[광고 세트별로 광고 성과 비교하기]

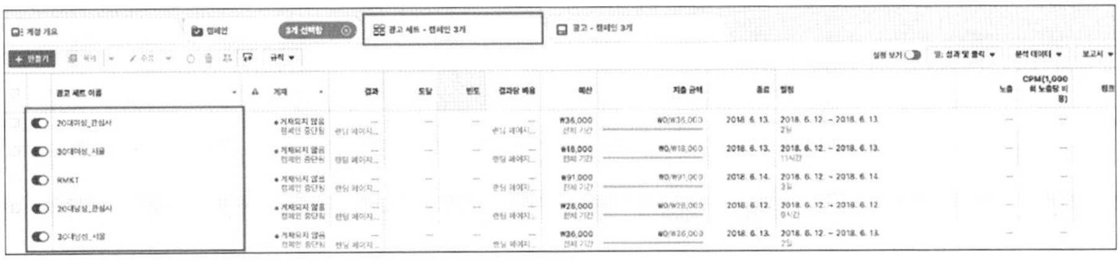

그림 5-1-5. 캠페인 수정과 복사 기능

지금 필자는 각 캠페인에 할당된 여러 가지 광고 세트를 비교할 수 있는 영역으로 이동했다. 위 이미지에서 보듯이 광고 세트 쪽이 하얗게 앞으로 나와 있고, 나머지 영역이 음영 처리 되었다.

광고 세트에서는 타깃, 예산을 세팅하는 역할이 있다. 그래서 우리는 타깃별로 성과를 비교할 수도 있다. 20대 여성 광고 세트 1개와 30대 여성의 광고 세트 1개 중 20대 여성 광고 세트의 CPC가 더 낮고, CTR이 높게 되면 "우리 마케팅 캠페인에서는 지금 20대 여성이 더 잘 먹히는구나" 하고 생각할 수 있다.

[광고별로 광고 성과 비교하기]

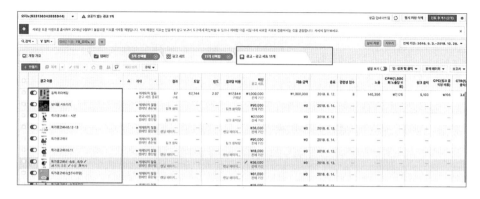

그림 5-1-6. 광고 소재별 데이터 비교

당연히 광고 세트를 들어가게 되면 해당 광고 세트에 할당되어 있는 여러 가지 광고 소재별로 성과를 비교할 수 있다. 예를 들어 이미지 A, 이미지 B 중 CTR 이 더 높은 소재가 A 이미지라면 A이미지의 성과가 더 좋다고 판단할 수 있다.

캠페인, 광고 세트, 광고별로 성과 판단을 하는 것은 이전 1장에서 소개한 마케팅 최적화의 첫걸음이 될 것이다. '광고' 탭에서 광고들의 성과를 비교하며, 메시지 최적화를 하게 되고, '광고 세트' 탭에서 각 타깃별로 성과를 비교하게 되면서 핵심 타깃을 최적화하는 것이다.

광고 수정

우리가 마케팅 캠페인을 진행하고 있더라도 마케팅 캠페인의 할인율이 변동되거나 다른 이미지나 문구를 사용하고 싶을 때가 있다. 페이스북 광고는 진행 중인 광고라도 실시간으로 수정할 수 있다. 수정하는 방법은 간단하다. 게재되어 있는 캠페인, 광고 세트, 광고에 마우스를 갖다 대어 수정 버튼을 누르기만 하면 해당 영역에서의 세팅창이 오른쪽에서 나타나게 된다.

[광고 세트 수정하기]

그림 5-2-1. 광고 세트의 수정 1

광고 세트 단에서 진행 중인 광고에 마우스를 갖다 대면 음영이 생기며 '수정'이라는 버튼이 나타나게 된다. 하지만 진행 중인 광고 세트를 수정할 시에는 특정 부분에서 페이스북의 딥러닝이 다시 초기화되어 그때까지 쌓은 데이터가 무용지물이 될 수도 있다. 집행한 지 꽤 지난 광고 콘텐츠라면 일정을 수정하기보다는 광고 피로도를 고려해서 광고 자체를 수정해 볼 수 있다

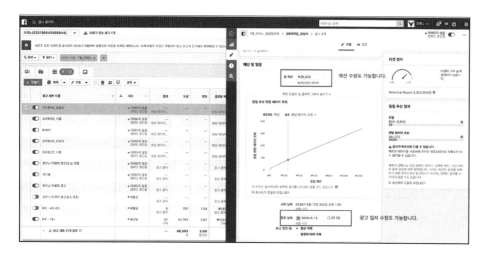

그림 5-2-2. 광고 세트의 수정 2

'수정' 버튼을 누르면 오른쪽에서 설정창이 나타나면서 광고 세트를 수정할 수 있는 친숙한 영역이 나타난다. 우리는 여기서 예산, 광고 일정, 노출 위치, 광고 게재 최적화 기준을 모두 다 바꿀 수 있다.

[광고 수정하기]

광고 자체를 수정하는 것도 간단하다. 이번에는 광고 세트가 아니라 광고 탭으로 넘어가서 운영 중인 광고에 마우스를 갖다 대고 수정 버튼을 누르면 우리에게 친숙한 광고 설정 화면이 나오게 된다.

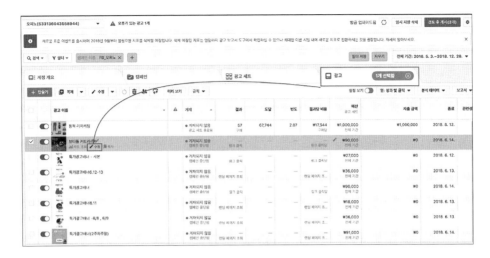

그림 5-2-3. 광고의 수정 1

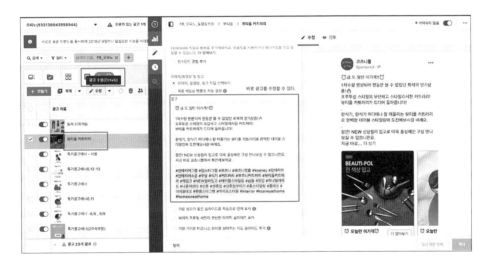

그림 5-2-4. 광고의 수정 2

이렇게 하게 되면 우리가 최초 광고를 만들었을 때 사용하던 광고 문구, 광고 제목, 광고 이미지 소재를 실시간으로 변경할 수 있다.

광고 복사하기

광고 수정을 연습하고 있는 분들이라면 '수정' 버튼 옆에 '복사' 버튼이 있는 것을 확인했을 것이다. 여러분은 여러분이 만든 캠페인, 광고 세트, 광고를 모두 복사할 수 있다.

예를 들어, 우리가 이미지 A, 이미지 B, 이미지 C 광고 소재를 한번에 집행하길 원할 때 우리는 A, B, C별로 이미지가 바뀔 때마다 캠페인, 광고 세트, 광고를 모두 다시 설정해 줄 필요가 없다.

[광고] 탭에서 광고에다 마우스를 갖다 대고, 이번에는 복사 버튼을 눌러 광고를 게재해 보겠다.

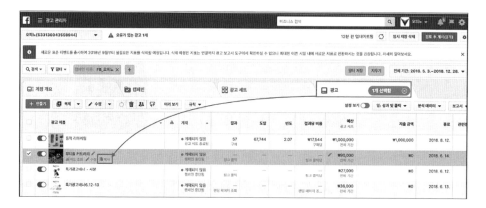

그림 5-3-1. 광고의 복사 1

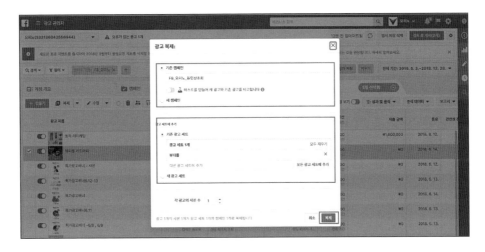

그림 5-3-2. 광고의 복사 2

복사 버튼을 누르는 순간 팝업창이 생기면서 "지금 복사할 이 광고 이미지를 전체 광고 관리자에서 어디에 할당시킬 것이냐?" 물어 보는 영역이 나타난다.

캠페인 A - 광고 세트 A - 광고 이미지 A가 기존에 있던 상황에서 이미지 B를 하나 복사하려고 한다. 기존 캠페인과 기존 광고 세트에 할당하면 캠페인 A - 광고 세트 A - 광고 이미지 A, B(2개)의 형태로 3단계가 형성된다. 하나의 캠페인에 할당된 하나의 광고 세트에 광고 이미지 A, B가 할당되는 것이다.

그림 5-3-3. 광고의 복사 3

광고를 복사하면 원본 이미지 광고의 이름 _ 사본의 형태로 새로운 카피 광고가 하나 생겨나면서 광고를 수정할 수 있는 영역이 다시 오른쪽에서 나타난다. 우리는 여기서 A였던 광고 이미지를 광고 B로 변경하기만 하면 된다.

그런데 여기서 중요한 이슈가 하나 발생한다. 우리는 캠페인, 광고 세트, 광고 모두 복사할 수 있다고 했다. 만약에 광고 세트를 복사하게 되면 어떤 일이 발생할까? 광고 세트에서는 예산을 설정하는 기능이 있다. 총 예산 10만 원짜리 광고 세트를 복사하면, 총 예산 10만 원짜리 광고 세트가 하나 더 똑같이 생겨나면서 우리가 소진 예정인 광고비는 총 20만 원이 되어 버린다.

예시를 하나 더 들어 보겠다. 10만 원짜리 광고 세트 2개를 가지고 있는 캠페인을 복사하면 우리가 집행해야 하는 광고비는 총 얼마가 될까? 10만 원짜리 광고 세트 2개면 총 20만 원이며, 20만 원짜리 캠페인을 복사하면 우리가 집행할 광고비는 총 40만 원이 된다.

결론을 말하자면, 광고를 복사하는 것은 예산에 영향을 주지 않으나, 예산을 설정하는 광고 세트, 광고 세트 위에 단계에 있는 캠페인을 복사하면 예산이 2배로 늘어날 수 있다. 이 점을 꼭 유의하기 바란다.

5-4

차트 조회

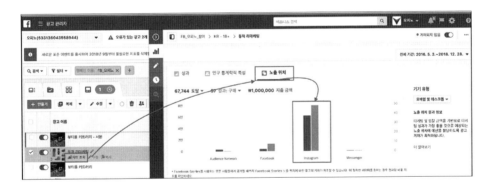

그림 5-4-1. 차트 조회 기능

광고 수정과 복사 버튼 옆의 차트 조회를 누르면 현재 진행 중인 광고의 성과를 꺾은 선 그래프 또는 막대 그래프로 볼 수 있다. 필자는 위 이미지와 같이 현재 페이스북 광고의 4가지 게재 지면 중에서 어느 곳에 노출이 많이 되고 있는지 판단하기 위해 차트 조회를 쓰곤 한다. 이외에도 인구 통계학적 정보, 성과 정보도 한눈에 알기 쉬운 그래프로 조회할 수 있다.

광고 수정과 복사에 대해서 자세히 살펴봤다. 이제는 성과를 판단할 수 있는 성과 지표들을 공부해야만 한다. 페이스북은 제공해 주는 광고의 포맷이 다양한 만큼 다양한 포맷의 성과를 측정하는 페이스북만이 사용하고 있는 고유한 성과 지표들이 많다. 수십 개 중에서 몇 가지의 뿌리가 되는 성과 지표들을 다루어 보겠다.

페이스북 광고의
성과 지표

페이스북은 다양한 광고 콘텐츠 포맷을 지원하므로 페이스북만이 독자적으로 쓰이고 있는 다양한 성과 지표가 있다. 페이스북 안에는 수십여 개의 성과 지표가 있고, 광고주들에게 더 정확하고 유용한 성과 지표들을 제공해 주기 위해 지속적으로 새로운 성과 지표를 만들거나 업데이트하고 있다.

6장에서는 성과 지표에 대한 용어들에 대해 공부해보겠다.

6-1

측정 항목과 측정 기준

광고를 집행하면 광고 관리자의 왼쪽 상단에 광고 관리자를 눌러, 광고 관리자의 홈 화면으로 이동할 수 있다. 우리는 이 홈 화면에서 우리가 지금 집행하고 있는 다양한 광고들의 성과들을 한눈에 비교할 수 있다.

[광고 관리자의 홈 화면]

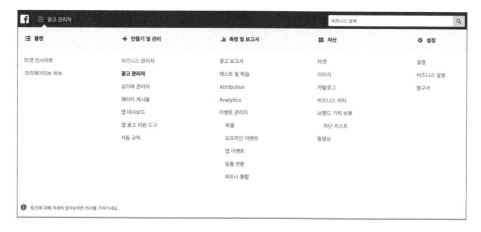

그림 6-1-1. 광고 관리자로 돌아가기 1

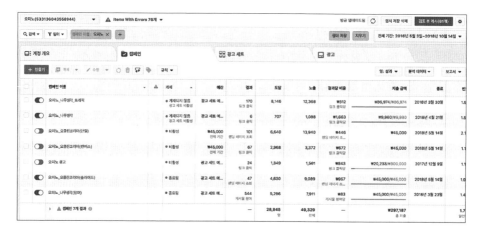

그림 6-1-2. 광고 관리자로 돌아가기 2

광고 관리자의 홈 화면으로 돌아온다.

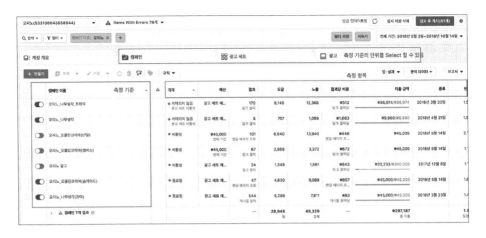

그림 6-1-3. 광고 관리자의 데이터 측정 기준, 측정 항목

가장 왼쪽의 열은 '측정 기준: Dimension'이다. 상단 빨간 네모 박스에 보면 필자가 캠페인을 기준으로 여러 가지 '측정 항목'들을 비교하고 있다. 즉, 캠페인별로 도달, 결과, 노출, 결과당 비용 등의 다양한 항목들을 비교하여 성과 분석을 하고 있다. 예를 들어, 캠페인별 노출 수, 캠페인별 클릭 수 등이 있다.

오른쪽에 수치로 표현되는 성과 지표들을 전문 용어로 '측정 항목: Metrics'라고 부른다. 클릭 수, 노출 수, 전환율, 전환 값 등 숫자로 표현할 수 있는 모든 데이터 지표들을 측정 항목이라 부르는데, 내는 성과 지표라는 단어를 앞으로는 측정 항목으로 명명할 것이다.

광고 세트로 마우스를 클릭하면 설정해 둔 광고 세트별로(ex. 20대 여성, 30대 남성) 성과 분석을 할 수 있고, 광고로 옮기면 광고 소재(ex. 이미지 A, 영상 B)별로 성과 분석을 할 수 있다.

기본 측정 항목 8가지

사실 페이스북에는 수십 개의 측정 항목들이 있으나, **대부분의 측정 항목들은 몇 가지 뿌리가 되는 기본 측정 항목들에서 파생되어 나온 것이다.** 아래 표는 뿌리가 되는 기본 측정 항목의 개념들을 가지고 왔다.

	이름(Facebook 기준)	의미	이름(Facebook 기준)	의미
성과 지표	노출	광고 노출 수	고유 링크 클릭	링크를 클릭한 사람의 수
	도달	광고가 도달된 사람의 수	아웃바운드 링크 클릭	페이스북 외부 링크 클릭 수
	빈도	한 사람이 같은 광고를 보는 횟수의 정도	CPM(Cost Per 1000 Impression)	1000회 노출 당 지불하는 광고비
	클릭(전체)	광고 클릭 수 (상호작용)	관련성 점수	타겟과 광고와의 관련성

그림 6-2-1. 뿌리가 되는 성과 지표 8가지

① **노출과 도달**: 예를 들어 우리 광고가 영희에게 3번, 철수에게 4번 노출이 되었다면, 총 노출 수는 7번이다. 하지만 도달은 2이다. 영희와 철수, 단 2명에게 광고가 도달되었기 때문이다. 이처럼 노출은 광고가 노출된 횟수 그대로를 의미하고, 도

달은 광고가 노출된 사람의 수를 의미한다고 생각하면 된다.

② **빈도**: 일반적으로 빈도는 1.47, 2.13 등의 소수점 두 자릿수까지 반영이 된다. 빈도는 말 그대로 광고가 한 사람에게 노출된 빈도를 의미한다. 빈도 수가 2.13이라면 적어도 우리 광고를 한 사람이 2번 이상은 보았다고 해석할 수 있다. 일반적으로 빈도 4가 넘어가면 광고 피로도가 생기기 때문에, 곧 클릭률, CPC와 같은 다른 측정 항목들도 효율이 떨어질 수 있다. 이 경우 캠페인을 다시 만들고 광고를 변경해 준다. 내 역시 빈도 수가 4가 넘어가면 광고를 한 번 갈아 준다.

③ **클릭(전체)**: 우리가 일반적으로 '클릭'이라고 하면 링크 클릭 수를 생각하겠지만, 클릭(전체)이라는 측정 항목은 광고에 대한 모든 클릭 상호작용을 집계하는 항목이다. 예를 들어, 동영상 광고를 진행할 때 사용자가 재생 버튼을 클릭하더라도 클릭(전체) 항목에 집계가 되고, 카드 뉴스 광고를 하더라도 카드 뉴스를 한 번 클릭할 때마다 클릭(전체) 항목에 집계가 된다. 링크 클릭뿐만 아닌 모든 클릭 상호작용을 집계하는 것이 클릭(전체) 측정 항목이다. 이와 비슷하게 CTR(전체)라는 측정 항목도 있다. CTR(전체) 역시, 광고 콘텐츠에서의 모든 클릭 상호작용을 노출 수로 나누어서 클릭률을 집계한다.

④ **고유 링크 클릭**: '고유'라는 단어가 붙으면 우리는 반드시, 특정 행동을 한 사람의 수라고 이해해야 한다. 고유 링크 클릭이라면 링크 클릭을 한 사람의 수가 될 것이다. 고유 + 행동으로 다양한 측정 항목들이 제공되는데, 고유라는 단어가 붙으면 그 특정 행동을 한 사람의 수라고 이해하면 된다.

⑤ **아웃바운드 링크 클릭**: 페이스북 바깥으로 빠져나가게 되는 링크를 클릭했을 때,

아웃바운드 링크 클릭 측정 항목에 집계가 된다. 예를 들어, 특정 링크를 클릭했을 때 우리 자사몰이나 블로그로 트래픽이 이동되면 해당 트래픽은 페이스북을 빠져나간 것이 된다. 이러한 행동은 아웃바운드 링크 클릭 항목에 집계가 된다.

⑥ **CPM**: 온라인 광고를 해보신 분들이라면 CPM이 친숙한 단어일 것이다. Cost Per 1000 Impression의 줄임말로 1000번 노출될 때마다 우리가 소진시킬 광고비를 의미한다. 하지만 페이스북에서의 CPM은 조금 특이하다. 실제로 1000번 노출되지 않았음에도 불구하고 CPM 을 미리 제공해 줘서 '앞으로 내가 세팅한 광고가 어느 방향으로 나아갈 것인가' 참조 지표가 될 수 있다.

⑦ **관련성 점수**: 가장 많이 질문해 주시고, 이해가 어려운 측정 항목이다. 관련성 점수는 말 그대로 광고 세트에서 자신이 타기팅하고 있는 사용자와, 광고에서 자신이 제작한 광고 문안과의 관련도를 1~10점 사이의 척도로 매겨 주는 측정 항목이다. 근데 이 점수는 절대 평가로 집계되는 점수가 아니라 '같은 타깃을 사용하고 있는 경쟁사'와 대비한 상대 지표가 될 수 있다. 예를 들어, 관련성 점수가 7점이라고 하면 "아, 내가 같은 타깃을 쓰고 있는 경쟁사보다 평균 대비 광고 성과가 우월하구나"라고 이해할 수 있다. 관련성 점수는 회복이 어려워서 내 같은 경우 관련성 점수가 4점 아래로 내려가게 되면 캠페인을 다시 만들어 준다.

페이스북에서 제공해 주고 있는 다양한 측정 항목들은 위 8가지 측정 항목들을 뿌리로 파생되어져 만들어졌다. 해당 8가지를 이해하면 전혀 어렵지 않게 나머지 측정 항목들도 이해할 수 있다.

열 맞춤 설정

광고 관리자 홈에서 측정 항목이 있는 곳을 '열'이라고 한다. 우리는 우리가 게재하는 캠페인의 목적이나, 광고의 형태에 맞게 측정 항목을 자유자재로 조정할 수 있다. 광고 관리자 홈으로 돌아와 보자.

오른쪽 상단 열을 클릭한다.

그림 6-3-1. 열 맞춤 설정 1

열을 클릭하면 다양한 목록들이 나온다. 예를 들어, 필자가 동영상 광고 캠페인을 집행해서 동영상 관련 측정 항목들을 보고 싶어한다. 그렇다면 '동영상 참여'라는 측정 항목 열을 불러온다.

그림 6-3-2. 열 맞춤 설정 2

동영상 참여로 열을 바꾸니 동영상 연속 2초 이상 조회, 3초 이상 조회, 조회당 비용과 같은 동영상과 관련된 측정 항목들이 나오게 된다. 트래픽 광고에 대한 성과를 보고 싶다면 '성과 및 클릭'을 눌러 줄 수도 있다.

그럼에도 불구하고 우리는 우리가 보고 싶은 측정 항목들만 따로 합산하여 보고 싶을 경우가 있을 것이다. 그럴 때에는 지금 보이는 화면에서 제일 아래 있는 '열 맞춤 설정'을 눌러 준다.

그림 6-3-3. 열 맞춤 설정 3

클릭하면 아래와 같은 팝업창이 나타난다.

그림 6-3-4. 열 맞춤 설정 4

총 3가지의 열이 있다. 가장 왼쪽 첫 번째 열은 페이스북에서 제공 중인 다양한 측정 항목들을 카테고리로 분류해 놓았다. 우리가 보고자 하는 측정 항목을 조금 더 빠르게 찾을 수 있는 영역이다. 두 번째 열은 체크 표시를 할 수 있는 네모 박스로 측정 항목들이 모두 열거되어 있다. 체크를 해제하느냐 안 하느냐의 여부가 "내 광고 관리자에서 이 측정 항목을 안 볼 것이냐 볼 것이냐"가 정해진다. 실제로 측정 항목에 체크를 하면 해당 항목이 오른쪽으로 이동된다. 가장 오른쪽 열은 현재 보고 있는 측정 항목을 표시한다.

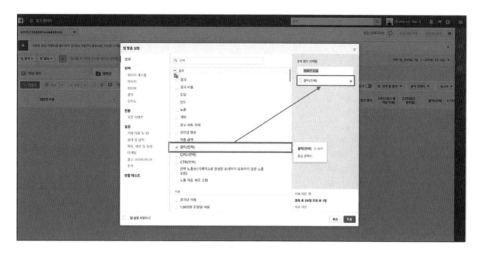

그림 6-3-5. 열 맞춤 설정 5

나머지 측정 항목들을 X 표를 눌러 모두 지워 버리고, 중간에서 '클릭(전체)'이라는 측정 항목만 체크를 해보자. 그러면 '클릭(전체)' 측정 항목이 오른쪽으로 이동된다. 그런 다음, 오른쪽 하단에 '적용' 버튼을 누르면 아래와 같이 '캠페인 이름'이라는 측정 기준과 '클릭(전체)' 측정 항목이 나타나게 된다.

그림 6-3-6. 열 맞춤 설정 6

앞서 열 맞춤 설정 팝업창에 들어가면 아시다시피 측정 항목이 굉장히 많이 있었다. 해당 측정 항목에 마우스를 잠깐 대고 있으면 그에 맞는 설명이 나온다. 위에서 배운

8가지 기본 측정 항목을 이해하고 있다면 나머지 측정 항목들의 설명을 보고 이해하는 데에 큰 무리가 없을 것이다.

그림 6-3-7. 열 맞춤 설정 7

데이터 추출

다시 광고 관리자 홈으로 돌아온다. 우리는 광고 관리자에 쌓인 데이터 지표들을 가지고 리포트를 만들 수도 있고, 간단한 엑셀, CSV 파일로 추출해 올 수도 있다.

그림 6-4-1. 데이터 내보내기

열 설정 옆에 있는 마지막 '리포트'라는 버튼을 누르면 '테이블 데이터 내보내기'라는 메뉴가 나타난다. 이 부분을 누르면 팝업창이 나타난다.

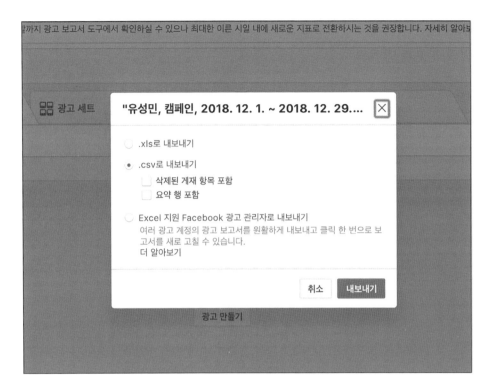

그림 6-4-2. 데이터 내보내기 2

엑셀로 파일을 내보낼 것인지, csv 확장자로 파일을 내보낼 것인지 정할 수 있다. 선호하는 확장자 파일에 따라 현재 여러분이 보고 있는 성과들을 그대로 외부 파일로 다운로드를 받아 다른 이해관계자들과 공유할 수 있다.

맞춤 리포트 만들기

측정 항목들도 하나하나 따로 세팅해 가면서 보기가 너무 힘들어질 때는 여러분을 위한 맞춤 리포트를 만드는 것이 좋다.

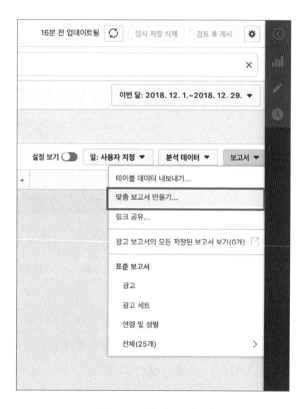

그림 6-5-1. 맞춤 리포트 만들기

'테이블 데이터 내보내기' 메뉴 바로 아래 '맞춤 리포트 만들기'라는 메뉴가 있다. 같이한번 들어가 보자.

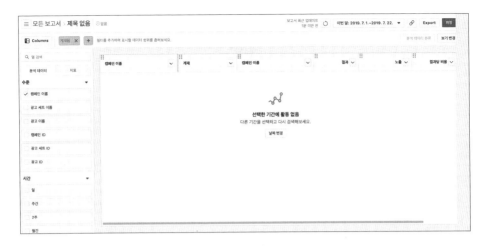

그림 6-5-2. 맞춤 리포트 만들기 2

여기서 측정 기준과 측정 항목들을 선택하여 맞춤 리포트를 만들 수 있다.

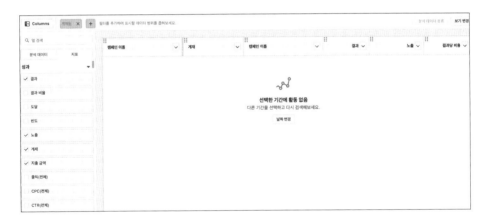

그림 6-5-3. 맞춤 리포트 만들기 3

실제로 여러분만의 맞춤 리포트를 하나 만들어 둔다면, 오른쪽 상단 'Export'를 통해 엑셀이나 csv 파일로 추출이 가능해진다. 상사에게 보고해야 하는 리포트를 템플릿에 맞게 한 번만 제대로 만들어 둔다면, 앞으로는 전혀 귀찮은 일이 안 생길 수 있어 생산성이 향상될 것이다.

7장

페이스북에서 이미지 광고와
영상 광고는 어때야 하는가?

우리는 페이스북에서 광고를 직접 집행할 수 있고, 집행한 광고들의 성과를 실시간으로 파악할 수 있다. 이제는 페이스북 플랫폼에서 **이미지 광고와 영상 광고가 어때야 하는지** 궁금증이 생길 것이다. 페이스북의 이미지 광고와 영상 광고의 조건에 대해서 설명하고자 한다.

7-1

이미지 광고의 조건

페이스북에는 특이한 룰이 하나 있다. 페이스북에서 집행하는 모든 이미지 광고는 전체 이미지 지면에서 텍스트가 차지하는 비율이 일정 수치를 넘으면 안 된다는 것이다.

모든 광고주들이 이미지 안에 많은 텍스트들을 넣고 싶어 하겠지만, 페이스북 광고를 볼 사용자들의 입장에서는 텍스트가 많은 광고는 보기 싫기 때문에 텍스트 리밋 제도가 없다면, 페이스북 플랫폼을 사용 안 할 확률이 높다. 페이스북은 뇌 에너지를 별로 쓰고 싶지 않을 때 사용하는 플랫폼이기 때문이다.

아래 이미지는 1200×628px의 단일 이미지를 25칸으로 나누었을 때 텍스트가 차지하는 영역Primary이 전체의 20%를 넘지 않으므로 광고가 정상적으로 게재된다.

그림 7-1-1. 이미지 광고의 조건

구글 창에 '텍스트 오버레이 도구'라고 검색하면 여러분이 만든 소재에서 텍스트가 차지하는 영역이 얼마나 되는지, 광고를 안정적으로 집행하는 데에 문제는 없는지 체크할 수 있는 웹페이지가 나온다.

그림 7-1-2. 텍스트 오버레이 도구 1

위 이미지와 같이 가장 먼저 나타나는 링크를 클릭하자. 그러면 아래와 같은 화면이 나타나게 된다. 업로드하라는 버튼이 보일 것이다. 우리가 제작해 두었던 이미지를 업로드하면 해당 이미지 안에서 텍스트가 차지하는 비율이 기준치를 넘어가는지, 넘어가지 않는지를 체크할 수 있다.

그림 7-1-3에서는 광고 게재에 전혀 문제가 되지 않는다고 알려 주고 있다. 이럴 경우 광고를 게재하는 데 페널티를 받지 않게 된다.

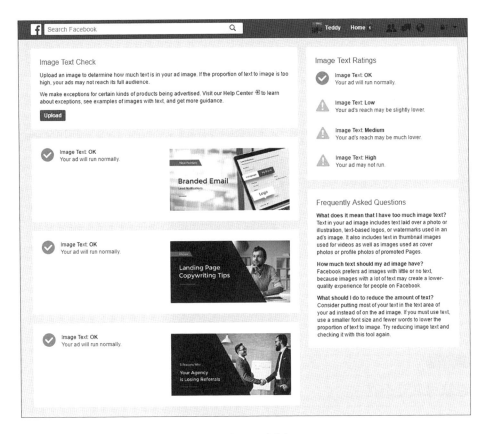

그림 7-1-3. 텍스트 오버레이 도구 2

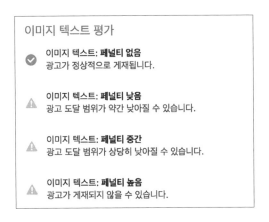

그림 7-1-4. 텍스트 오버레이 도구 3

페널티 없음으로 뜰 경우, 광고를 안정적으로 유지할 수 있다. 하지만 페널티 낮음이나 중간이 뜰 경우, 광고 게재에 페널티를 받게 되므로 성과가 나빠질 우려가 있다. 페널티 높음의 경우에는 아예 광고가 게재되지 않는다.

이미지 안에서 텍스트가 차지하는 비율에 따라 페널티 없음이 뜰 수도 있고, 페널티 높음이 뜰 수 있다. 한번 생각해 보자. 텍스트가 많으면 많을수록 이미지 안에서 차지하는 비율의 한계치limit은 정해져 있으므로 텍스트의 크기가 작아질 수밖에 없을 것이다. 텍스트가 작아지면 모바일 환경에서 가독성이 매우 좋지 않을 수 있다. 그래서 이미지 안에 들어가는 텍스트는 최대 15자를 넘어가지 않아야 한다. 15자보다 적으면 적을 수록 훨씬 더 가독성을 확보할 수 있다.

7-2

영상 광고의 조건

영상 광고의 조건은 3가지가 있다.

첫째, 영상 광고는 소리가 나지 않더라도 이해할 수 있어야 한다. 실제로 사용자들은 모바일 디바이스가 Wi-Fi에 연결되어 있으면, 페이스북에서 굳이 영상의 재생 버튼을 누르지 않아도 자동으로 영상이 재생될 수 있다. 재생 버튼을 누르는 순간에서야 영상에서 소리가 나면서 계속 재생이 된다. 하지만 우리가 해야 할 것은 사용자들이 재생 버튼을 누르기 전에도 이 영상이 무슨 메시지를 담고 있는 영상 광고인지 보여주는 것이다. 그래서 페이스북에서 영상 광고는 소리가 나지 않고도 이해할 수 있는 영상이 훨씬 더 효율이 좋다.

둘째, 소리가 나지 않더라도 이해시키는 데 가장 대표적인 수단은 '자막'이다. 실제로 자막이 있는 영상이 그렇지 않은 영상 광고보다 효율이 좋다고 페이스북에서 발표한 바가 있다.

셋째, 페이스북 사용자들은 평균적으로 1.4초 만에 이 광고를 계속 조회할지 스킵할지 결정하게 된다. 최대 3초에서 5초 사이에는 소비자를 후킹시킬 수 있는 메시지가 들어가는 것이 좋다.

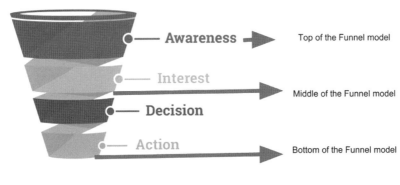

그림 7-2-1. 영상 광고의 조건 1

우리는 이 퍼널 모델을 기반으로 영상 광고의 내용도 기획할 수 있다.

앞에서 자세히 설명했으나 간단히 복습을 해보면 다음과 같다.

메인 페이지에 도착했다가 이탈한 사용자를 퍼널 모델의 최상단에 있다 하여, TOFU Top of the Funnel Model라고 한다. 퍼널 모델의 중간에 있는 사용자들은 MOFU Middle of the Funnel Model라고 하고, 퍼널 모델의 하단에 있는 사용자들은 BOFU Bottom of the Funnel Model라고 정의한다.

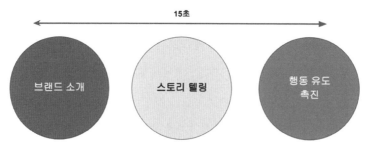

그림 7-2-2. 영상 광고의 조건 2

TOFU들에게는 보통 우리 브랜드를 소개하는 메시지가 들어갈 것이다.

MOFU들에게는 보통 우리 브랜드를 사용하는 사람들의 이야기, 우리 브랜드의 이야기 등 우리 브랜드에 대한 스토리가 들어갈 것이다.

BOFU들은 우리 브랜드의 가장 전환 온도가 높은 고객군으로서 행동 유도를 촉진하는 문구로 메시지가 들어갈 것이다.

이 모든 메시지를 15초 안으로 압축시켜 영상 광고를 제작한다.

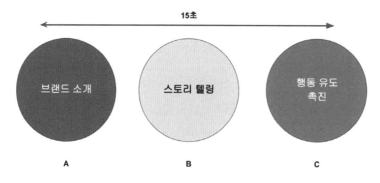

그림 7-2-3. 영상 광고의 조건 3

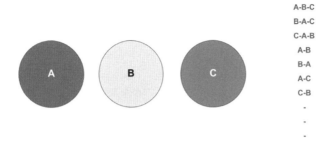

그림 7-2-4. 영상 광고의 조건 4

TOFU들에게 푸시되는 메시지가 A, MOFU는 B, BOFU는 C라고 치환을 해보겠다. 우리는 우리가 최초에 만들었던 A-B-C 순서의 메시지를 담고 있는 영상뿐만 아니라 B-A-C, C-A-B, A-C … 등등, 다른 순서의 메시지를 여러 가지로 혼합해 보면서 영상 광고 테스트를 해보아야 한다.

7-3

요즘 페이스북 광고의 트렌드

다양한 광고 형태를 제공해 주는 페이스북 광고는 어느 정도의 유행을 가지고 있다. 당연히 요즘 주목받는 페이스북 광고 형태도 있을 것이다.

1. 이미지 안에 텍스트가 들어가는 것은 촌스러울 수 있다

이미지 안에 텍스트가 들어가는 광고는 성과가 많이 나오지 않는 편이다(물론 예외도 굉장히 많다). 페이스북 이미지 광고를 세련되게 하기 위해서는, 이미지 영역에는 이미

지만 들어가는 것이 좋다. 이미지로 페이스북 사용자들의 주목을 끌고, 광고 제목과
광고 문구에서 좀 더 자세한 설명을 해주는 것이다.

그림 7-3-1. 텍스트가 없는 광고(좌) , 텍스트가 있는 광고(우)

2. 영상 광고의 효율이 좋다

우리 브랜드를 좀 더 많은 메시지를 담아 잠재고객에게 도달할 수 있는 영상 광고가 이
미지 광고보다는 효율이 더 좋은 편이다. 영상이 게재될 지면도 많고, 영상을 만드는
것의 접근 장벽이 이미지보다는 높기 때문에 영상 광고의 효율이 좋게 나오고 있다.

3. 정사각형 광고가 대세가 되고 있다

원래 단일 이미지의 사이즈는 아시다시피 1200×628px의 가로형 이미지 광고였다. 하지만 게재 지면을 좀 더 크게 확보할 수 있는 단일 정사각형 이미지 광고가 각광을 받고 있다. 정사각형 사이즈다 보니 훨씬 더 많은 영역을 차지하면서 가독성도 확보할 수 있기 때문이다. 정사각형 광고의 추천 사이즈는 1080×1080px이다.

그림 7-3-2. 정사각형 광고

8장

효과적인
그 밖의 광고 포맷

페이스북 광고에는 이미지 광고와 영상 광고만 있는 것은 아니다. 페이스북 광고에서 각광받고 효율이 좋은 다양한 광고 포맷들이 있고, 지금도 페이스북은 새로운 광고 포맷을 계속하여 개발하고 있다.

8-1

현재 페이스북에서 가장 세련된 광고, 캔버스(Canvas) 광고

1장에서 간단히 언급만 하고 넘어갔던 캔버스 광고에 대해서 자세히 살펴보겠다. 캔버스 광고 또는 Instant Experience라고 한다. 우선 캔버스는 하나의 랜딩 페이지를 의미한다. 우리가 페이스북 뉴스피드에서 광고를 클릭했을 때 바로 웹사이트로 넘어가는 것이 아니라 가상의 랜딩 페이지가 하나 나타난다. 이 가상의 랜딩 페이지를 우리는 캔버스라고 부른다.

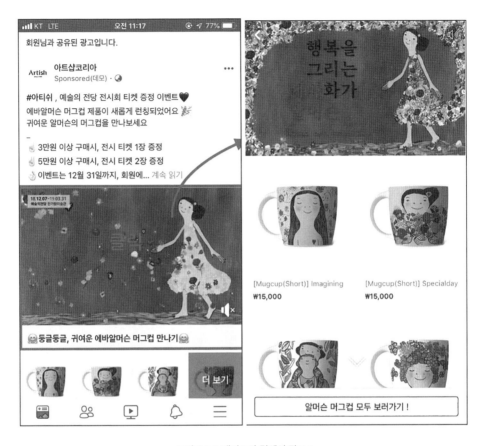

그림 8-1-1. 캔버스와 컬렉션 광고 1

첫 번째 이미지는 그저 동영상 광고일 뿐이지만, 동영상 광고를 클릭하니 웹사이트로 이동하는 것이 아니고, 페이스북 내에서 가상의 랜딩 페이지가 생긴다. 이를 캔버스 광고라고 한다. 물론 예시는 캔버스 광고와는 조금 다른 형태인 컬렉션 광고라는 것 이지만, 이 부분은 고급 과정에서 설명하겠다.

캔버스 광고를 직접 만들어 보겠다. 광고 관리자로 이동하여 캠페인 - 광고 세트를 설정한 이후 광고 캠페인 제작의 마지막 단계인 광고 쪽으로 바로 이동해 보겠다.

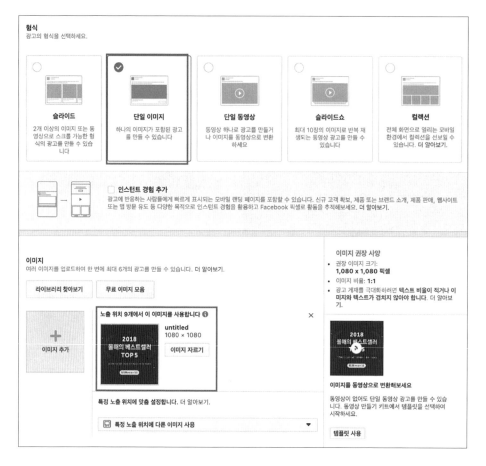

그림 8-1-2. 캔버스와 컬렉션 광고 2

광고 쪽에서 단일 이미지를 하나 업로드하여 광고 문안을 간단하게 작성했다.

그림 8-1-3. 캔버스와 컬렉션 광고 3

여기서 '인스턴트 경험 추가'라는 항목이 있다. 이 항목이 바로 캔버스를 만들 수 있는
영역이다.

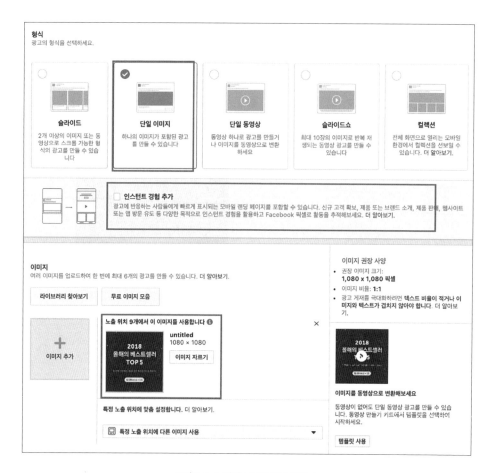

그림 8-1-4. 캔버스와 컬렉션 광고 4

'인스턴트 경험 추가'를 체크 표시해 주면 그림 8-1-5와 같은 창이 나타난다.

그림 8-1-5. 캔버스와 컬렉션 광고 5

캔버스를 기본적으로 세련되게 만들어 놓은 템플릿을 페이스북에서는 제공해 주고 있다. 템플릿을 그다지 사용하고 싶지 않을 때는 '맞춤 인스턴트 경험 만들기'를 통해 'Custom 캔버스'를 제작할 수 있다.

우선 가장 첫 번째인 '신규 고객 확보' 템플릿을 클릭해 보겠다.

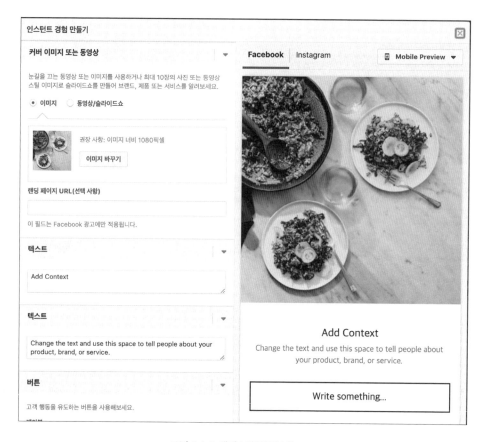

그림 8-1-6. 캔버스와 컬렉션 광고 6

보다시피 굉장히 직관적이다. 우리는 이미지를 우리 브랜드에 맞게 바꾸어 볼 수도 있고, 문구도 여러 가지로 바꾸어 보면서 우리만의 캔버스를 제작할 수 있다. 여기에서 예시를 들어 한번 바꿔 보겠다.

그림 8-1-7. 캔버스와 컬렉션 광고 7

어떤가? 캔버스 광고가 참 쉽다는 생각이 들지 않는가? 이런 방식으로 템플릿을 그대로 가져와서 이미지나 문구를 바꾸는 것만으로도 굉장히 세련된 모바일 광고를 제작할 수 있게 되었다. 이번에는 '맞춤 인스턴트 경험 만들기'를 눌러 보겠다.

그림 8-1-8. 캔버스와 컬렉션 광고 8

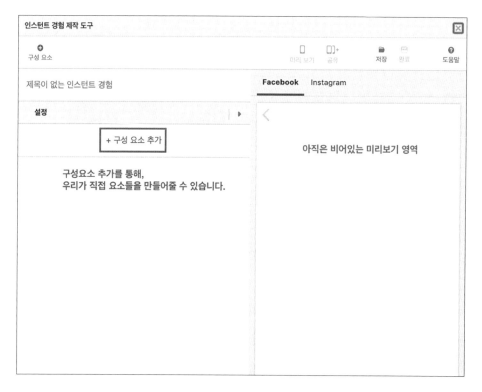

그림 8-1-9. 맞춤 인스턴스 광고

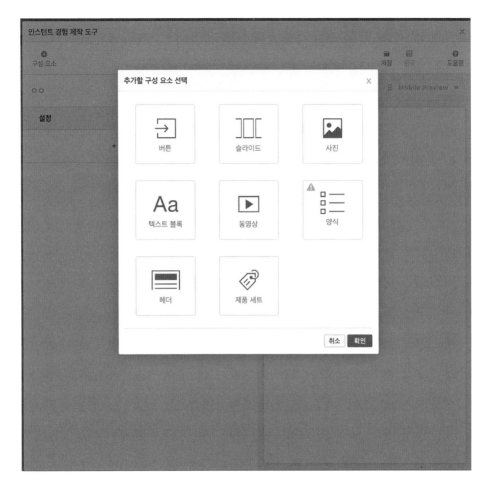

그림 8-1-10. 맞춤 인스턴스 광고 2

요소를 몇 가지 추가하여 간단히 만들었다.

그림 8-1-11. 맞춤 인스턴스 광고 3

단순히 단일 이미지로 우리 웹사이트로 바로 고객을 불러모으기보다는 캔버스를 통해서 한 번 더 세련되게 우리 브랜드 메시지를 제공해 주면서, 캔버스에서도 설득이 된 사용자들만 웹사이트로 모을 수 있다. 중요한 것은 광고 소재에서 캔버스로 넘어가는 로딩 시간이 제로이므로 이탈률이 굉장히 낮다는 것이다. 그냥 웹사이트로 트래픽을 떨어뜨리는 광고는 웹사이트의 상태에 따라 로딩 시간이 크게 느려질 수도 있으나, 캔버스는 로딩 시간 하나 없이 고객들에게 더 많은 메시지를 보여 줄 수 있으므로 매우 매력적이다.

또한 나중에 리마케팅을 진행할 때 캔버스 광고에서 특정 행동을 했던 사용자들만을 대상으로도 리마케팅 모수를 생성할 수 있다. 이 부분은 추후 리마케팅에서 좀 더 자세히 설명하겠다.

8-2
고객들의 데이터가 필요하다 - 잠재고객 캔버스 광고

캔버스 광고 중에도 조금 특이한 형태의 광고가 있다. 광고의 목적이 매출도, 트래픽도, 사람들의 상호작용 수도 아닌 잠재고객들의 개인정보를 얻기 위한 잠재고객 광고가 가장 대표적인 예이다. 잠재고객 광고는 페이스북 사용자들의 이름, 전화번호와 같은 DB를 확보하는 것에 초점을 둔 광고이다.

그림 8-2-1. 상담 DB를 활용하는 웹사이트 비즈니스

실제로 잠재고객 광고 역시 굉장히 많은 광고주들이 사용하고 있다. 대표적인 잠재고객 광고 산업군은 병원이다. 병원의 경우, 고객들의 DB를 받으면 바로 상담사가 전화를 하여 오프라인으로 끌고 오는 방식으로 마케팅을 진행하는 경우가 일반적이다. 또, 텔레마케터를 통해 설득 메시지를 던지는 브랜드들이 잠재고객 캔버스 광고를 굉장히 많이 한다.

JD치과는 신사역에 위치한 새롭게 오픈한 치과로서, 교정을 하고자 하는 고객들에게 무료 상담을 지원하여 전화번호와 이름을 확보하는 잠재고객 확보 캠페인 광고를 게재하고 싶어한다. 다 같이 한번 만들어 보자.

1. 캠페인의 목적을 '잠재고객'으로 정의해 준다.

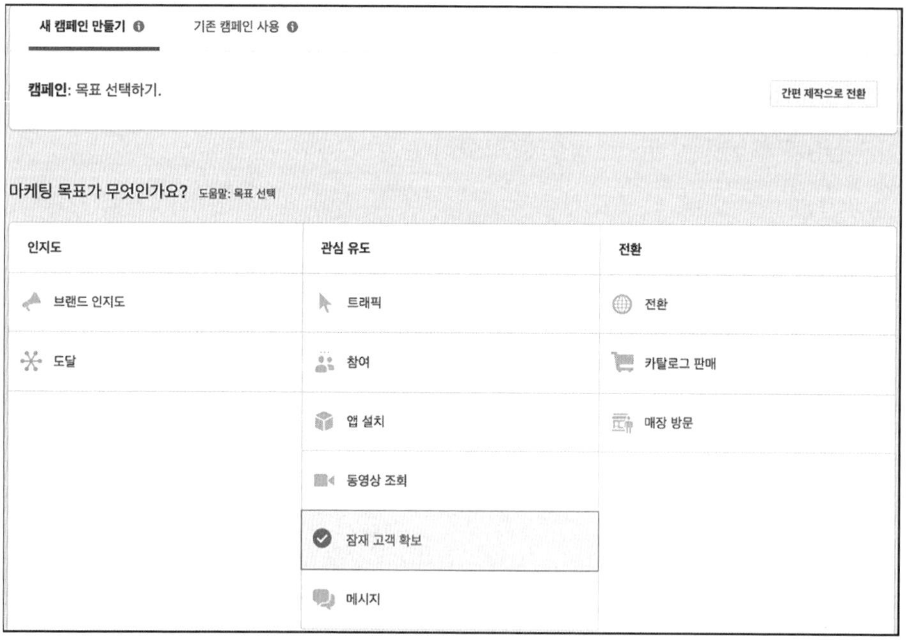

그림 8-2-2. 잠재고객 확보 캠페인

2. 광고 세트로 넘어가자마자 가장 상단에 페이지 영역이 나온다. 잠재고객은 말 그대로 고객들의 개인정보를 얻기 위해 진행되는 광고이므로, '약관 보기'를 클릭하여 개인정보 취급 활용을 동의해야 잠재고객 캠페인을 진행할 수 있다.

그림 8-2-3. 잠재고객 확보 캠페인 2

그림 8-2-4. 잠재고객 확보 캠페인 3

3. 이제부터는 기존에 배웠던 것처럼 타기팅을 진행해 주면 된다. 서울에 거주 중인 젊은 여성으로 설정해 본다.

그림 8-2-5. 잠재고객 확보 캠페인의 타기팅

그림 8-2-6. 잠재고객 확보 캠페인의 타기팅 2

4. 광고로 이동하여 이미지를 업로드해 주고, 광고 제목이나 문구를 작성한다. 이 부분은 기존에 배운 내용과 동일하다.

그림 8-2-7. 잠재고객 확보 캠페인의 광고 수정

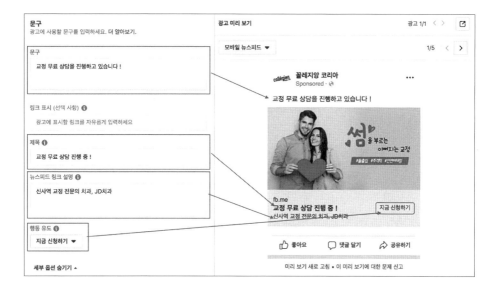

그림 8-2-8. 잠재고객 확보 캠페인의 광고 수정 2

5. 광고를 모두 세팅했지만, 아직 끝이 나지 않았다. 스크롤을 내리면 '잠재 고객용 양식'을 작성하라는 난이 나타난다. 이 부분만 기존의 다른 캠페인 광고와 조금 다르다. 잠재고객 양식 캔버스를 작성해 준다. 잠재고객 캔버스에서 필요로 하는 양식과 정보들을 채워 주면 완료된다. 페이스북에서 이미지를 클릭하면 우리가 만들어 두었던 잠재고객용 양식 캔버스로 이동하게 된다.

그림 8-2-9. 잠재고객 캔버스

6. 새 양식을 누르면 캔버스를 만드는 것과 조금은 유사하게 팝업창이 나타난다. 이 부분도 굉장히 직관적이다. 우리는 우리 브랜드의 이미지를 업로드하여 우리만의 잠재고객 캔버스를 만들고, 우리가 얻고자 원하는 고객 정보들을 체크해 주시면 모두 끝난다.

그림 8-2-10. 잠재고객 캔버스 2

7. 주의할 점이 하나 있다. 잠재고객 캔버스를 생성할 때에는 반드시 개인정보 처리 방침을 다루고 있는 내용을 가진 웹페이지의 주소를 써야 한다. 아래와 같이 링크 URL을 복사해 주어야 잠재고객 캔버스 광고가 처리된다.

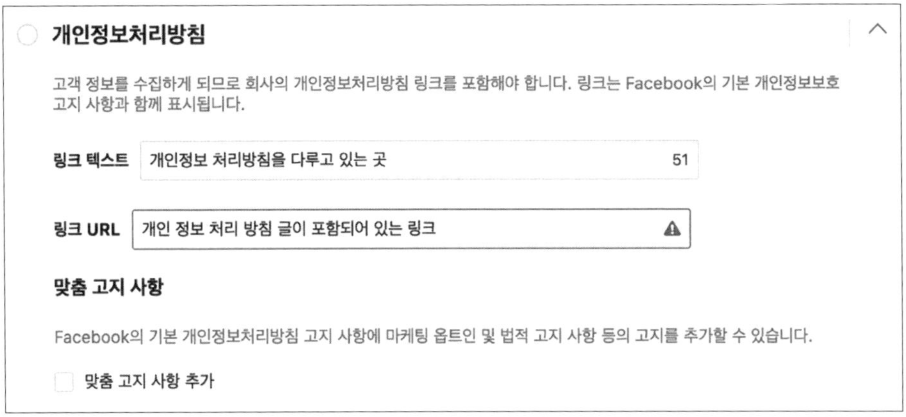

개인정보처리방침 ⌃

고객 정보를 수집하게 되므로 회사의 개인정보처리방침 링크를 포함해야 합니다. 링크는 Facebook의 기본 개인정보보호 고지 사항과 함께 표시됩니다.

링크 텍스트 개인정보 처리방침을 다루고 있는 곳   51

링크 URL 개인 정보 처리 방침 글이 포함되어 있는 링크   ⚠

맞춤 고지 사항

Facebook의 기본 개인정보처리방침 고지 사항에 마케팅 옵트인 및 법적 고지 사항 등의 고지를 추가할 수 있습니다.

☐ 맞춤 고지 사항 추가

그림 8-2-11. 잠재고객 캔버스 3

8. 실제로 잠재고객 DB가 입력되어 쌓이기 시작하면, 우리는 광고 관리자 홈화면 →
   광고에서 바로 다운로드를 받을 수 있다.

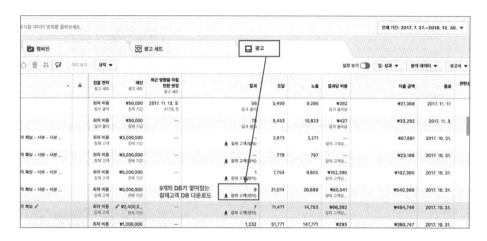

그림 8-2-12. 잠재고객 캔버스 데이터 뽑기

Chapter 2

페이스북 중급 기능

9장

리마케팅의 시작, 타깃 자산 저장하기

드디어 준비운동이 모두 끝났다. 우리가 지금 어디까지 와 있는지, 총정리를 한번 하면서 이번 장을 시작하려고 한다.

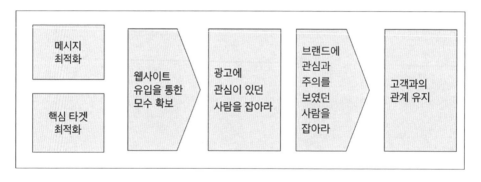

그림 9-1-1. 페이스북 퍼포먼스 마케팅 프레임 워크

페이스북의 유기적 도달률이 떨어짐에 따라 우리는 무조건 페이스북 플랫폼에 광고비를 지출해야 한다. 하지만 광고비를 쓰는 것도 효율적으로 '잘' 써야 한다. 그래서

그림 9-1-1과 같은 프레임워크를 통해 페이스북 광고를 단계별로 최적화하고자 한다. 일단 우리는 8개의 장에서 메시지 최적화와 핵심 타깃 최적화를 위한 광고 캠페인 집행에 대해 배웠고, 트래픽 캠페인도 한번 실습해 보았다.

리마케팅 모수 잡기 - 광고 자산

이제는 그 다음 단계인 '광고에 관심이 있던 사람을 잡아라' 단계와 '브랜드에 관심과 주의를 보였던 사람을 잡아라' 단계가 있다. 해당 두 단계는 우리 브랜드에 실제로 관심을 보였던 사용자들에게 다시 한번 다른 메시지로 광고를 하므로 이를 리마케팅 Remarketing이라고 한다.

광고에 관심이 있는 사용자는 말 그대로 우리가 이전 단계에서 이미지 광고나 영상 광고를 집행했을 텐데, 이미지 광고를 한 번이라도 클릭한 사람, 영상 재생 버튼을 한 번이라도 눌렀던 사람들을 대상으로 리마케팅 모수를 저장하는 것이다. 페이스북 플랫폼 안에서 특정 행동을 했던 사용자들을 대상으로 리마케팅 모수를 묶는 것이다.

그럼 그 다음 단계인 브랜드에 관심과 주의를 보였던 사람들은 누구를 지칭하는 것일까? 쇼핑몰이라고 가정한다면 장바구니에 물건을 담은 사람, 제품 상세 페이지에서 스크롤을 75% 이상 한 사람, 네이버 검색을 통해서 들어온 고품질 사용자 등이 있을 것이다. 핵심은, 이들은 우리 웹사이트에서 특정 행동을 한 사람들이므로 페이스북 플랫폼 바깥의 이야기라는 것이다. 페이스북 바깥(우리 쇼핑몰, 웹사이트)에서 사용자들의 행동을 트래킹하기 위해서는 페이스북 픽셀Facebook Pixel이 필요하다. 페이스북 픽셀은 추후에 자세히 다룰 것이고, 9장에서는 페이스북 플랫폼 내에서 우리 브랜드에 관심을 보였던 사용자들을 대상으로 리마케팅 모수를 생성하는 방법론을 배워 보도록 하겠다.

이제 광고를 게재하면 우리 광고 계정으로 데이터가 쌓일 것이다. 우리가 광고 집행을 함으로써 쌓이는 데이터들은 우리 광고 계정만 고유하게 가질 수 있는 데이터이다. 이를 **광고 자산**이라고 한다.

리마케팅 모수 만들기 - 광고, 페이지 참여자

우리는 이제 처음으로 광고 관리자를 벗어나서 광고 타깃 쪽으로 이동할 것이다.

1. 카테고리 클릭 - 자산열에 있는 '타깃'으로 이동한다.

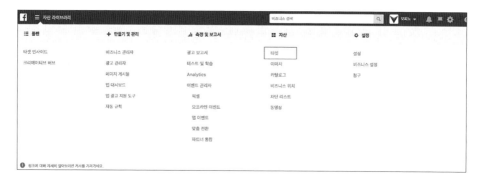

그림 9-2-1. 페이스북 타깃 생성

2. 맞춤 타깃, 유사 타깃, 저장된 타깃을 만들라는 표시가 나타난다.

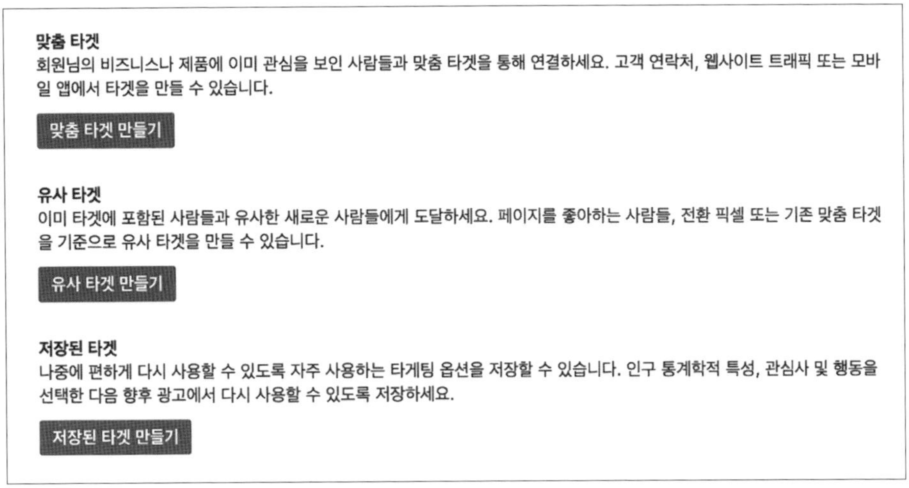

맞춤 타겟
회원님의 비즈니스나 제품에 이미 관심을 보인 사람들과 맞춤 타겟을 통해 연결하세요. 고객 연락처, 웹사이트 트래픽 또는 모바일 앱에서 타겟을 만들 수 있습니다.

　맞춤 타겟 만들기

유사 타겟
이미 타겟에 포함된 사람들과 유사한 새로운 사람들에게 도달하세요. 페이지를 좋아하는 사람들, 전환 픽셀 또는 기존 맞춤 타겟을 기준으로 유사 타겟을 만들 수 있습니다.

　유사 타겟 만들기

저장된 타겟
나중에 편하게 다시 사용할 수 있도록 자주 사용하는 타게팅 옵션을 저장할 수 있습니다. 인구 통계학적 특성, 관심사 및 행동을 선택한 다음 향후 광고에서 다시 사용할 수 있도록 저장하세요.

　저장된 타겟 만들기

그림 9-2-2. 페이스북 타깃 생성 2

- **맞춤 타깃**: 실제로 행동을 발생시킨 사용자(예시: 우리 페이스북 페이지에 방문한 사용자)를 의미한다.

- **유사 타깃**: 실제로 행동을 발생시킨 사용자와 비슷한 사용자(예시: 우리 페이스북 페이지에 방문한 사용자와 비슷한 사용자)를 의미한다.

- **저장된 타깃**: 우리가 광고를 집행하다가 따로 저장한 타깃이다.

조금 특이하다. 유사 타깃이라는 개념은 실제로 우리 브랜드와 관여하지 않은 사용자임에도 불구하고, 리마케팅 모수로 생성을 할 수 있다는 것이다.

유사 타깃이 있는 이유가 다 있을 것이다. 유사 타깃은 맞춤 타깃을 기반으로 가장 비슷한 사람들을 페이스북에서 자동으로 생성해 준다.

예를 들어, 우리가 '장바구니 페이지에 도착한 사람'들을 맞춤 타깃으로 정의하고 리마케팅을 하고자 한다. 그런데 지난달 장바구니 페이지에 도착한 사람이 50명밖에 없다면, 우리는 광고비가 있더라도 리마케팅을 구현하기가 어렵다. 하지만 페이스북에서는 실제로 장바구니 페이지에 도착하지 않았더라도 장바구니 페이지에 도착한 사람들과 가장 비슷한 사람들을 최대 100만 명까지 만들어 줄 수 있다. 즉, 맞춤 타깃이 얼마 없는 소규모 광고주라도 유사 타깃을 활용하여 리마케팅을 원활하게 구현할 수 있다는 것이다.

유사 타깃은 맞춤 타깃을 소스로 가장 유사한 사람들을 만들어 주는 리마케팅 모수이다. 그렇다면 유사 타깃과 맞춤 타깃 중 어떤 타깃을 먼저 생성해 주어야 할까? 당연히 맞춤 타깃이다.

3. 맞춤 타깃 만들기 버튼을 클릭한다. 그러면 아래와 같은 팝업창이 나타난다.

맞춤 타깃을 만드는 방법이 5가지가 들어가 있다. 하나씩 열거하여 이해해 보자.

① 고객 파일: 고객들의 개인 DB를 가지고, 페이스북에서 광고를 하지 않고도 고객들의 이메일이나 전화번호가 페이스북에 등록이 되어 있다면 리마케팅 모수를 만들 수 있다. 외부 파일을 통해서도 리마케팅 구현이 가능하다. 이 부분은 추후에 설명할 예정이다.

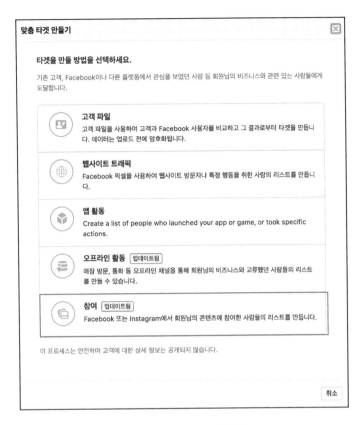

그림 9-2-3. 페이스북 타깃 생성 3

② 웹사이트 트래픽: 웹사이트에서 상세 페이지에 도착했거나 장바구니 페이지에 들렀던 사용자들을 리마케팅 모수로 잡을 수 있다. 하지만 웹사이트 트래픽으로 맞춤 타깃을 정의해 주기 위해서는 반드시 자사몰에 페이스북 픽셀이 깔려 있어야 한다.

③ 앱 활동: 앱에서 특정 행동을 한 사용자를 리마케팅 모수로 잡을 수 있으나, 개발단의 지식이 필요하여 해당 장에서는 따로 다루지 않을 예정이다.

④ 오프라인 활동: 오프라인에서 매장을 방문했거나 전화를 건 사용자들을 리마케팅 모수로 잡을 수 있다. 다만, 아직은 대한민국에서 구현이 되지 않고 있어 설명을 생략하겠다.

⑤ 참여: 우리가 광고를 집행할 때, 만들어 놓은 우리들만의 페이스북 페이지가 있다. 페이스북 페이지에 특정 행동을 한 사용자들을 대상으로 리마케팅 모수를 생성할 수 있고, 지금 우리는 이 '참여'를 기반으로 한 맞춤 타깃만 만들 수 있다. 참여를 눌러 보겠다.

4. 참여 버튼을 눌러 우리 페이스북 페이지에 참여한 사용자들을 맞춤 타깃으로 생성한다.

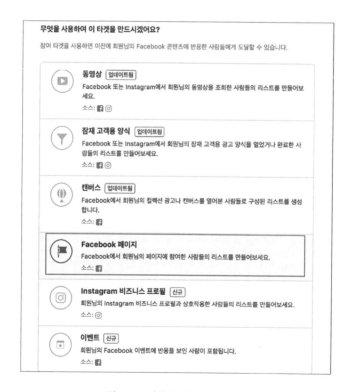

그림 9-2-4. 페이스북 참여자 타깃 생성

다시 팝업창이 변하면서 총 6가지의 맞춤 타깃 방법론이 제시되고 있다. 이 역시 하나씩 설명하겠다.

① 동영상: 우리가 동영상 게시물을 업로드했거나, 동영상 콘텐츠를 가지고 광고를 집행했다면, 동영상을 3초 이상 조회한 사람, 동영상을 10초 이상 조회한 사람, 동영상의 10% 이상을 조회한 사람 등 동영상 게시물 또는 광고에 관련하여 상호작용을 보였던 모든 사용자들을 리마케팅 모수로 만들 수 있다.

② 잠재고객 양식: 지난 장에서 배웠던 잠재고객 캔버스에서 DB는 남기지 않았으나, 캔버스를 한 번이라도 들어왔거나 캔버스를 50% 이상 조회한 사람들을 정의하여 리마케팅 모수로 생성할 수 있다.

③ 캔버스: 캔버스를 조회했거나 캔버스에 있는 내용을 50% 이상 조회한 사람 등을 정의하여 캔버스에 특정 행동을 했던 사용자들을 대상으로 리마케팅 모수를 잡을 수 있다.

④ Facebook 페이지: 우리 페이스북 페이지에 관하여 특정 행동을 한 사용자들을 리마케팅 모수로 잡을 수 있다.

⑤ Instagram 비즈니스 프로필: 인스타그램 계정과 연동되어 있는 광고 계정이라면, 인스타그램에서 특정 행동을 했던 사용자들을 대상으로 리마케팅 모수를 생성할 수 있다.

⑥ 이벤트: 이벤트에 참여했던 사용자들을 대상으로 리마케팅 모수를 생성할 수 있으

나, 한국 페이스북에서는 이 이벤트 기능을 거의 사용하지 않으므로 사용할 일은 없다.

우리는 페이스북 페이지에 참여한 사용자들을 리마케팅 모수로 묶기 위해 'Facebook 페이지'를 눌러서 맞춤 타깃을 정의해 보겠다.

그림 9-2-5. 페이스북 참여자 타깃 생성 2

- 맞춤 타깃을 생성할 페이지를 선택한다.
- 페이지에 참여한 모든 사람들을 대상으로 리마케팅 모수를 정의하고, 타깃 생성 기준 최근 날짜별로 사용자들을 정의해 줄 수 있다.
- 타깃의 이름을 여러분이 알아볼 수 있도록 적어 두고, 타깃 만들기를 누르면 맞춤 타깃 생성이 모두 끝난다.

그렇다면 페이지에 참여한 모든 사람들은 무엇일까? 토글바를 켜보겠다.

그림 9-2-6. 페이스북 참여자 타깃 생성 3

[페이지에 참여한 모든 사람]

- 우리 페이스북 페이지 타임라인에 방문했던 모든 사람
- 우리가 집행한 광고 또는 업로드한 게시물에 특정 반응을 보였던 사람(클릭, 조회, 재
  생 등)
- '더 알아보기'와 같은 행동 유도 버튼을 클릭한 사람
- 우리 비즈니스 페이지로 메시지를 보낸 사람
- 게시물 저장 기능을 사용한 사람

이 모든 사람들을 묶어서 '페이지에 참여한 모든 사람'으로 정의한다. 페이지에 참여

한 모든 사람들로 맞춤 타깃을 정의하고, 오른쪽 하단 '타깃 만들기'를 눌러 준다. 그러면 다시 팝업창이 나타난다.

리마케팅 모수 만들기 - 유사 타깃 생성하기

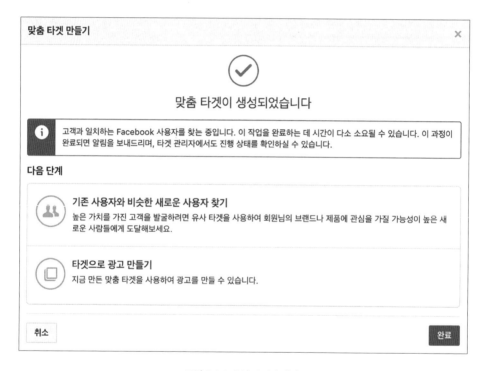

그림 9-3-1. 유사 타깃의 생성

맞춤 타깃 생성이 완료되었다는 말과 함께, 두 가지 옵션이 다음 단계로 제공되고 있다.

첫 번째 옵션은 '기존 사용자와 비슷한 새로운 사용자 찾기' 옵션이다. 이 옵션이 무엇을 의미할까? 유사 타깃이다. 맞춤 타깃을 생성했으니 맞춤 타깃에 기반한 유사 타깃을 만들겠느냐 물어 보는 것이다.

두 번째 옵션은 방금 정의한 맞춤 타깃을 가지고 바로 광고 관리자로 돌아가 광고 만들기를 할 수 있게 도와주는 옵션이다.

5. 맞춤 타깃을 정의하였으니 일단 첫 번째 옵션을 사용해 유사 타깃도 생성해 보자.

먼저 '세부 옵션 보기'를 클릭한 상태에서 전체적으로 설명하겠다.

그림 9-3-2. 유사 타깃의 생성 2

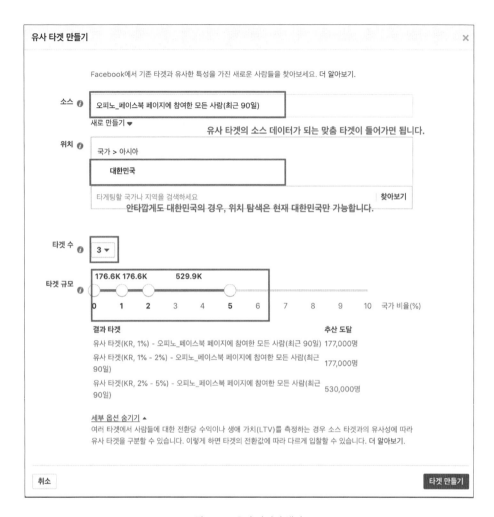

그림 9-3-3. 유사 타깃의 생성 3

소스: 유사 타깃의 데이터소스가 되는 맞춤 타깃을 불러오면 된다. 여기서 불러올 수 있는 맞춤 타깃은 당연히 우리 페이스북 광고 계정에서 정의해 놓은 맞춤 타깃이다. 맞춤 타깃이 따로 없다면 유사 타깃도 만들 수 없다.

위치: 유사 타깃의 위치를 트래킹할 수 있으나, 안타깝게도 정확하지가 않다.

타깃 수: 유사 타깃을 만들 유사 타깃의 세그먼트(덩어리) 수이다. 아래에서 자세히 살펴보겠다.

타깃 규모: 총 세 개의 구간이 있다. 오피노_페이스북 페이지에 참여한 사람 중 가장 유사한 사람 상위 0~1%, 오피노_페이스북 페이지 참여자 중 가장 유사한 사람 상위 1~2%, 페이스북 페이지에 참여한 사람 중 가장 유사한 사람 2~5%순으로 총 세 개의 타깃이 만들어지게 된다.

9-4

맞춤 타깃, 유사 타깃 적용하기

그림 9-4-1. 맞춤 타깃과 유사 타깃의 적용

유사 타깃까지 모두 생성하고 나면 우리가 정의해 놓은 맞춤 타깃 1개와 유사 타깃 세 개가 생긴 것이 보인다. 지금은 생성 중이라고 나타나지만, 1시간 정도 지나면 타깃이 업데이트가 되어 정상적으로 광고를 집행할 때 해당 맞춤 타깃과 유사 타깃을 사용할 수 있다.

유사 타깃은 실제로 행동을 발생시킨 사람들이 아닌데, 과연 성과가 좋을지 의구심이 드는 분들도 있겠지만, 이 부분은 경험적으로나마 알려드리는 것이 좋을 듯하다. 내의 경험상 이전 장에서 배웠던 관심사, 연령 기반으로 타기팅을 하는 것보다는 유사타깃으로 광고를 집행했을 때 성과가 더 좋았다. 물론 예외도 있다.

이제 타깃을 만들었으니 광고 관리자 → 캠페인 만들기를 눌러서 광고 세트로 이동한다. 광고 세트에서 우리가 저장해 두었던 맞춤 타깃과 유사 타깃을 불러올 수 있다. 지난번 설명을 넘긴 부분이다. 바로, 광고 세트 → 맞춤 타깃 영역이다.

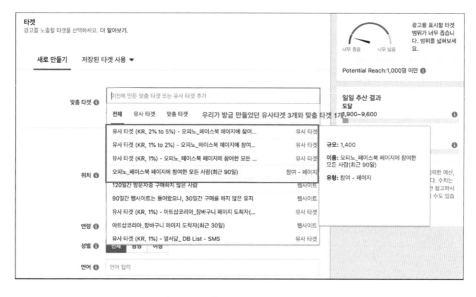

그림 9-4-2. 맞춤 타깃과 유사 타깃의 적용 2

맞춤 타깃에서 마우스만 갖다 대면 우리가 정의해 놓은 타깃들이 보인다. 단순히 이타깃들을 넣어 주기만 하면 리마케팅이 모두 끝나게 된다.

10장

고객 CRM 파일로
리마케팅 모수 만들기

필자의 클라이언트 중에는 기존 쇼핑몰을 운영하고 있어서 쇼핑몰에 회원 가입한 고객들의 개인 정보는 많이 갖고 있으나, 페이스북 플랫폼에는 처음 광고를 집행하는 브랜드가 있었다. 이럴 경우, 고객들의 데이터베이스를 가지고도 맞춤 타깃, 유사 타깃을 생성할 수 있다. 이번 장에서는 고객 CRM 파일로 리마케팅 모수를 생성하는 방법에 관해서 자세히 설명하겠다.

10-1

비즈니스 계정 생성
- -

사실 페이스북에서는 광고 계정이 두 가지로 나뉜다. 첫 번째는 우리가 계속 실습을 하면서 진행해 왔던 일반 광고 계정이다. 두 번째는 일반 광고 계정 여러 개를 묶어서 관리할 수 있는 광고 계정 상위의 단계인 비즈니스 계정이다. CRM 고객 파일을 기반으로 리마케팅 모수를 만들기 위해서는 비즈니스 계정이 반드시 필요하다. 비즈니스 계정을 만드는 것이 크게 어렵지는 않지만, 광고 계정보다는 조금 번거로울 수 있다.

비즈니스 관리자 계정은 광고주가 마케팅 작업을 한 곳에서 관리하고 자산에 대한 액세스 권한을 팀, 파트너 대행사 및 벤더/공급업체와 공유하도록 돕는 도구이며, 광고 계정의 상위 단계이다.

비즈니스 관리자의 역할

1. 여러 자산 만들고 관리하기: Facebook 페이지, Instagram 계정, 타깃 리스트 또는 제품 카탈로그 등의 자산을 모두 한 곳에서 만들고 관리할 수 있다.
2. 사용자 액세스 및 권한 제어하기: 광고 계정, 페이지 및 앱에서 작업하는 모든 사람들의 액세스와 기타 권한을 제어하고 모든 자산의 소유권을 관리할 수 있다.
3. 광고 추적하기: 광고 지출 및 노출을 개요를 통해 간편하게 확인하거나, 상세하게 조회하여 페이스북과 인스타그램에 게재한 광고를 더 효과적으로 추적할 수 있다.

설정 절차는 생각보다 간단하다.

1. 먼저 business.facebook.com/create 페이지에 접속하여 계정 만들기를 선택한다.
2. 이름을 입력하고 페이스북 로그인 정보로 본인 확인을 완료한다.
3. 메시지를 따라 비즈니스 계정을 만든다.

타깃 자산 - CRM 파일

비즈니스 계정을 생성했다면 CRM 파이 타깃을 정의하기 위해 광고 관리자 메뉴에서 어김없이 자산 열의 '타깃'으로 이동한다. 모든 리마케팅 모수를 저장하는 것은 자산열의 타깃에서 진행하게 된다.

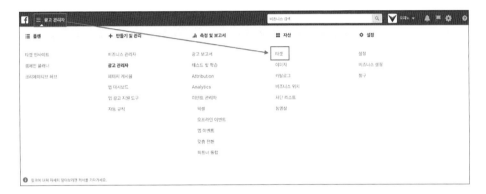

그림 10-2-1. 타깃으로 이동

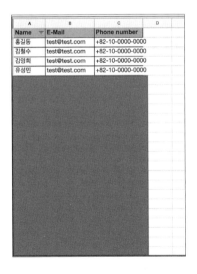

그림 10-2-2. 가상의 DB 파일

여러분은 고객 파일이 없으니 필자가 엑셀 파일로 가상의 고객 파일을 캡처했다. 실제로 가상 DB로는 맞춤 타깃 생성은 안 되겠으나, 실습을 진행할 수 있으니 여러분도 엑셀 파일로 간단히 고객 DB를 가상으로 만들어서 실습해 보자. DB 제작이 어렵다면, 깃허브 주소에 올린 DB 파일을 참고하길 바란다.

여기에서는 총 1,000개의 가상 DB를 만들어서 실습 예제를 작성했다.

1. 맞춤 타깃 만들기 버튼을 클릭하여 이번에는 '고객 파일'을 선택한다.

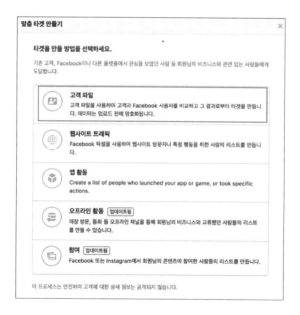

그림 10-2-3. 고객 파일 맞춤 타깃 생성 1

2. 옵션이 여러 가지 나오는데, 나머지 부분은 고난이도의 내용이기 때문에 우선은 생략하겠다. 일단 우리는 '쇼핑몰에서 회원 가입한 사용자'들을 리마케팅 모수로 만들 것이기 때문에, 쇼핑몰에서 얻게 된 자체 파일을 가져올 것이다. '자체 파일로부터 고객을 추가하거나 데이터를 복사하여 붙여넣기' 항목을 클릭한다.

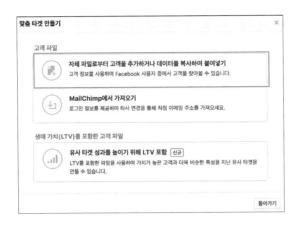

그림 10-2-4. 고객 파일 맞춤 타깃 생성 2

3. 그러면 아래와 같은 팝업창이 나올 것이다.

그림 10-2-5. 고객 파일 맞춤 타깃 생성 3

CRM 파일로 리마케팅 모수를 생성할 때에는 크게 4가지의 단계로 이루어진다.

1) 고객 리스트 추가: 우리가 가지고 있는 고객들의 DB를 csv 확장자 또는 txt 확장자 파일로 다운로드하여 고객 리스트를 업로드한다.

2) 데이터 매핑: 위 엑셀 파일을 자세히 보면 총 3개의 열이 있다. 이름, 전화번호, 이메일 열로 구성이 되어 있는데, 페이스북이 1열이 의미하는 바가 이름 열인지, 2열이 이메일 열인지, 3열이 전화번호 열인지 데이터를 일치시켜서 매핑 과정을 거친다.

3) 업로드 암호화 및 생성: 고객들의 개인 정보이므로 페이스북도 접근을 할 수 없도록 업로드 단계에서 고객DB를 암호화한다.

4) 다음 단계: 그런 다음 맞춤 타깃이 생성된다.

4. CRM 파일을 CSV 확장자로 저장하여 업로드하고, 맞춤 타깃의 이름을 설정해준다.

그림 10-2-6. 고객 파일 맞춤 타깃 생성 4

5. 업로드의 소스를 선택해 줘야 하는데, 우리는 고객으로부터 직접 가져왔으므로 '고객으로부터 직접'을 눌러 주면 된다.

그림 10-2-7. 고객 파일 맞춤 타깃 생성 5

6. 그 다음은 데이터 매핑 단계이다. 이메일과 전화번호는 원래의 표시 형식으로 나타내 주었으므로 페이스북에서 알아볼 수 있었다. 이메일은 @.com의 형태, 전화번호는 +82라는 국가번호를 지정해 주어야 한다. 하지만 페이스북이 보기에 '이름' 열은 그저 텍스트 3개가 있는 열일 뿐이다. 그래서 아래 화면처럼 느낌표가 나타나서, 현재 이 열을 인식하지 못하고 있음을 알려주고 있다. 이럴 때에는 '해당 열은 이름을 나타내는 열이다'라고 페이스북에 알려 주기 위해 '업로드하지 않음'이라는 토글바를 열어서 이름을 클릭하면 된다.

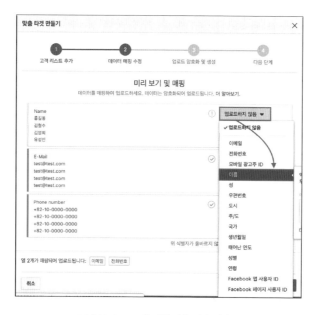

그림 10-2-8. 고객 파일 맞춤 타깃 생성 6

7. 그 다음 암호화 과정을 거치게 된다. 5초 정도 기다리면 암호화가 끝난다.

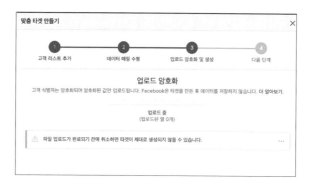

그림 10-2-9. 고객 파일 맞춤 타깃 생성 7

8. 역시 맞춤 타깃을 정의하니 바로 유사 타깃을 만들어 주라는 옵션이 나온다. 이 부분부터는 지난 장에서 다룬 대로와 같이 동일하게 유사 타깃을 생성할 수 있다. 일반적으로 고객DB를 활용하여 리마케팅 모수를 정의하는 것은 24시간 정도가 되어야 모두 업데이트된다. 고객DB로 리마케팅 모수를 잡을 때에는 반드시 하루 정도 지난 다음에 광고를 하길 추천한다.

그림 10-2-10. 고객 파일 맞춤 타깃 생성 8

11장

대망의 페이스북 픽셀(Facebook Pixel) 시작하기

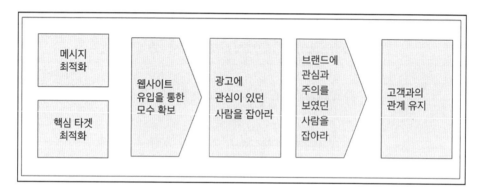

그림 11-1-1. 페이스북 퍼포먼스 마케팅 프레임 워크

우리는 페이스북 애플리케이션 내에서 우리 비즈니스에 대해 특정 행동을 발생시킨 사용자들을 대상으로 리마케팅 모수로 묶어 광고를 게재할 수 있게 되었다. 하지만 페이스북 바깥(웹사이트)으로 이동한 사용자를 리마케팅 모수로 저장하기에는 아직 어렵다.

이러한 페이스북 바깥의 행동들을 기록하여 페이스북 리마케팅 광고를 도와주는 도구를 페이스북 픽셀Facebook Pixel이라고 한다.

하지만 페이스북 픽셀을 이해하기 위해서는 가장 기본적인 개발 상식 정도는 갖추어야 한다. 이번 장에서는 간단한 개발 상식과 페이스북 픽셀 삽입의 원리에 관해서 살펴보겠다.

11-1

페이스북 픽셀, 도대체 뭐하는 녀석인가?

페이스북 픽셀을 이해하기 위해서는 우선 가장 기본적인 개발 지식을 이해할 필요가 있다. 크롬 브라우저에서 아무 웹사이트나 들어가서 오른쪽 마우스를 누르고, '검사' 버튼을 눌러 보자.

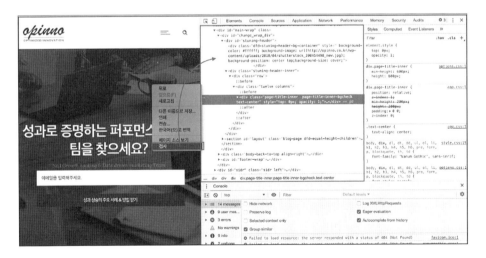

그림 11-1-2. 기본적인 개발 언어

굉장히 복잡하고 알 수 없는 코드가 나타난다. 저 코드가 사실 웹사이트의 생김새와 기능들을 구현해 주는 컴퓨터 언어이다.

웹사이트를 구성하는 언어는 크게 세 가지로 나뉘어 있다.

① HTML: 웹사이트의 레이아웃을 관장하는 언어가 HTML이다. 사람으로 따지면 뼈대를 구성해 주는 가장 기본적인 언어이다.

② CSS: 레이아웃 위에 이미지, 글씨체, 글자 컬러 등 디자인 요소를 관장하는 언어가 CSS이다. 사람으로 따지면 피부, 머리카락 같이 설계되어 있는 레이아웃에 살을 붙여 줘서 웹사이트를 더욱 예쁘게 만들어 주는 언어이다.

③ 자바스크립트JavaScript: 사람이 뼈와 피부만 있다고 무조건 다 사람이 되는 것은 아니다. 사람이 뜨거움을 느끼고, 손가락을 움직이는 행위조차 모두 '뇌'가 있어야 한다. 웹사이트도 마찬가지이다. '뇌'가 있어야 한다. 사용자들이 아무런 행동을 하지 않아도 웹사이트가 구동되도록 만들어 주는 명령어가 자바스크립트이다. 그럼 웹사이트에서 명령어의 종류는 몇 가지가 있을까?

개발자 100명에게 명령어 1개씩을 만들어 보라고 하면 몇 개의 명령어가 나올까? 아마도 100개의 명령어가 나올 것이다. 명령어는 짜기 나름이다. 우리 뇌에서 손가락을 움직이든, 뜨거움을 느끼든 모두 뇌에서 내리는 명령어라는 것이다.

이 많은 자바스크립트 명령어들 중 하나가 페이스북 픽셀Facebook Pixel이다. 그렇다. 페이스북 픽셀은 자바스크립트이다.

페이스북 픽셀, 발급받기

어김 없이 광고 관리자 홈으로 이동해 보겠다. 상단 메뉴를 누르고 '픽셀'로 이동한다.

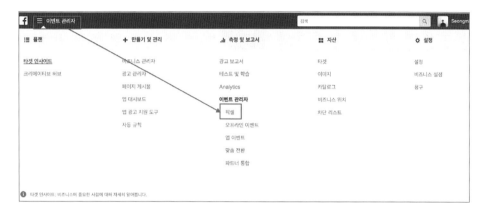

그림 11-2-1. 픽셀 코드 발급받기

그림 11-2-2. 픽셀 코드 발급받기 2

'픽셀 만들기' 버튼을 클릭한다.

그림 11-2-3. 픽셀 코드 발급받기 3

픽셀 이름은 여러분이 알아볼 수 있는 브랜드 명을 적어 주면 된다. 웹사이트 URL로 적으라고 하지만, 적지 않아도 상관없다. 빈 공간으로 해두고 오른쪽 하단 '만들기' 버튼을 눌러 준다.

일정 시간이 지나면 픽셀이 만들어지고, 그림 11-2-4와 같은 팝업창이 나타날 것이다.

그림 11-2-4. 픽셀 설치하기

해당 팝업창은 픽셀을 심는 방법을 선택하는 옵션이다. 총 3가지가 있다.

① 통합 또는 태그 관리자 사용: 페이스북 픽셀은 좀 더 쉽게 설치해 줄 수 있는 솔루션을 제공한다. BigCommerce, Magneto, Segment 등 미국에 있는 쇼핑몰 기준으로 픽셀을 좀 더 쉽게 설치해 줄 수 있다. 이 책의 목적은 픽셀 솔루션을 쉽게 사용하는 방법이 아닌, 모든 웹사이트의 픽셀을 심는 능력을 기르는 데 있다. 따라서 이 방법은 사용하지 않다.

② 코드 직접 설치: 우리는 페이스북 픽셀 코드를 직접 심어 볼 것이다. 이 부분을 선택해 주면 된다.

③ 개발자에게 안내 이메일 전송: 개발자에게 픽셀을 심어달라고 부탁하는 메일을 보내는 것뿐이다.

코드 직접 설치를 눌러보자. 그림 11-2-5와 같은 화면이 나타난다.

그림 11-2-5. 픽셀 설치하기 2

1. '웹사이트의 헤더코드를 찾으세요'라는 안내와 함께 2번에 전체 페이스북 픽셀 코드가 나타난다. 우리는 1번 가이드는 무시하고, 2번을 자세히 살펴보겠다.

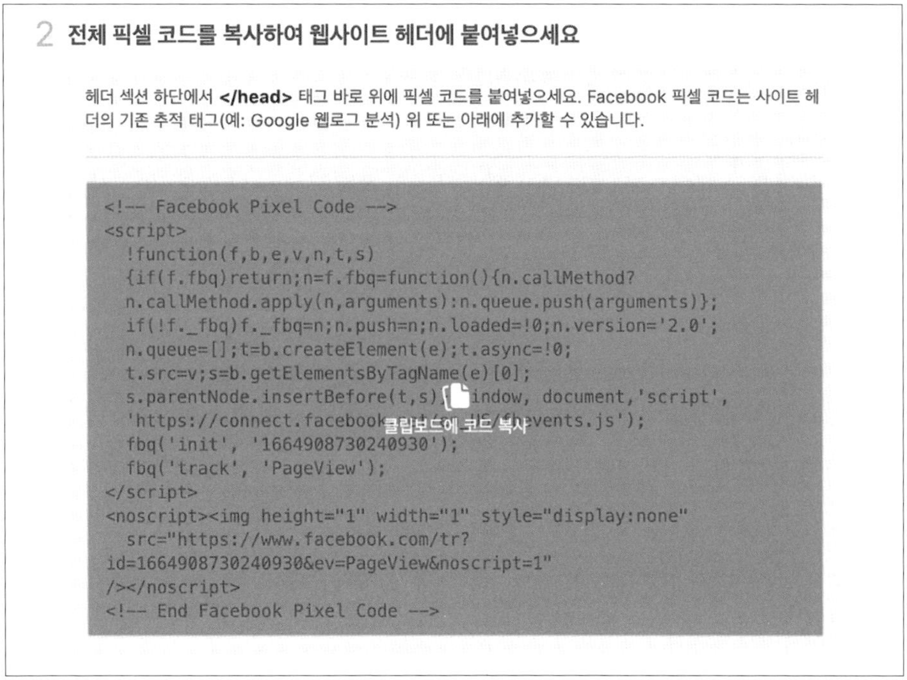
2 전체 픽셀 코드를 복사하여 웹사이트 헤더에 붙여넣으세요
헤더 섹션 하단에서 </head> 태그 바로 위에 픽셀 코드를 붙여넣으세요. Facebook 픽셀 코드는 사이트 헤더의 기존 추적 태그(예: Google 웹로그 분석) 위 또는 아래에 추가할 수 있습니다.
```
<!-- Facebook Pixel Code -->
<script>
  !function(f,b,e,v,n,t,s)
  {if(f.fbq)return;n=f.fbq=function(){n.callMethod?
  n.callMethod.apply(n,arguments):n.queue.push(arguments)};
  if(!f._fbq)f._fbq=n;n.push=n;n.loaded=!0;n.version='2.0';
  n.queue=[];t=b.createElement(e);t.async=!0;
  t.src=v;s=b.getElementsByTagName(e)[0];
  s.parentNode.insertBefore(t,s)}(window, document,'script',
  'https://connect.facebook.net/en_US/fbevents.js');
  fbq('init', '1664908730240930');
  fbq('track', 'PageView');
</script>
<noscript><img height="1" width="1" style="display:none"
  src="https://www.facebook.com/tr?
id=1664908730240930&ev=PageView&noscript=1"
/></noscript>
<!-- End Facebook Pixel Code -->
```
클립보드에 코드 복사

그림 11-2-6. 픽셀 설치하기 3

이렇게 길게 생긴 녀석이 '페이스북 기본 픽셀'이다. 페이스북 기본 픽셀은 위에서 설명한 대로 자바스크립트 명령어이다. 한국어로 굳이 해석하자면 "사용자들이 우리 웹사이트에 들어오면 사용자들의 데이터를 우리 광고 계정으로 보내라" 정도로 해석할 수 있겠다.

이렇게 픽셀을 받은 상태에서 잠깐 마우스에서 손을 떼고, 픽셀을 잊어 버리자. 페이스북 픽셀을 웹사이트에 삽입하기 위해 소개할 도구가 있다.

페이스북 픽셀을 구글 태그 매니저로 심는다

페이스북 픽셀은 페이스북 바깥에서 떨어지는 트래픽들에게 GPS와 같은 추적 장치를 달아 그들의 행동을 관찰하고, 특정 행동을 완료한 사용자들을 리마케팅 모수로 묶어 주는 역할을 하는 자바스크립트 명령어의 일종이다.

만약 인간의 뇌에 명령어가 너무 많이 동시에 발생하면 어떻게 될까? 우리는 혼란에 빠지게 된다. 마찬가지로 웹사이트도 명령어가 너무 많으면 심할 경우, 사이트가 다운될 수 있다. 또, 자바스크립트를 바로 웹사이트에 복사하여 설치하는 것은 굉장히 위험하다. 명령어들끼리 충돌할 수도 있고, 명령어의 기능이 제대로 작동되지 않을 수 있다.

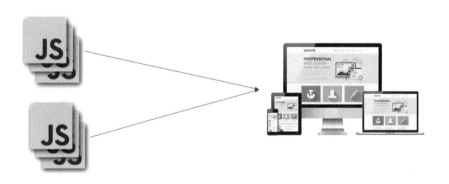

그림 11-3-1. 자바스크립트 삽입의 위험성

그래서 우리는 페이스북 픽셀을 컨테이너Container라는 가상의 그릇을 만들어 설치한다. 명령어를 바로 사이트에 넣거나 수정하는 것은 너무나도 위험하고, 개발 지식이 필요한 일이므로 우리는 페이스북 픽셀은 컨테이너라는 곳에 담아 둘 것이다. 기억해 두자. 페이스북 픽셀을 설치하기 이전에 우리는 이 '가상의 그릇'을 웹사이트에 심어야만 한다.

그래서 우리는 잠시 페이스북 픽셀을 잊고, 이 컨테이너를 먼저 웹사이트에 삽입하는 방법에 대해 알아보자.

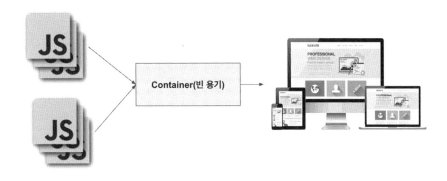

그림 11-3-2. 컨테이너를 통한 명령어 설치

컨테이너를 만들어 주는 계정 단위의 시스템을 Google Tag Manager라고 한다. 줄여서 GTM이라 부르는데, 해당 가이드북은 GTM에 대한 가이드가 아닌 페이스북 픽셀이므로 GTM에 관한 자세한 설명은 생략하겠다. 하여튼 GTM은 페이스북 픽셀과 같은 다양한 명령어들을 웹이나 앱에서 유동적으로 설치했다가 삭제했다가 하면서 관리할 수 있는 툴이다. GTM은 첫째로 안전하고, 둘째로는 개발 지식이 없는 사람들이 명령어들을 쉽게 관리할 수 있다.

모두, 구글 창에서 'Google Tag Manager'라고 검색한다.

그림 11-3-3. 구글 태그 매니저 이동하기

가장 위의 링크를 누른 뒤 '무료 사용' 버튼을 클릭한다.

그림 11-3-4. 구글 태그 매니저 이동하기 2

계정을 적으라고 나오는데, 여러분이 알아볼 수 있는 계정을 생성해 주면 된다. 국가는 당연히 대한민국으로 한다.

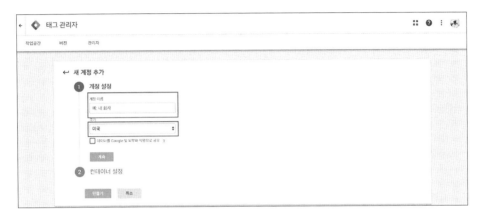

그림 11-3-5. 구글 태그 매니저 계정 생성

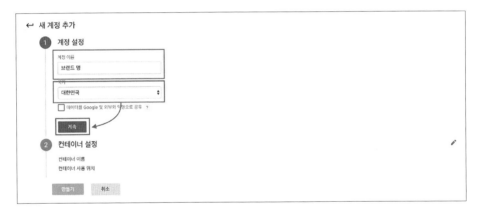

그림 11-3-6. 구글 태그 매니저 계정 생성 2

계정을 만들었다면 이 계정에 상속될 컨테이너를 생성해 줄 수 있다. 지금 만든 이 컨테이너가 페이스북 픽셀과 같은 명령어들을 넣었다 뺐다가 유동적으로 관리할 수 있는 것이다.

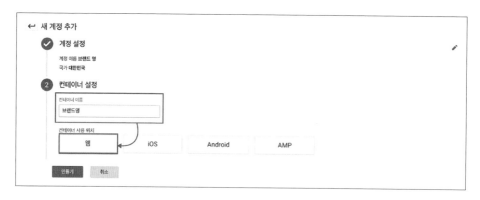

그림 11-3-7. 구글 태그 매니저 계정 생성 3

여러분이 알아볼 수 있는 컨테이너 이름과 컨테이너를 사용할 위치를 설정한다. 위치에는 웹, IOS, Android, AMP가 있다. 웹, IOS, Android, AMP가 있다. 웹은 말 그대로 우리가 생각하고 있는 웹사이트, IOS와 Android는 애플리케이션이고, AMP는 구글에서 자체적으로 개발한 웹이라고 보면 된다. 나머지 것들은 개발 지식이 상당한 수준에서 필요하므로 우리는 웹을 중심으로만 페이스북 픽셀을 삽입한다고 가정하고 진행해 보겠다.

팝업창이 하나 나타난다.

```
Google 태그 관리자 설치                                              ×

아래의 코드를 복사하여 웹사이트의 모든 페이지에 붙여넣으세요.

페이지의 <head>에서 가능한 한 높은 위치에 코드를 붙여넣으세요.

<!-- Google Tag Manager -->
<script>(function(w,d,s,l,i){w[l]=w[l]||[];w[l].push({'gtm.start':
new Date().getTime(),event:'gtm.js'});var f=d.getElementsByTagName(s)[0],
j=d.createElement(s),dl=l!='dataLayer'?'&l='+l:'';j.async=true;j.src=
'https://www.googletagmanager.com/gtm.js?id='+i+dl;f.parentNode.insertBefore(j,f);
})(window,document,'script','dataLayer','GTM-M8HC4GG');</script>
<!-- End Google Tag Manager -->

또한 여는 <body> 태그 바로 뒤에 코드를 붙여넣으세요.

<!-- Google Tag Manager (noscript) -->
<noscript><iframe src="https://www.googletagmanager.com/ns.html?id=GTM-M8HC4GG"
height="0" width="0" style="display:none;visibility:hidden"></iframe></noscript>
<!-- End Google Tag Manager (noscript) -->

Google 태그 관리자 스니펫 설치에 대한 자세한 정보는 퀵 스타트 가이드를 참조하세요.

  확인
```

그림 11-3-8. 구글 태그 매니저 컨테이너 삽입 코드

여기 보이는 2개의 코드가 사이트 내 컨테이너를 넣을 때에 삽입해야 하는 컨테이너 코드이다. 말 그대로, 빈 그릇 그 자체를 웹사이트에 넣어 주는 역할을 해주는 코드이다. 이 코드를 통해 컨테이너를 웹사이트에 넣고, 그 후에서야 페이스북 픽셀 코드를 컨테이너에 넣어 보겠다.

여러분은 이 코드를 복사해서 붙여 넣을 만한 웹사이트가 없으니, 실습이 조금 어려울 것이라 생각된다. 대신 앞으로 보여드릴 티스토리 블로그는 네이버 블로그와 달리 FTP(사이트 관리자 계정)에 접근이 가능하여, 우리가 직접 HTML을 수정할 수 있다. 최근 초대장 기능도 없어져, 티스토리 블로그는 다음 아이디만 있다면 쉽게 만들 수

있다. 그래서 혹시 사이트가 없어서 태그 관리자 실습이 어려우신 분들은 티스토리 블로그를 만들어 주기 바란다.

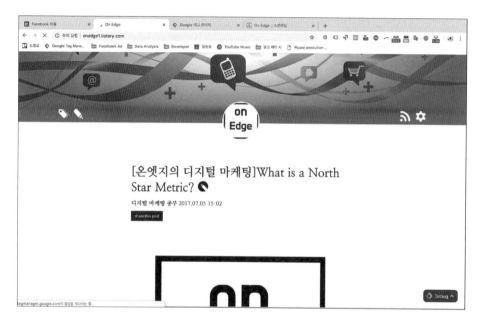

그림 11-3-9. 컨테이너 삽입이 가능한 티스토리 블로그

그림 11-3-9에서 보이는 사이트는 필자가 대학 시절 작성했던 디지털 마케팅에 관한 글을 다루는 티스토리 블로그이다. 이 티스토리 블로그에 구글 태그 관리자 컨테이너 코드를 넣어 보겠다.

관리자 창으로 이동하여 FTP 파일에 접근한 다음, 다시 구글 태그 관리자로 간다.

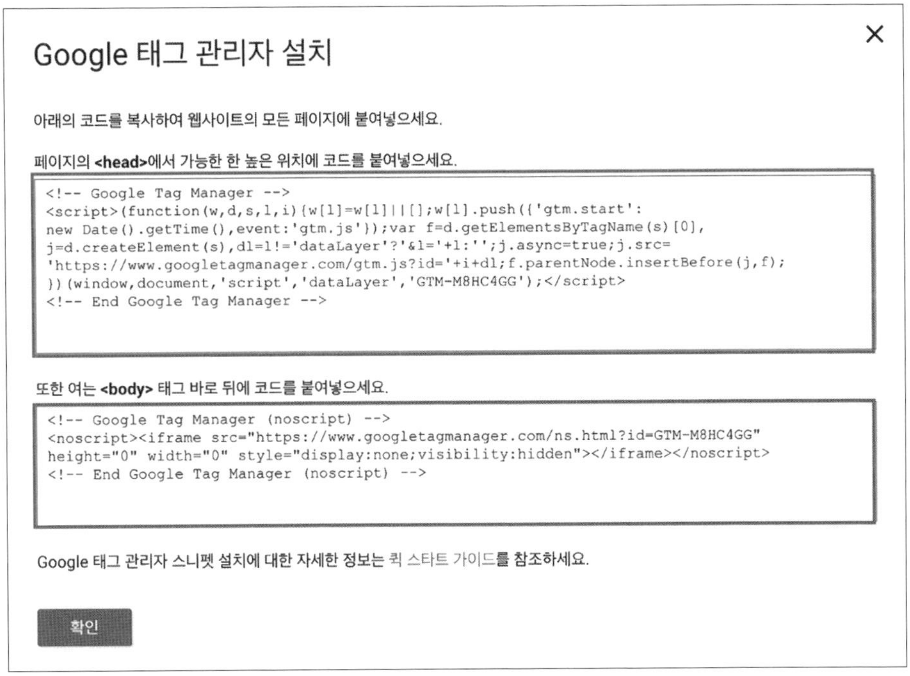

Google 태그 관리자 설치

아래의 코드를 복사하여 웹사이트의 모든 페이지에 붙여넣으세요.

페이지의 **<head>**에서 가능한 한 높은 위치에 코드를 붙여넣으세요.

```
<!-- Google Tag Manager -->
<script>(function(w,d,s,l,i){w[l]=w[l]||[];w[l].push({'gtm.start':
new Date().getTime(),event:'gtm.js'});var f=d.getElementsByTagName(s)[0],
j=d.createElement(s),dl=l!='dataLayer'?'&l='+l:'';j.async=true;j.src=
'https://www.googletagmanager.com/gtm.js?id='+i+dl;f.parentNode.insertBefore(j,f);
})(window,document,'script','dataLayer','GTM-M8HC4GG');</script>
<!-- End Google Tag Manager -->
```

또한 여는 **<body>** 태그 바로 뒤에 코드를 붙여넣으세요.

```
<!-- Google Tag Manager (noscript) -->
<noscript><iframe src="https://www.googletagmanager.com/ns.html?id=GTM-M8HC4GG"
height="0" width="0" style="display:none;visibility:hidden"></iframe></noscript>
<!-- End Google Tag Manager (noscript) -->
```

Google 태그 관리자 스니펫 설치에 대한 자세한 정보는 퀵 스타트 가이드를 참조하세요.

확인

그림 11-3-10. 컨테이너 삽입을 위한 자바스크립트 명령어

구글 태그 관리자 컨테이너 삽입을 위해, 위의 코드는 〈head〉에서 가능한 한 높은 위치, 아래의 코드는 〈body〉가 열리는 바로 뒤에 코드를 붙여 넣어 달라고 한다.

```
<!DOCTYPE html>
<html lang="ko">
<head>

<!-- Google Tag Manager -->
<script>(function(w,d,s,l,i){w[l]=w[l]||[];w[l].push({'gtm.start':
new Date().getTime(),event:'gtm.js'});var f=d.getElementsByTagName(s)[0],
j=d.createElement(s),dl=l!='dataLayer'?'&l='+l:'';j.async=true;j.src=
'https://www.googletagmanager.com/gtm.js?
id='+i+dl;f.parentNode.insertBefore(j,f);
})(window,document,'script','dataLayer','GTM-N7KJXDZ');</script>
<!-- End Google Tag Manager -->
<meta name="naver-site-verification"
content="ba74090c3acfcdd34e13c062badc067362308a9e"/>

 <script async
src="//pagead2.googlesyndication.com/pagead/js/adsbygoogle.js"></script>
<script>
  (adsbygoogle = window.adsbygoogle || []).push({
    google_ad_client: "ca-pub-2950411087847303",
    enable_page_level_ads: true
  });
</script>

</head>
<body>
<!-- Google Tag Manager (noscript) -->
<noscript><iframe src="https://www.googletagmanager.com/ns.html?id=GTM-
N7KJXDZ"
height="0" width="0" style="display:none;visibility:hidden"></iframe>
</noscript>
<!-- End Google Tag Manager (noscript) -->
```

그림 11-3-11. 컨테이너 삽입

시키는 대로 위 코드는 〈head〉가 열리는 부분에 붙여 넣고, 밑의 코드는 〈body〉
가 열리는 부분에 붙여 넣었다. 전혀 어렵지 않다. 이렇게 하면 컨테이너Container를
웹사이트에 삽입하는 것은 모두 끝이 난다.

12장

확장 프로그램
설치하기

12-1

컨테이너를 도와주는 확장 프로그램

그림 12-1-1. 컨테이너를 넣어도 변화가 없는 사이트

웹사이트에 컨테이너가 심어졌는지 안 심어졌는지 확인하는 것은 쉽지 않다. 컨테이너를 넣은 후에, 컨테이너가 나오는 확장 프로그램이 필요하다.

그림 12-1-2. 확장 프로그램을 설치한 뒤, 푸터바를 확인할 수 있는 모습

푸터바에 컨테이너가 나타나게끔 하기 위해서는 확장 프로그램 설치가 필요하다. 크롬 브라우저라면, 브라우저 최상단 오른쪽에 점이 세로로 3개 있는 모양이 하나 있을 것이다.

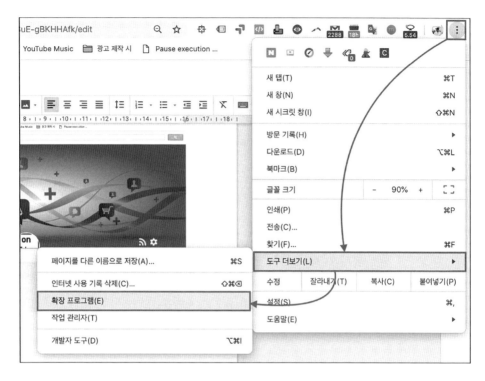

그림 12-1-3. 확장 프로그램 웹 스토어 이동

확장 프로그램은 크롬을 좀 더 원활하게 사용하게끔 도와주는 소프트웨어 프로그램을 의미한다. 우리는 크롬 웹스토어로 이동하여, 컨테이너 확인을 위한 확장 프로그램을 다운로드받을 것이다.

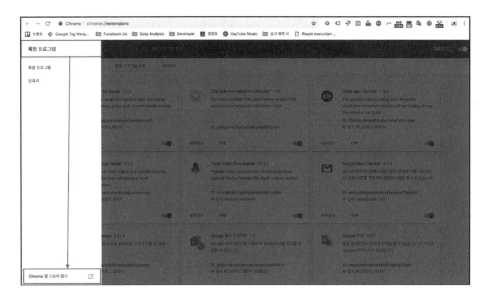

그림 12-1-4. 확장 프로그램 웹 스토어 이동 2

크롬 웹스토어에서는 다양한 확장 프로그램을 다운로드받을 수 있다. 우리는 컨테이너가 잘 나타나도록 도와주는 Tag Assistant 확장 프로그램을 검색하여 설치한다.

그림 12-1-5. Tag Assistant 확장 프로그램

Tag Assistant를 설치하면, 크롬 브라우저 창 오른쪽 상단에 아이콘이 하나 생긴다. 이게 정상적으로 나타난다면, 우리는 성공적으로 컨테이너 도우미를 설치한 것이다.

그림 12-1-6. Tag Assistant 확장 프로그램이 설치된 크롬 브라우저의 모습

13장

페이스북 픽셀
삽입하기

지난 장에서 우리는 태그 관리자 컨테이너를 사이트에 삽입하는 방법까지 배워 보았다. 이젠 페이스북 픽셀을 삽입하여야 한다. 하지만 페이스북 픽셀은 사실 2가지의 종류가 있다. 기본 픽셀, 이벤트 픽셀이다. 이번 장에서는 기본 픽셀과 이벤트 픽셀에 대해서 알아보고, 기본 픽셀을 삽입하는 방법까지 다뤄보겠다.

13-1 ◐

페이스북의 두 종류, 기본 픽셀(Basic Pixel)과 이벤트 픽셀(Event Pixel)

페이스북의 기본 픽셀은 페이스북에서 리마케팅이나 사용자 행동 흐름을 파악하기에 필수적으로 필요한 픽셀이다. 여기서 단어 2가지만 배우겠다. 웹사이트와 웹페이지이다.

- 웹사이트: 웹페이지 여러 개가 묶여 있는 하나의 묶음 문서

• 웹페이지: 웹에서 로드 시 사용자의 컴퓨터에 나타나는 단일 페이지

예를 들어서 양말 쇼핑몰을 오픈했다고 가정할 때 양말 쇼핑몰에는 메인 페이지, 제품 카테고리 페이지, 제품 상세 페이지, 장바구니 페이지 등 각각의 단일 페이지들이 있을 것이다. 이런 각각의 개별 페이지를 웹페이지Web Page라고 부른다. 웹페이지가 묶여 있는 하나의 쇼핑몰을 웹사이트Web Site라고 한다.

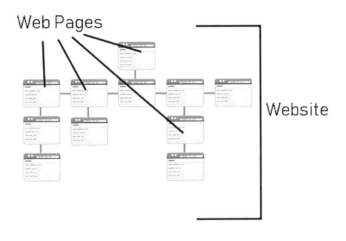

그림 13-1-1. 웹사이트와 웹페이지의 차이

이제 웹페이지와 웹사이트의 개념에 대해서는 알 것이다. 문제는 페이스북 픽셀이다. 한 가지만 기억하면 된다. 페이스북 기본 픽셀Facebook Basic Pixel은 반드시 모든 웹페이지에 삽입이 되어야 한다.

이벤트 픽셀Facebook Event Pixel은 "이벤트가 발생하는 웹페이지에만 심어 주면 된다." 예를 들어 장바구니 도착 이벤트 픽셀을 따로 설치하려고 한다. 그렇다면 장바구니

도착 이벤트 픽셀은 어디에 심어져야 할까? 그렇다. 장바구니 페이지에'만' 심어 줘야
한다.

그럼 페이스북 기본 픽셀의 코드는 어떻게 되어 있고, 장바구니 이벤트 픽셀은 어떻
게 되어 있는지 체크해 보겠다. 다 같이 만들어 두었던 광고 관리자에서 픽셀로 이동
한다.

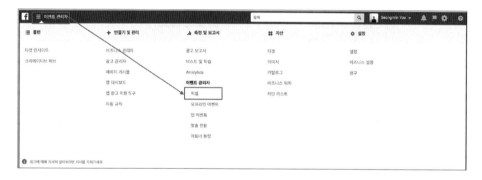

그림 13-1-2. 픽셀 카테고리로 이동하기

픽셀을 이미 만든 분들은 우측 상단의 '설정'으로 들어간다.

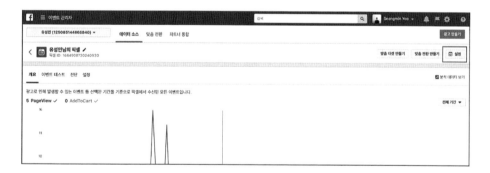

그림 13-1-3. 설정 영역

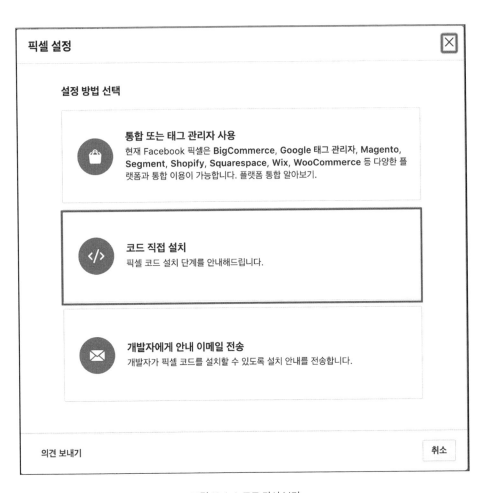

그림 13-1-4. 코드 다시 보기

헤더 섹션 하단에서 **</head>** 태그 바로 위에 픽셀 코드를 붙여넣으세요. Facebook 픽셀 코드는 사이트 헤더의 기존 추적 태그(예: Google 웹로그 분석) 위 또는 아래에 추가할 수 있습니다.

```
<!-- Facebook Pixel Code -->
<script>
  !function(f,b,e,v,n,t,s)
  {if(f.fbq)return;n=f.fbq=function(){n.callMethod?
  n.callMethod.apply(n,arguments):n.queue.push(arguments)};
  if(!f._fbq)f._fbq=n;n.push=n;n.loaded=!0;n.version='2.0';
  n.queue=[];t=b.createElement(e);t.async=!0;
  t.src=v;s=b.getElementsByTagName(e)[0];
  s.parentNode.insertBefore(t,s)}(window, document,'script',
  'https://connect.facebook.net/en_US/fbevents.js');
  fbq('init', '1130822800395954');
  fbq('track', 'PageView');
</script>
<noscript><img height="1" width="1" style="display:none"
  src="https://www.facebook.com/tr?
id=1130822800395954&ev=PageView&noscript=1"
/></noscript>
<!-- End Facebook Pixel Code -->
```

그림 13-1-5. 페이스북 기본픽셀

우리가 지난 장에서 보았던 페이스북 기본 픽셀이 이렇게 길게 생겼다. 코드의 하단을 보면 fbq('track', 'pageview');가 나와 있다. 사용자들의 페이지뷰 행동을 기록하라는 명령어이다. 우리 웹사이트에 들어오는 사용자들은 수많은 웹페이지들 중에서 어디를 돌아다닐지 모른다. 그래서 모든 웹페이지를 조회하는 것을 트래킹하기 위해서는 이 기본 코드는 모든 웹페이지에 있어야 한다.

이벤트 픽셀은 그림 13-1-5에서 '계속' 버튼을 누르면 나타난다.

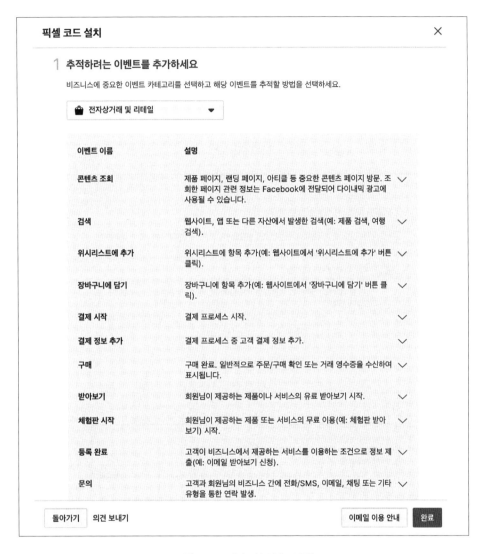

그림 13-1-6. 페이스북 이벤트 픽셀

그러면 이렇게 이벤트 픽셀이 나타난다. 이벤트 픽셀은 우리가 추적하고자 하는 이벤트가 무엇인지에 따라 달라진다. 그림 13-1-6의 이벤트 이름 중 4번째 줄에서 '장바구니에 담기'라는 이벤트 픽셀이 보일 것이다. 이벤트 픽셀은 이벤트가 발생하는 페이지에만 심어져 있어야 한다. 그렇다면 장바구니에 담기 이벤트 픽셀은 어디다 심어져야 할까? 그렇다. 장바구니 페이지에만 심어 주면 된다.

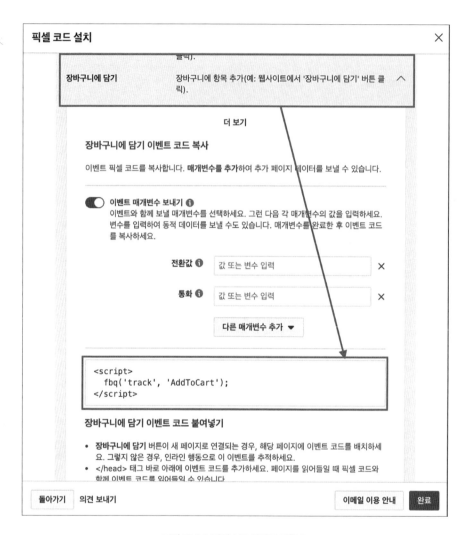

그림 13-1-7. 페이스북 이벤트 픽셀 2

이처럼 페이스북 픽셀은 모든 웹페이지에 심어 줘야 하는 페이스북 기본 픽셀 Facebook Basic Pixel과 이벤트가 발생하는 페이지에만 심어 줘야 하는 페이스북 이벤트 픽셀Facebook Event Pixel 2가지로 나뉜다.

구글 태그 관리자의 구동 원리

페이스북 이벤트 픽셀은 일단은 다소 어려우니, 우리는 페이스북 기본 픽셀 먼저 이 장에서 삽입해 보도록 한다. 기본 픽셀을 태그 관리자 컨테이너를 통해 삽입하기 위해서는 우선, 태그 관리자의 구성이 어떻게 되어 있는지 먼저 알아야 한다.

구글 태그 관리자 창으로 이동한다.

구글 태그 관리자 홈 화면은 그림 13-2-1과 같이 WorkSpace 쪽에 머물러 있을 것이다.

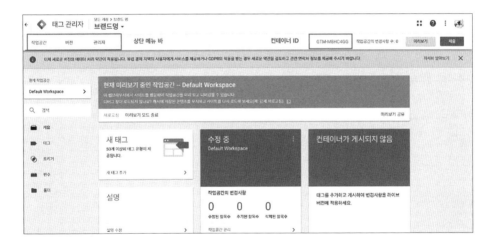

그림 13-2-1. 구글 태그 매니저의 워크스페이스

상단 메뉴바를 주목해 본다. '작업 공간', '버전', '관리자' 등 3개의 메뉴가 나타난다. 작업 공간이 지금 바로 우리가 머물고 있는 태그 관리자 홈 화면이다. 현재 발행된 명령어는 몇 개이고, 그 명령어가 무엇인지에 대한 개요가 정보로 나타난다. 하지만 우리는 아직 아무것도 건드리지 않았으므로 텅 비어 있다.

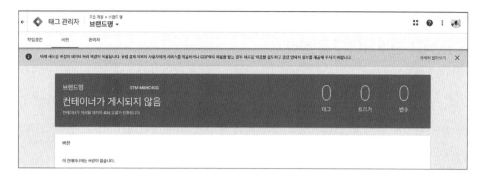

그림 13-2-2. 구글 태그 매니저의 히스토리 영역

'버전' 메뉴는 말 그대로 우리가 명령어를 넣었다가 뺐다가 한 모든 기록을 히스토리로 나타내는 곳이다. 누가 몇 시에 어떤 명령어를 사이트에 삽입했는지 히스토리 조회가 가능하다.

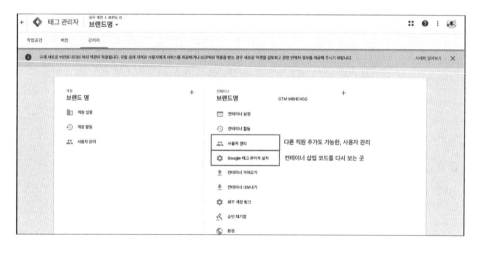

그림 13-2-3. 구글 태그 매니저의 관리자 영역

'관리자' 메뉴는 말 그대로 컨테이너를 수정하고 설정할 수 있는 영역을 의미한다. 우리가 컨테이너 삽입을 위한 코드(위, 아래 2개 있던 코드)를 다시 볼 때에는 'Google 태그 관리자 설치'라는 항목을 누르면 다시 컨테이너 코드가 나타난다. 그리고 사용자 관리를 통해 이 컨테이너에 다른 동료들이 들어와 함께 관리할 수도 있다.

다음에는 작업 공간으로 다시 돌아와서 왼쪽 카테고리 메뉴를 살펴보겠다. 사실 이 부분이 중요하다.

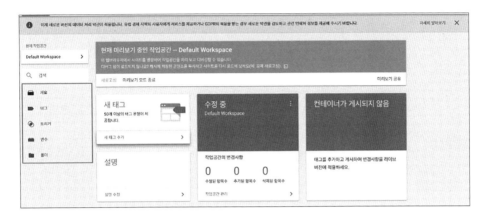

그림 13-2-4. 구글 태그 매니저의 3가지 요소

구글 태그 매니저Google Tag Manager에서 명령어를 발행하는 데에는 크게 3가지로 나뉜다. 지금 위 화면에서는 메뉴가 총 5개 나타난다. '개요'는 말 그대로 우리가 만드는 태그들의 현황을 보여 주는 역할일 뿐이며, 제일 아래에 있는 '폴더'는 우리가 만든 태그들을 폴더로 정리하는 역할일 뿐이다. 사실 구글 태그 관리자는 태그, 트리거, 변수의 3단계로 이루어져 있고, 이 3단계순으로 페이스북 기본 픽셀과 이벤트 픽셀을 삽입시킬 수 있다.

- 태그TAG: '이름표'라는 의미가 있다. 어원은 정확히 밝혀진 바 없으나, 개발자들은 태그를 명령어라고 부른다. 명령하는 뜻이다.

- 트리거TRIGGER: 트리거를 한국어로 번역하면 '방아쇠'라는 뜻이다. 어떤 행동이 발생하면 ~까지를 의미할 수 있다.
- 변수Variables: 변수는 말 그대로 우리가 수학 시간에 배우는 변할 수 있는 상수를 의미한다.

자, 여기서 다음과 같은 문장을 하나 써보겠다.

빨간 모자를 쓴 사람이 문을 열고 들어오면 박수를 쳐라

여기서 태그(명령어)는 무엇인가? 그렇다. "박수를 쳐라"이다. 그렇다면 트리거는 무엇인가? "문을 열고 들어오면~"까지가 트리거이다. 마지막으로 변수는, 모든 사람들이 아니라 "빨간 모자를 쓴 사람" 하나만 지칭했다. 이 사람이 변수가 되는 것이다.

빨간 모자를 쓴 사람이 (변수)
문을 열고 들어오면 (트리거)
박수를 쳐라 (태그)

여기서 한 문장을 더 써보겠다.

장바구니 페이지에
트래픽이 도착하면
이벤트를 발생시켜 광고 계정으로 쏴라!

이제 이 문장에서 변수, 트리거, 태그가 무엇인지 알 것이다. 실제로 장바구니 이벤트 픽셀이 이 원리로 만들어질 수 있다. 그렇다면 페이스북 기본 픽셀은 어떻게 문장으로 쓸 수 있을까?

모든 웹페이지에

트래픽이 도착하면

광고 계정으로 데이터를 쏴라

라고 문장을 만들 수 있다. 이 원리를 이용해 우리는 태그 관리자로 돌아가 페이스북 기본 픽셀을 설치하겠다.

13-3

페이스북 기본 픽셀 삽입하기

사실 태그 관리자에 익숙한 사람들은 변수 → 트리거 → 태그의 순으로 명령어를 만들지만, 우리는 아직 처음이니 태그 → 트리거 → 변수의 순으로 페이스북 기본 픽셀을 모든 웹페이지에 심어 줘야 한다.

모든 웹페이지에

트래픽이 도착하면

광고 계정으로 데이터를 쏴라

이 문장을 기억한 상태로 태그 관리자로 그대로 이동해 보겠다.

1. 태그 관리자 홈 화면에서 태그 메뉴를 눌러 빨간색의 '새로 만들기' 버튼을 눌러 준다.

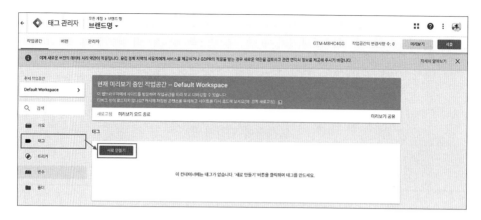

그림 13-3-1. 페이스북 기본 픽셀 설치 1

2. 우리가 알아볼 수 있는 태그 이름을 바꿔 준다. 네모 칸이 2개 보인다. 위에 있는
   네모 칸은 태그, 즉 명령어를 정의해 주는 곳이다. 아래에 있는 네모 칸은 트리거를
   정의해 주는 것이다.

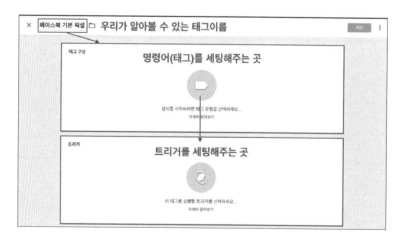

그림 13-3-2. 페이스북 기본 픽셀 설치 2

3. 이름을 바꾸었으면 태그부터 만들기 위해 태그 설정 칸을 클릭한다. 그렇게 하면 태그의 타입을 결정하라는 안내가 오른쪽에서 나타난다. 타입들을 자세히 보면, Google Analytics, Google Optimize, Google Adwords 등 구글과 관련된 다양한 제품들이 태그 타입으로 자리 잡혀 있다. 구글 태그 관리자가 구글사의 상품이므로 구글에서는 구글 관련 제품들에 한해서는 명령어를 좀 쉽게 설치할 수 있도록 솔루션을 제공해 준다. 하지만 안타깝게도 페이스북은 솔루션이 따로 없다. 그래서 우리는 아래쪽에 "우리가 직접 명령어를 정의해 준다"라는 의미의 '맞춤 HTML' 태그 타입을 사용한다. 앞으로 우리가 설치할 모든 페이스북 기본 픽셀과 이벤트 픽셀의 태그 타입은 100% '맞춤 HTML'이다.

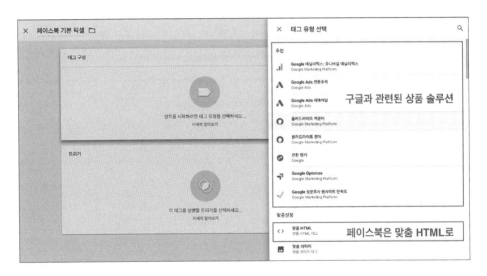

그림 13-3-3. 페이스북 기본 픽셀 설치 3

4. 맞춤 HTML로 태그 타입을 설정하였더니 "직접 정의해서 명령어 짜봐"라고 보란 듯이 네모 칸이 나와서 코드를 입력하라는 창이 나타난다. 우리는 여기서 당황할 필요 없이 페이스북 기본 픽셀 코드를 복사해서 붙여 넣기만 해주면 된다. 왜 그럴

까? 태그는 명령어를 지정해 주는 곳이므로 수많은 명령어들 중 하나인 페이스북 기본 픽셀을 태그에다 넣으면 된다.

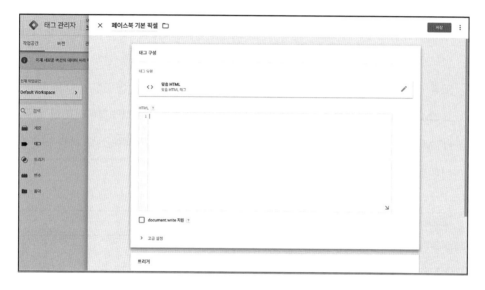

그림 13-3-4. 페이스북 기본 픽셀 설치 4

2 전체 픽셀 코드를 복사하여 웹사이트 헤더에 붙여넣으세요

헤더 섹션 하단에서 **</head>** 태그 바로 위에 픽셀 코드를 붙여넣으세요. Facebook 픽셀 코드는 사이트 헤더의 기존 추적 태그(예: Google 웹로그 분석) 위 또는 아래에 추가할 수 있습니다.

```
<!-- Facebook Pixel Code -->
<script>
  !function(f,b,e,v,n,t,s)
  {if(f.fbq)return;n=f.fbq=function(){n.callMethod?
  n.callMethod.apply(n,arguments):n.queue.push(arguments)};
  if(!f._fbq)f._fbq=n;n.push=n;n.loaded=!0;n.version='2.0';
  n.queue=[];t=b.createElement(e);t.async=!0;
  t.src=v;s=b.getElementsByTagName(e)[0];
  s.parentNode.insertBefore(t,s)}(window, document,'script',
  'https://connect.facebook.net/en_US/fbevents.js');
  fbq('init', '1664908730240930');
  fbq('track', 'PageView');
</script>
<noscript><img height="1" width="1" style="display:none"
  src="https://www.facebook.com/tr?
id=1664908730240930&ev=PageView&noscript=1"
/></noscript>
<!-- End Facebook Pixel Code -->
```

클립보드에 코드 복사

그림 13-3-5. 페이스북 기본 픽셀 설치 5

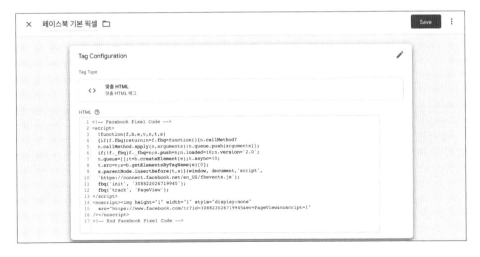

그림 13-3-6. 페이스북 기본 픽셀 설치 6

5. 이렇게 하면 태그 정의를 모두 완료했다. 이제는 밑에 있는 네모 칸을 눌러 트리거를 정의해 주기만 하면 끝난다. 페이스북 기본 픽셀은 "모든 웹페이지에 도착하면 데이터를 광고 계정으로 쏴라"였다. 그렇기 때문에 트리거를 선택해서 All pages 트리거를 사용하면 이는 자동으로 모든 웹페이지가 된다. 태그 관리자는 기본적으로 All page view 트리거는 제공해 주기 때문이다.

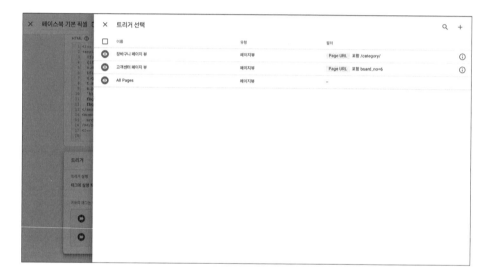

그림 13-3-7. 페이스북 기본 픽셀 설치 7

이렇게 하면 트리거와 태그 세팅을 모두 마쳤고 페이스북 기본 픽셀이 정의된다. 우리도 보고 해석할 수 있을 것이다. 오른쪽 상단에 저장 버튼을 눌러, 만들어 둔 태그를 저장해 둔다.

그림 13-3-8. 페이스북 기본 픽셀 설치 8

6. 오른쪽 상단 '프리뷰 또는 미리보기' 버튼을 클릭하여 문제가 없는지 확인한다. 만약 문제가 있으면 버튼을 눌렀을 때 팝업창이 뜨면서 에러의 원인을 알려 줄 것이다. 화면 변화가 없으면 SUBMIT(제출) → PUBLISH(게시) → CONTINUE(계속)의 3단계로 된 확인 버튼을 눌러 주면 모두 완료된다.

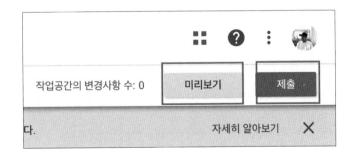

그림 13-3-9. 페이스북 기본 픽셀 설치 9

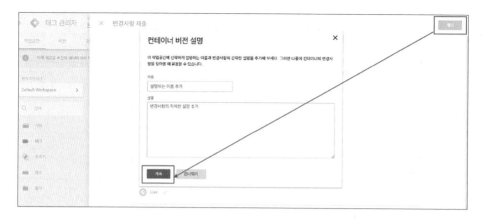

그림 13-3-10. 페이스북 기본 픽셀 설치 10

태그 발행이 끝나면 '버전'으로 메뉴가 옮겨지면서 방금 게시했던 변동 사항들을 히스토리로 조회할 수 있다.

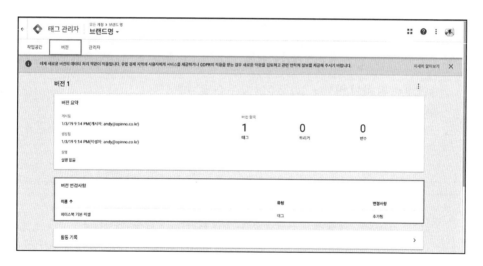

그림 13-3-11. 페이스북 기본 픽셀 설치 11

이제 페이스북 픽셀 삽입이 완료되었다. 그렇다면 우리 페이스북 픽셀이 잘 설치되어 있는지 확인할 필요가 있겠다. 필자가 컨테이너를 넣어 두었던 티스토리 블로그를 '새로고침'해 보겠다.

그림 13-3-12. 페이스북 기본 픽셀 설치 12

'Tags Fired On This Page'라는 항목에 우리가 만들어 놓았던 페이스북 기본 픽셀이 그대로 나타나는 것을 볼 수 있다. 여기까지 하면 페이스북 기본 픽셀 설치를 마쳤다.

페이스북 픽셀이 잘 심어져 있나? - Facebook Pixel Helper 설치하기

페이스북 기본 픽셀을 발행하고 나서 저렇게 컨테이너를 통해서 제대로 픽셀이 설치되어 있는지 확인하는 방법도 있지만, '페이스북 픽셀이 잘 설치되어 있는지 확인을 도와주는 확장 프로그램'도 있다. 이름은 페이스북 픽셀 헬퍼Facebook Pixel Helper이다. 페이스북 픽셀 헬퍼의 무서운 점은 우리가 사이트 소유권을 가지고 있지 않아도 다른 사이트에 들어가면 페이스북 픽셀이 설치되어 있는지 설치되어 있지 않은지 나오게 된다.

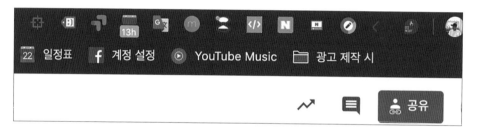

그림 13-4-1. 페이스북 픽셀 헬퍼

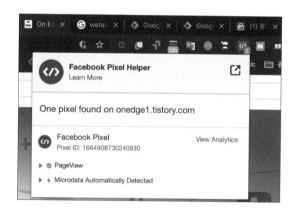

그림 13-4-2. 페이스북 픽셀 헬퍼 2

페이스북 픽셀이 있는 사이트에는 초록색으로 불이 들어오고, 픽셀이 없는 사이트는 불이 들어 오지 않는다. 아무 사이트에 들어가서도 확인할 수 있다. 어떤 쇼핑몰에 페이스북 픽셀 헬퍼에 불이 들어오지 않는다면 '아, 이 사이트는 페이스북 픽셀을 이용해서 리마케팅을 하고 있지 않구나'라고 생각하면 된다.

이제 페이스북 기본 픽셀 설치 작업은 끝났다. 하지만 우리의 목적은 모든 웹사이트 방문자들을 리마케팅 모수로 묶으려는 것이 아니다. 우리는 '장바구니에 물건을 담았다가 나간 사람들'을 리마케팅 모수로 묶어야 한다. 그렇기 때문에 장바구니 이벤트 픽셀을 설치할 줄 알아야겠다. 다음 장에서는 '태그 관리자를 통한 이벤트 픽셀 삽입하기'에 대해서 다뤄 보겠다.

14장

페이스북 픽셀을
사용하면 좋은 것들

지난 13장까지 페이스북 기본 픽셀과 페이스북 이벤트 픽셀을 설치하는 방법을 배워 보았다. 결론부터 말하면 페이스북 광고를 할 때 페이스북 픽셀을 사용하지 않는 것은 그냥 광고비를 허공에 뿌리는 것과 같다. 페이스북 광고에서 페이스북은 그만큼 필수적인 기능인데, 이 페이스북 픽셀을 사용하면 활용할 수 있는 것들을 이번 14장에서 다루어 보겠다.

14-1

성과 지표

우리는 6장에서 페이스북 광고 관리자의 열을 담당하고 있는 다양한 성과 지표를 배워 보았다. 하지만 이 밖에도 여러분들이 페이스북 픽셀을 쓸 줄 알게 되는 순간 좀 더 좋은 인사이트를 얻기 위한 다양한 성과 지표들이 있다. 광고 관리자에서 열 맞춤 설정으로 이동한다.

그림 14-1-1. 열 맞춤 설정

'열 맞춤 설정'에 들어가서 장바구니를 검색해 본다. 그러면 '장바구니에 담기'라는 지표와 '합계, 고유, 값, 비용, 고유 비용'이라는 항목들이 나타난다.

합계는 말 그대로 장바구니가 발생한 횟수 전체를 의미한다. 고유는 당연히 장바구니에 물건을 담은 사람 수를 말한다. 이 부분이 이해가 안 된다면 6장을 다시 보길 추천한다. 값은 장바구니에 물건을 담을 때마다 얼마의 매출 값이 잡히는지 보고되는 것인데, 이를 전환값이라고 한다. 전환값은 물건을 담을 때마다 달라지므로 동적 값이 들어가야 되는데 이 부분은 후반에서 다루고 지금은 설명을 생략하겠다. 비용은 말 그대로 장바구니에 물건을 한 번 담을 때마다 우리가 쓴 광고비를 의미한다. 이렇게 페이스북에서 광고를 하더라도 우리가 지금 진행하고 있는 캠페인이, 광고 세트가, 광고 이미지 A가 사용자들을 장바구니로 이끄는 데 얼마만큼 기여했는가까지의 성과들을 실시간으로 볼 수 있는 것이다. 비록 페이스북 바깥은 빠져나갔음에도 우리 사이트의 행동 흐름을 페이스북 픽셀로 관측이 가능하다.

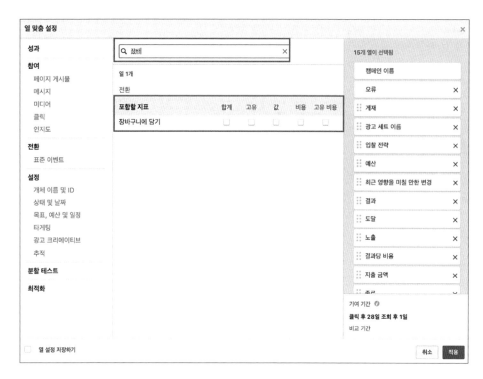

그림 14-1-2. 장바구니 맞춤 지표

당연히 구매 관련 지표도 있다.

그림 14-1-3. 구매 이벤트 맞춤 지표

왼쪽 열의 '표준 이벤트'라는 카테고리를 누르면, 페이스북에서 제공해 주고 있는 수많은 이벤트 픽셀별 성과 지표들을 모두 열거하여 보여 주고 있다.

열 맞춤 설정

성과

참여
페이지 게시물
메시지
미디어
클릭
인지도

전환
표준 이벤트
맞춤 전환

설정
개체 이름 및 ID
상태 및 날짜
목표, 예산 및 일정
타게팅
광고 크리에이티브
추적

분할 테스트

최적화

🔍 검색

포함할 지표	합계	고유	값	비용	고유 비용
Facebook에서 워크숍로 완료	☐	☐	☐	☐	☐
검색	☐		☐	☐	
게임 이용	☐			☐	
결제 시작	☐	☐	☐	☐	☐
결제 정보 추가	☐	☐	☐	☐	☐
구매	☐	☐	☐	☐	☐
구매 ROAS(광고 지출 대비 수익률)			☐		
기록 잠금 해제	☐		☐	☐	
기부	☐		☐	☐	
데스크톱 앱 사용	☐			☐	
데스크톱 앱 소식 참여	☐				
데스크톱 앱 참여	☐			☐	
등록 완료	☐		☐	☐	
랜딩 페이지 조회	✔	☐	☐	✔	☐
레벨 달성	☐		☐	☐	
맞춤 이벤트	☐			☐	
매장 방문 BETA	☐			☐	
모바일 앱 2일 잔류	☐		☐	☐	☐
모바일 앱 7일 잔류	☐		☐	☐	☐

22개 열이 선택됨

캠페인 이름

오류	✕
⠿ 게재	✕
⠿ 광고 세트 이름	✕
⠿ 입찰 전략	✕
⠿ 예산	✕
⠿ 최근 영향이 큰 변경	✕
⠿ 결과	✕
⠿ 도달	✕
⠿ 노출	✕
⠿ 결과당 비용	✕
⠿ 품질 순위	✕
⠿ 참여율 순위	✕

기여 기간 ❔
클릭 후 28일, 조회 후 7일
비교 기간

☐ 열 설정 저장하기   취소 **적용**

그림 14-1-4. 이벤트 전체 맞춤 지표

지출 금액	관련성 점수	노출	CPM(1,000회 노출당 비용	링크 클릭	CPC(링크 클릭당 비용)	CTR(링크 클릭률)	웹사이트 구매 ▾	웹사이트 구매당 비용
₩700,000	5	64,022	₩10,934	1,304	₩537	2.04%	3	₩233,333
₩189,978	4	24,935	₩7,619	715	₩266	2.87%	3	₩63,326
₩133,738	8	21,065	₩6,349	391	₩342	1.86%	3	₩44,579
₩1,000,000	3	68,437	₩14,612	1,343	₩745	1.96%	2	₩500,000
₩700,000	8	85,564	₩8,181	1,775	₩394	2.07%	2	₩350,000
₩1,000,000	4	76,215	₩13,121	1,722	₩581	2.26%	1	₩1,000,000
₩1,000,000	8	108,461	₩9,220	1,954	₩512	1.80%	1	₩1,000,000
₩50,000	7	6,887	₩7,260	45	₩1,111	0.65%	1	₩50,000

그림 14-1-5. 지표가 적용된 광고 관리자

위 이미지는 실제 대행사랑 광고를 진행하던 어떤 화장품 브랜드의 광고 관리자이다. 오피노가 데이터 분석 회사이니 우리가 지금 대행사와 함께하고 있는 페이스북 광고가 효과가 있는지 없는지 한번 봐달라고 의뢰가 들어온 것이다.

지출 금액, 관련성 점수, 링크 클릭당 비용, CTR 등은 나쁘지 않은 수치이다. 하지만 필자가 픽셀을 설치하여 웹사이트 구매당 비용을 지켜보니 결과는 충격적이었다. 마지막 열을 주목하자.

지출 금액	관련성 점수	노출	CPM(1,000 회 노출당 비용)	링크 클릭	CPC(링크 클릭당 비용)	CTR(링크 클릭률)	웹사이트 구매 ▾	웹사이트 구매당 비용
₩700,000	5	64,022	₩10,934	1,304	₩537	2.04%	3	₩233,333
₩189,978	4	24,935	₩7,619	715	₩266	2.87%	3	₩63,326
₩133,738	8	21,065	₩6,349	391	₩342	1.86%	3	₩44,579
₩1,000,000	3	68,437	₩14,612	1,343	₩745	1.96%	2	₩500,000
₩700,000	8	85,564	₩8,181	1,775	₩394	2.07%	2	₩350,000
₩1,000,000	4	76,215	₩13,121	1,722	₩581	2.26%	1	₩1,000,000
₩1,000,000	8	108,461	₩9,220	1,954	₩512	1.80%	1	₩1,000,000
₩50,000	7	6,887	₩7,260	45	₩1,111	0.65%	1	₩50,000

그림 14-1-6. 구매당 비용 지표

웹사이트 구매당 비용이란 구매가 1번 발생할 때마다 우리가 지출하는 광고비를 의미한다. 여기 화장품 브랜드의 제품은 단가가 5만 원에서 10만 원 사이이다. 그런데 구매당 비용이 23만 원, 6만 원, 심하면 50만 원, 100만 원까지도 올라간다. 5만 원짜리 판매하려고, 100만 원 쓴 것이다. 실로 안타깝다.

이 지표를 보고 말하고자 하는 것은 이 성과 지표가 페이스북 픽셀을 사용했을 때에는 굉장히 정상적인 수치로 보인다는 것이다. CPC, CTR도 그리 나쁘지 않은 편이고, 관련성 점수도 양호하다. 하지만 우리가 광고를 하는 이유는 결국 우리들의 서비스와 제품을 '판매'하기 위해서이다. 판매에 기여를 하지 않으면 아무리 CPC가 낮은 광고라도 무의미하다. 그래서 우리는 페이스북 광고를 할 때 페이스북 픽셀을 활용하여, 해당 광고로 들어온 사용자들이 얼마나 구매로 이어지는지까지, 최종 전환까지 데이터를 파악해야 할 필요가 있다. 명심하자! 페이스북 픽셀을 사용하지 않으면 페이스북 광고는 무의미하다.

14-2

전환 캠페인

두 번째로 페이스북 픽셀을 사용하면 좋은 것은 드디어 전환 캠페인을 사용할 수 있다는 것이다. 광고 관리자에서 캠페인 만들기를 눌러서 캠페인의 목적을 정의하는 곳으로 이동해 보겠다.

인지도	관심 유도	전환
브랜드 인지도	트래픽	전환
도달	참여	카탈로그 판매
	앱 설치	매장 방문
	동영상 조회	
	잠재 고객 확보	
	메시지	

그림 14-2-1. 캠페인 목표 설정 영역

우린 이제 대부분의 캠페인의 목적을 배웠다. 하지만 3번째 열은 아직 잘 모르고 있다. 일단 복습을 해보겠다. 캠페인은 우리가 진행할 광고 캠페인의 목적과 전략을 결정할 때 사용된다. 예를 들어, '브랜드 인지도'를 캠페인의 목적으로 설정하면 광고는 자연스레 노출에 집중할 것이고, '트래픽' 캠페인을 설정하면 광고는 자연스레 웹사이트 트래픽을 가장 많이 확보할 수 있는 데에 집중한다.

그러면 '전환' 캠페인은 어떤 것일까? 우리가 설정해 놓은 픽셀 이벤트 전환을 가장 많이 확보하는 데에 집중한다. 예를 들어, 필자가 장바구니 이벤트 픽셀을 사용하고 있고, 전환 캠페인을 '장바구니'로 설정한다면 자연스레 페이스북 광고는 딥러닝을 통해서 '장바구니 이벤트를 잘 일으킬 것 같은 사람들'에게만 광고를 쏘는 것이다. 물론 전환 캠페인은 트래픽이 목표가 아니므로, 잘 구매할 것 같은 사람들에게만 광고를 쏜다. 즉, 고품질 사용자들에게만 광고를 노출시켜 CPC가 다소 높은 편이다. 하지만 CPC가 높다 하더라도 그들이 구매만 한다면 문제되지 않을 것이다.

전환 캠페인을 선택하여 광고 세트로 이동해 보겠다.

인지도	관심 유도	전환
브랜드 인지도	트래픽	전환
도달	참여	카탈로그 판매
	앱 설치	매장 방문
	동영상 조회	
	잠재 고객 확보	
	메시지	

그림 14-2-2. 캠페인 전환 목표

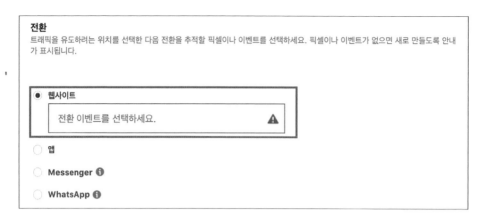

그림 14-2-3. 캠페인 전환 목표 선택

전환 캠페인을 선택하면 위와 같이 최적화할 전환 이벤트를 선택하라고 나온다. 여기에다 우리가 최적화할 전환 이벤트를 달성하면 되는 것이다.

그림 14-2-4. 캠페인 전환 목표 선택 2

필자의 경우에는 블로그에 장바구니에 담기 이벤트만 설치되었으므로 장바구니 담기만 사용할 수 있다. 다른 이벤트는 사용할 수 없음을 나타낸다.

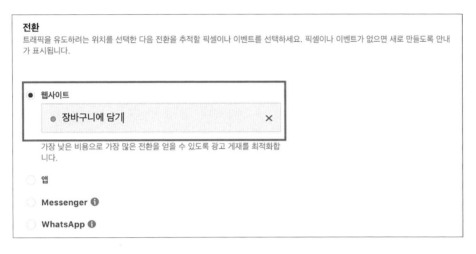

그림 14-2-5. 캠페인 전환 목표 선택 3

최적화할 전환을 선택하면 우리가 사용하는 광고비용 내에서 해당 전환을 잘할 것 같은 사용자들에게만 광고가 게재된다. 어떻게 찾을까?

실제로 '장바구니에 담기'라는 행동을 한 사용자들을 페이스북 머신 러닝이 학습하게 된다. 일종의 빅데이터인 셈이다. 장바구니에 담기 이벤트가 많이 발생할수록, 장바구니 전환을 잘 할 것 같은 사용자들을 잘 찾아낼 수 있다. 일반적으로 전환은 일주일에는 최소 50번은 발생시켜야 좋은 성과를 얻는 전환 캠페인을 구현할 수 있다. 즉, 페이스북으로 인해 발생하는 전환이 일주일에 50번은 되어야 유의미한 전환 캠페인을 집행할 수 있다.

그럼 실제로 장바구니 이벤트를 발생시킨 사용자들을 학습해야 할 텐데, 학습해야 하는 모수들의 기준도 우리가 결정해 줄 수 있다. 광고 세트의 가장 아래쪽인 광고 게재 최적화 기준을 누르면, 어떤 사용자들을 대상으로 학습을 할지 페이스북에게 미리 정해 줄 수 있다. '전환 기간'이라는 항목을 주목해 보자.

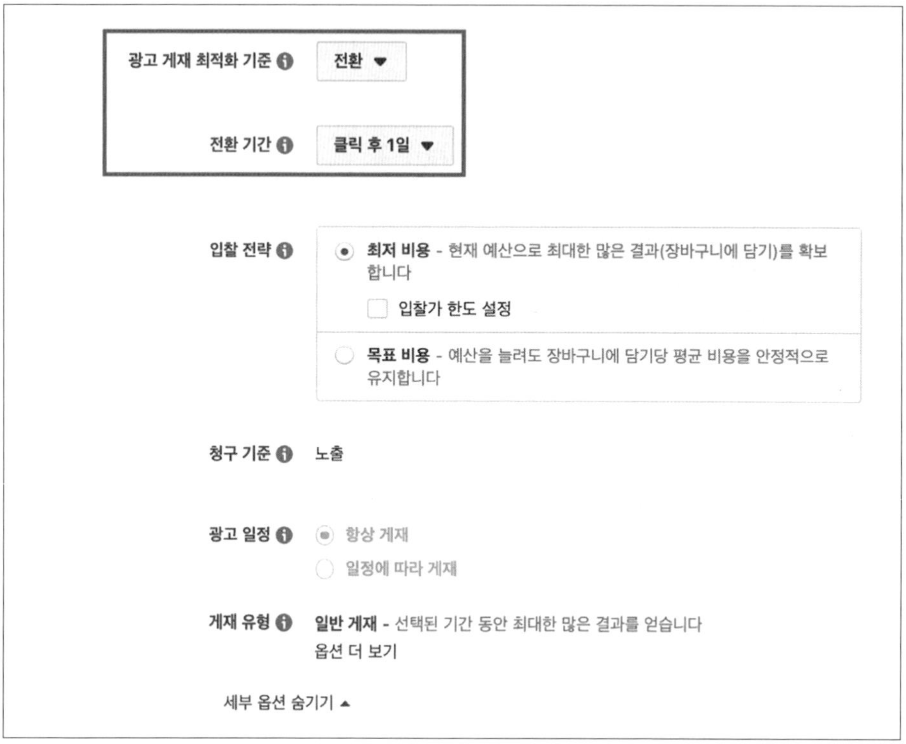

그림 14-2-6. 광고 세트 전환 최적화 기준

전환 기간이란, 게재 시스템에서 광고 타기팅을 할 때 어떤 유형의 전환 데이터를 사용할지 설정할 수 있다. 그러면 페이스북은 해당 기간 내에 전환하는 사람들의 유형을 파악한 다음, 유사한 사람들을 더 많이 찾는다. 전환 기간을 클릭한 후 1일로 한다면, 광고를 하루 내에 클릭한 사람들을 가지고만 데이터 머신 러닝을 한다는 뜻이 될 수 있다.

전환 캠페인이 상당히 좋아 보이겠으나, 사실 전환 캠페인만 집행하면 성과가 나지 않는다. 한번 생각해 보자. 누군가에게 제품을 판매하기 위해서는 다양한 설득 과정을 거쳐야 한다. 그러기 위해서는 게시물 참여를 목적으로 한 카드 뉴스 광고, 설득 메시지 확보를 위한 동영상 조회 광고 등이 우선해야 할 것이다. 그리고 모수를 확보하기 위해 트래픽 목적의 캠페인을 집행할 것이다. 또한 마지막으로 구매를 유도하는 전환 목적의 캠페인이 라이브 될 수 있겠다. 이렇게, 게시물 참여, 트래픽, 동영상 조회, 전환 캠페인이 한 번에 유기적으로 돌아가면서 진행하는 것을 풀 퍼널 모델 마케팅Full Funnel Model Marketing이라고 한다. 풀 퍼널 모델 마케팅에 대해서는 강의 마지막 부분에서 다시 한번 사례를 통해 자세히 다루겠다.

15장

쇼핑몰별
페이스북 픽셀 설치법

우리나라에는 거대 호스트 쇼핑몰이 3개가 있다. Cafe 24, 고도몰, 메이크샵이다. 이 3개의 거대한 쇼핑몰들은 이미 페이스북 픽셀을 쉽게 설치할 수 있도록 솔루션을 제공해 주고 있다. 하지만 픽셀이라는 개념이 워낙 유명하지 않다 보니, 아직도 많은 쇼핑몰주들이 필자에게 질문을 한다. 그래서 각 쇼핑몰별로 페이스북 픽셀을 쉽게 설치하는 방법을 이번 장에서 다룬다. 쉽게 설치는 할 수 있으나, 구글 태그 관리자만큼은 자유도가 떨어질 수 있으니, 태그 관리자를 통해 페이스북 픽셀을 설치할 수 있다면 이 방법은 권장하지 않는다.

15-1 ◗

Cafe 24 페이스북 픽셀 설치하기

명실상부 대한민국 최고의 쇼핑몰 호스팅 사이트다. 스토어팜 다음으로 사용률이 높은 쇼핑몰 호스팅이다. Cafe 24 쇼핑몰에서 페이스북 픽셀 설치는 매우 간단하다.

그림 15-1-1. Cafe 24 페이스북 설치

쇼핑몰 관리자 센터로 들어가서 상점 관리 → 마케팅 제휴 서비스 → 페이스북 → 픽셀 설정 쪽으로 이동하면 페이스북 픽셀을 설정할 수 있는 영역으로 이동된다.

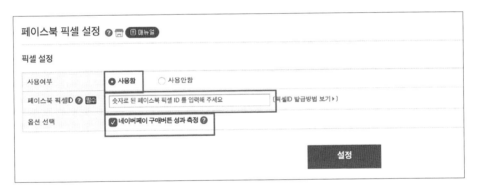

그림 15-1-2. Cafe 24 페이스북 설치 2

사용 여부를 사용함으로 바꾸고, 페이스북 픽셀 ID를 입력해 준다. 사실 태그 관리자를 통해서는 구매 완료 페이지에 도착했을 때에만 이벤트 트래킹이 가능했는데, 네이버 페이 구매 버튼도 성과 측정이 가능하게 해준다. 해당 옵션도 함께 선택해 주면, Npay라는 이벤트 픽셀이 하나 생긴다. 네이버 페이 버튼 클릭 성과 측정은 사실 태그 관리자에서도 구현할 수 있다. 이 부분은 내용이 어려워서 다음 장에서 다뤄 보도록 하겠다.

페이스북 픽셀 ID는 페이스북 광고 관리자 → 픽셀 ID 클립 보드로 복사하기를 눌러도 되고, 기본 코드에 있는 넘버링 숫자를 그대로 적어도 괜찮다.

2 전체 픽셀 코드를 복사하여 웹사이트 헤더에 붙여넣으세요

헤더 섹션 하단에서 **</head>** 태그 바로 위에 픽셀 코드를 붙여넣으세요. Facebook 픽셀 코드는 사이트 헤더의 기존 추적 태그(예: Google 웹로그 분석) 위 또는 아래에 추가할 수 있습니다.

```
<!-- Facebook Pixel Code -->
<script>
  !function(f,b,e,v,n,t,s)
  {if(f.fbq)return;n=f.fbq=function(){n.callMethod?
  n.callMethod.apply(n,arguments):n.queue.push(arguments)};
  if(!f._fbq)f._fbq=n;n.push=n;n.loaded=!0;n.version='2.0';
  n.queue=[];t=b.createElement(e);t.async=!0;
  t.src=v;s=b.getElementsByTagName(e)[0];
  s.parentNode.insertBefore(t,s)}(window, document,'script',
  'https://connect.facebook.net/en_US/fbevents.js');
  fbq('init', '1664908730240930');
  fbq('track', 'PageView');
</script>
<noscript><img height="1" width="1" style="display:none"
  src="https://www.facebook.com/tr?
id=1664908730240930&ev=PageView&noscript=1"
/></noscript>
<!-- End Facebook Pixel Code -->
```

그림 15-1-3. Cafe 24 페이스북 설치 3

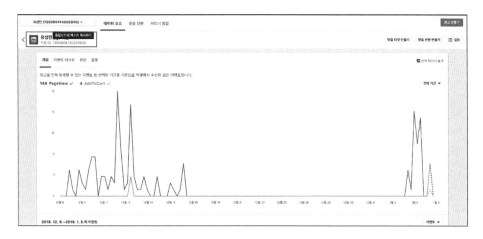

그림 15-1-4. Cafe 24 페이스북 설치 4

15-2

고도몰 페이스북 픽셀 설치하기

고도몰 관리자에서 '마케팅'으로 이동한다.

그림 15-2-1 고도몰 페이스북 설치 1

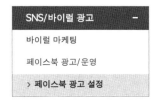

그림 15-2-2. 고도몰 페이스북 설치 2

왼쪽 메뉴 바에서 'SNS/바이럴 광고'를 클릭한 후, '페이스북 광고 설정'으로 이동한다.

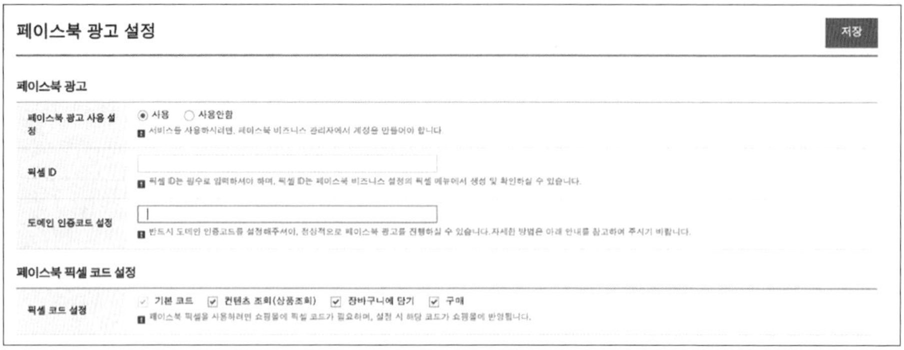

그림 15-2-3. 고도몰 페이스북 설치 3

카페 24와 유사하게 광고 사용 설정, 픽셀 ID를 입력하면 된다. 픽셀 코드 설정에서 기본 코드, 콘텐츠 조회, 장바구니, 구매 이벤트 픽셀을 모두 체크해 준다. 그래야 모든 이벤트 픽셀이 트래킹되기 때문이다. 고도몰에서는 네이버 페이는 지원해 주지 않고 있다. 그러니까 다음 장에서 직접 해야 한다.

도메인 인증 코드는 말 그대로 해당 쇼핑몰을 인증하는 코드를 발급받는 것인데, 이 코드는 페이스북에서 받을 수 있고 매우 간단하다.

[인증 코드 설정 방법]

(1) 페이스북 비즈니스 관리자(https://business.facebook.com) → 비즈니스 설정 → 브랜드 가치 보호 → 도메인 메뉴로 접속한다.

(2) 해당 메뉴에서 추가 버튼을 클릭하여 페이스북 비즈니스에 연결할 도메인을 입력한다.

(3) 도메인을 입력하면 상세 정보에서 인증 코드를 확인할 수 있다.

(4) 확인한 인증 코드를 아래 도메인 인증 코드 설정에 입력한 후 설정을 저장한다.

(5) 인증 코드 저장이 완료된 후 다시 페이스북 비즈니스 관리자 → 도메인 상세 정보 → HTML 파일 업로드 메뉴로 이동한다.

(6) 해당 메뉴에서 '인증' 버튼을 클릭하면 인증을 완료할 수 있다.

15-3

메이크샵 페이스북 픽셀 설치하기

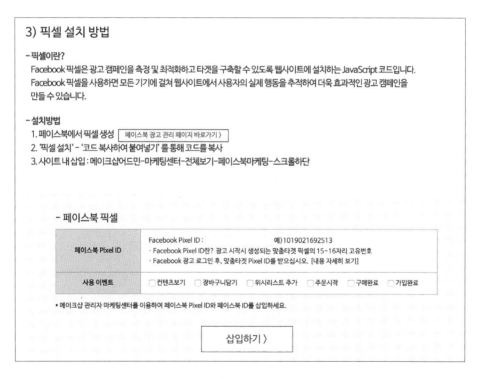

그림 15-3-1. 메이크샵 페이스북 설치 1

메이크샵 페이스북 픽셀 설치 방법은 너무 친절하게도 이미지 1장에 나와 있는 것을 그대로 가져왔다. 필자가 메이크샵 계정은 따로 가지고 있지 않아 하나씩 안내하기가 조금 어렵다. 하지만 충분히 할 수 있을 것이라 생각한다.

Chapter 3
페이스북 고급 기능

16장

맞춤 이벤트

우리는 지난 장까지에서 직접 페이스북 이벤트 픽셀을 구글 태그 관리자를 통해 정의해 보았다. 하지만 사실 우리가 할 수 있는 이벤트 픽셀은 구매 완료 페이지 도착, 장바구니 페이지 도착, 회원 가입 완료 페이지 도착 등 페이지 뷰를 일으켜야만 이벤트를 게시할 수 있었다. 하지만 좀 더 심화적으로 구글 태그 관리자를 공부하면 버튼 클릭, 스크롤 유튜브 영상 몇 % 보기 등의 행동들도 페이스북 픽셀로 모두 트래킹할 수 있다. 이번 장에서는 페이스북 이벤트 픽셀을 잡는 다양한 방법들에 대해서 소개하겠다.

전체 픽셀의 구조

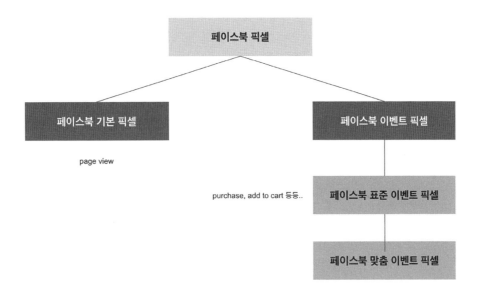

그림 16-1-1. 페이스북 픽셀의 구조

그림 16-1-1을 보자. 우리는 이전에 페이스북 픽셀이라는 거대한 카테고리에서 페이스북 기본 픽셀과 이벤트 픽셀에 대해서 살펴보았다. 다시 한번 정리하면, 페이스북 기본 픽셀은 우리 웹사이트의 모든 페이지에 삽입이 되어 있어야 하고, 페이스북 이벤트 픽셀은 '이벤트가 발생하는 페이지'에만 심어 주어야 한다. 하지만 이 페이스북 이벤트 픽셀은 다시 '표준 이벤트 픽셀'과 '맞춤 이벤트 픽셀'로 나뉘어진다.

• **페이스북 표준 이벤트 픽셀**: 페이스북에서 미리 정의해 주는 이벤트 이름으로서, 광고 관리자 → 픽셀에 들어가면 모든 표준 이벤트 픽셀을 볼 수 있다. 그림 16-1-2을 참고하자.

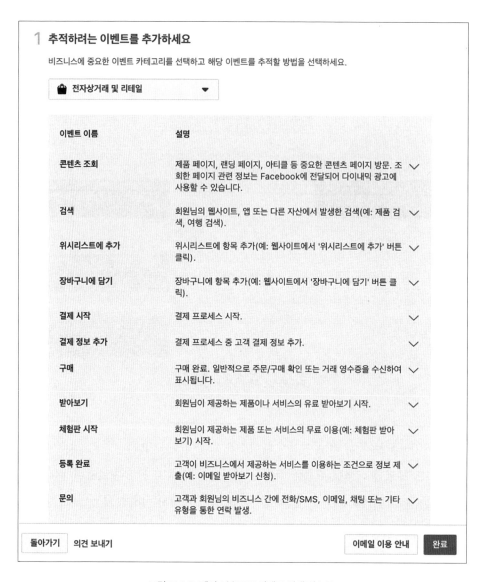

그림 16-1-2. 페이스북 표준 이벤트 픽셀 리스트

- **페이스북 맞춤 이벤트 픽셀**: 페이스북이 지원해 주는 이벤트 픽셀이 아니라 자신이 원하는 이름으로 맞춤 이벤트를 생성할 수 있다. 예를 들면, Npay 버튼 클릭은 페

이스북에서 제공해 주지 않고 있다. 이럴 경우에는 우리가 직접 Npay라는 이벤트 이름을 정의해 주어야 한다.

맞춤 이벤트를 정의하는 방법

다시 태그 관리자 쪽으로 돌아가 보자. 눈치가 조금 빠른 분들은 알겠지만, 구글 태그 관리자의 3단계 중 태그는 크게 중요하지 않는다. 사실 중요한 것은 트리거이다. 이게 무슨 소리일까? 우리가 지난번 실습에서 살펴보았던 장바구니 이벤트 픽셀을 다시 한번 열어 보겠다.

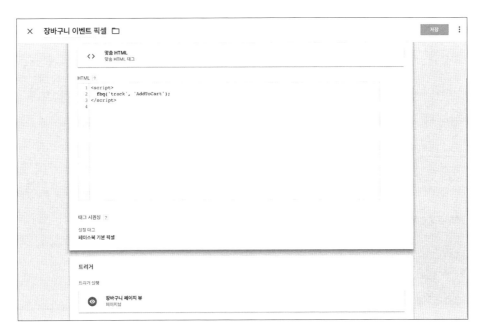

그림 16-2-1. 장바구니 이벤트 픽셀이 설치된 모습

장바구니 이벤트 픽셀은 AddToCart라는 이벤트 네임을 가지고 있으며, '장바구니 페이지 뷰'라는 트리거를 가지고 있다. 그런데 AddToCart는 페이스북에서 제공해 주는 표준 이벤트이다. 우리는 장바구니 페이지 뷰 트리거에는 다른 이벤트 네임을 적고 싶다. 여러분들이 좀 더 쉽게 알아 볼 수 있는 이벤트 네임으로 바꾸는 것이다. 그렇다면 AddToCart라고 적힌 태그의 코드를 Cart로 바꿔 보겠다.

```
HTML  ?
1  <script>
2    fbq('track', 'Cart');
3  </script>
4
```

그림 16-2-2. 장바구니 이벤트 픽셀에서 이벤트 이름을 변경하는 모습

이렇게 이름을 바꾸면 이제 '장바구니 페이지 뷰'라는 트리거가 발생할 때에는 AddToCart가 아닌, Cart라는 이벤트가 게시될 것이다. 태그를 게시한 다음 필자의 블로그로 이동해 보겠다.

그림 16-2-3. Cart 이벤트가 픽셀 헬퍼에 감지된 모습

이렇게 되면 페이스북 Pixel Helper에서는 AddToCart가 아니라 Cart라는 이벤트를 쏘게 되는 것이다. 하지만 트리거는 같은 것을 사용하고 있으므로 그대로 이름만 바꿔서 게시되는 것을 볼 수 있다. Cart라는 이벤트 픽셀은 페이스 북에서는 제공해 주지 않으므로 표준 이벤트 픽셀이 아니다. 우리가 직접 이벤트 네임을 정의해 준 맞춤 이벤트 픽셀이 되는 것이다.

16-3

맞춤 이벤트의 사례 실습(시세이)

시세이라는 가구 매장이 있다. 이 시세이라는 곳은 디자이너가 직접 디자인을 하여 소파, 테이블 등의 다양한 가구들을 판매하고 있는 쇼핑몰이다.

그림 16-3-1. 가구 디자인 판매 업소 시세이

그런데 이 시세이라는 사이트를 Google Analytics를 통해 조회했더니 고객센터 페이지에 도착한 사람들의 결제 전환율이 매우 높다는 사실을 알 수 있었다. 그래서 필자는 고객센터 페이지에 도착할 때마다 페이스북 픽셀 이벤트를 발생시켜 그들을 리마케팅 모수로 잡고자 한다.

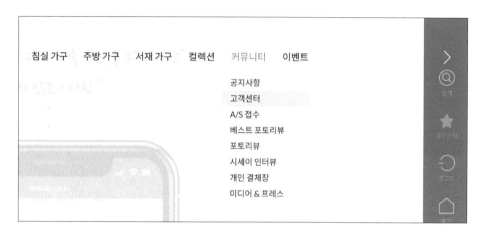

그림 16-3-2. 시세이 고객센터 페이지

그러면 일단 고객센터 페이지에 도착했을 때에는 어떤 이벤트를 발생시키는 것이 좋을지 페이스 북 이벤트 픽셀 목록을 조회한다.

이벤트 이름	설명
콘텐츠 조회	제품 페이지, 랜딩 페이지, 아티클 등 중요한 콘텐츠 페이지 방문. 조 ∨ 회한 페이지 관련 정보는 Facebook에 전달되어 다이내믹 광고에 사용할 수 있습니다.
검색	회원님의 웹사이트, 앱 또는 다른 자산에서 발생한 검색(예: 제품 검 ∨ 색, 여행 검색).
위시리스트에 추가	위시리스트에 항목 추가(예: 웹사이트에서 '위시리스트에 추가' 버튼 ∨ 클릭).
장바구니에 담기	장바구니에 항목 추가(예: 웹사이트에서 '장바구니에 담기' 버튼 클 ∨ 릭).
결제 시작	결제 프로세스 시작. ∨
결제 정보 추가	결제 프로세스 중 고객 결제 정보 추가. ∨
구매	구매 완료. 일반적으로 주문/구매 확인 또는 거래 영수증을 수신하여 ∨ 표시됩니다.
받아보기	회원님이 제공하는 제품이나 서비스의 유료 받아보기 시작. ∨
체험판 시작	회원님이 제공하는 제품 또는 서비스의 무료 이용(예: 체험판 받아 ∨ 보기) 시작.
등록 완료	고객이 비즈니스에서 제공하는 서비스를 이용하는 조건으로 정보 제 ∨ 출(예: 이메일 받아보기 신청).
문의	고객과 회원님의 비즈니스 간에 전화/SMS, 이메일, 채팅 또는 기타 ∨ 유형을 통한 연락 발생.
위치 찾기	사용자가 방문할 의도로 웹 또는 앱을 통해 회원님의 매장 중 하나를 ∨ 찾은 경우(예: 제품을 검색하고 회원님의 지역 매장 중 하나에서 해 당 제품을 찾음)
예약	회원님의 매장 중 하나를 방문하기로 예약. ∨

그림 16-3-3. 페이스북 표준 이벤트 픽셀 리스트

목록을 살펴보았는데, 고객센터 페이지에 도착했을 때마다 사용할 만한 이벤트가 딱히 보이지 않는다. 그래서 필자는 페이스북에서 제공해 주는 표준 이벤트 픽셀이 아닌 맞춤 이벤트 픽셀을 사용하고자 한다.

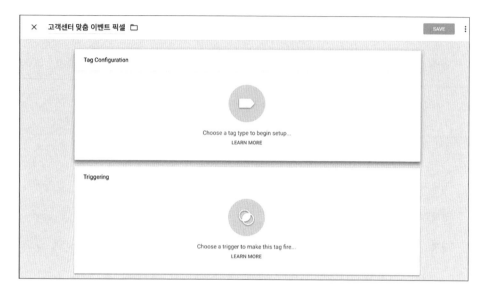

그림 16-3-4. 태그, 트리거, 변수

직접 고객센터 맞춤 이벤트 픽셀을 만들기 위해 새로운 태그를 만들고, '맞춤 HTML'로 들어간다.

Tag Configuration

Tag Type

```
< >   맞춤 HTML
      맞춤 HTML 태그
```

HTML ?

```
1  <script> // 자바 스크립트 명령어를 쓸 때 사용하는 문법입니다.
2    fbq('track', 'CustomerCenter'); // 반드시 세미콜론을 해주셔야 합니다.
3  </script>
```

그림 16-3-5. 페이스북 맞춤 이벤트 픽셀 설정

기존 표준 이벤트 픽셀과 똑같은 모양으로 여는 〈script〉와 닫는 〈/script〉태그 사이에 fbq('track', '자신이 정의한 이벤트 이름'); 의 형태로 만들어 주었다. 참고로, 자바 스크립트는 〈script〉〈/script〉사이에 명령어를 넣어 주어야 한다. 문법이니 똑같이 따라 하고 넘어가겠다. 여기서는 CustomerCenter라는 맞춤 이벤트를 사용하였다. 단순히 이름만 바꿔 주었다.

맞춤 이벤트 픽셀 태그 정의가 완료되었다면, 이제 트리거를 정의해야 한다. 트리거는 '고객센터 페이지 뷰가 발생하면~'이다. 혼자서 할 수 있는 분은 혼자서 한번 해보기 바란다.

www.seesay.co.kr/board/product/list.html?board_no=6

그림 16-3-6. 고객센터 페이지 URL

이게 고객센터 페이지의 URL이다. 왠지 URL에서 board_no=6라는 키워드는 고객센터 페이지만 가지고 있을 것 같다.

트리거의 형태를 '페이지 뷰'로 설정한 다음 일부 페이지 뷰를 설정하고, 아래와 같이 트리거 조건을 만들어 준다.

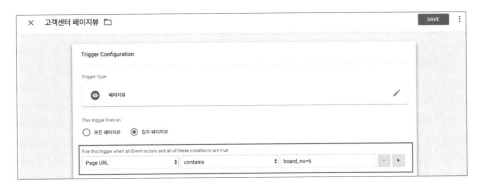

그림 16-3-7. 고객센터 페이지 뷰 트리거 설정

이렇게 하면 트리거 정의가 끝난다. 하지만 이벤트 픽셀은 페이스 북 기본 픽셀이 선행된 다음에 발생해 주어야 한다는 태그 시퀀싱 작업이 필요하다.

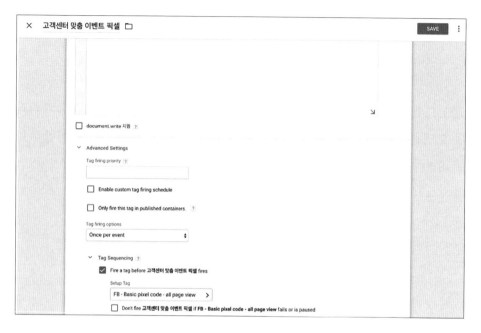

그림 16-3-8. 태그 시퀀싱 작업

이렇게 설정해 주면 이벤트 픽셀 설정이 끝난다. 이해가 어려운 분들은 이벤트 픽셀에 대해서 한 번 더 복습하길 권장한다. 태그를 발행해 준 다음, 고객센터 페이지 뷰를 '새로 고침'해 보겠다.

그림 16-3-9. 맞춤 이벤트 픽셀이 감지된 모습

Customer Center라는 이벤트가 게시된 것이 보이는가? 이런 방식으로 여러분들은 여러분들이 쉽게 알아볼 수 있고, 여러분들 브랜드에 맞게 맞춤 이벤트를 설정할 수 있다. 단순히 fbq('track', '이벤트 이름');의 방식으로 코드를 작성해 주면 모두 다 끝이 난다. 이 맞춤 이벤트를 가지고 리마케팅 모수를 만들 수도 있고, 전환 캠페인을 진행할 수도 있다.

17장

페이스북 이벤트
픽셀 심화

우리는 16장까지 페이스북 맞춤 이벤트를 배웠다. 사실 여기까지만 구현해도 굉장히 높은 수준으로 페이스북 픽셀 명령어를 자유자재로 다루는 것이다. 하지만 여기서 끝낼 수는 없다. 분석할 수 있는 데이터가 많을 수록 퍼포먼스 마케팅에서 성과를 낼 수 있는 가능성이 높아지기 때문이다. 이번 장에서는 구글 태그 매니저를 좀 더 다양하게 쓰기 위한 트리거들을 몇 가지 열거해 보고자 한다.

17-1

버튼 클릭 이벤트 트래킹

우리가 지금까지 설치한 페이스북 픽셀의 트리거 타입은 [페이지 뷰]였다. 하지만 우리는 장바구니 페이지 도착, 결제 완료 페이지 도착 뿐만이 아니라, 버튼 클릭도 이벤트로 잡아서, 데이터를 보고 싶을 때가 생길 것이다. 예를 들면, 구독 버튼 클릭, 네이버 페이 버튼 클릭과 같은 지표들이다.

버튼 클릭을 하기 전에, 우리는 HTML에 대한 이해가 어느 정도 필요하다. 나의 블로그에서 http://onedge1.tistory.com/1?category=606441 게재한 글의 상세페이지로 이동하면, [Share This Post]라는 버튼이 있다. 해당 버튼에 오른쪽 마우스를 눌러, 검사 메뉴를 눌러보자.

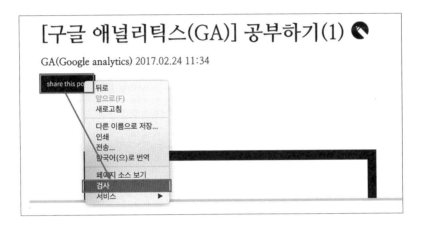

그림 17-1-1. 크롬 검사 기능

검사 버튼을 누르니 이 버튼의 설명이 이런 방식으로 나타난다.

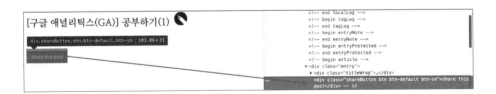

그림 17-1-2. 버튼 요소

이 요소를 텍스트로 옮겨 적어보겠다.

<div class="shareButton btn btn-default btn-sm">share this post</div>

이런 식으로 나타나 있다. 알 수 없는 꺾쇠[<]로 시작해서 꺾쇠로 닫힌다. 여기서 div 는 하나의 구좌를 의미한다. HTML이 사이트의 레이아웃을 설정해 주는 언어이다. 그래서 한 블록Block을 의미하는 div가 정의되고, 그 다음에 class 라는 녀석이 있다. class는 이 div에 붙여지는 이름이라고 생각하면 된다. 그러면, 이 버튼모양의 div의 이름은 "shareButton btn btn-default btn-sm"이 된다.

HTML의 모든 영역은 이렇게 그들만의 이름이나, 태그나, 다양한 속성들을 가지고 있다. 개발자가 어떻게 사이트를 만드느냐에 따라 다르지만 우리는 개발자가 넣어 준 이름표와 속성들을 가지고 클릭 트래킹을 할 수 있다. 하지만 어떤 속성이나 이름표 가 있을지는 모른다. 그렇기 때문에 우리는 "클릭으로 추적할 수 있는 속성들"을 모두 넣어 주어야 한다. 이것이 바로 변수 세팅이다.

구글 태그 매니저에서 변수로 이동해 보자.

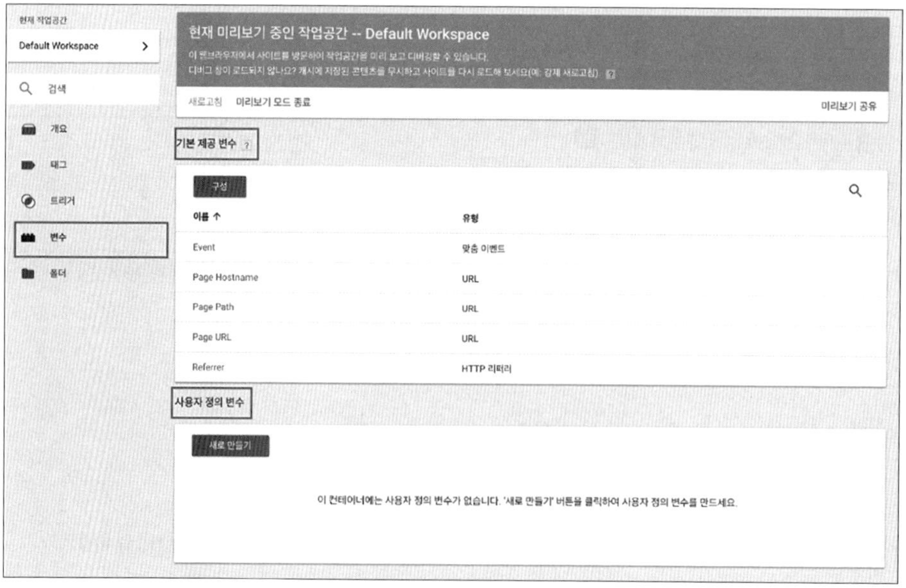

그림 17-1-3. 변수 세팅

변수를 들어갔더니, 기본 제공 변수, 사용자 정의 변수 2가지로 나뉘어진다. 기본 제공 변수를 자세히 살펴보니, 꽤나 익숙한 변수들이 보인다. Page Hostname, Path, URL, Referrer 의 변수가 이쪽에 있었다. 우리는 여기서 클릭 요소들을 트래킹할 변수를 추가로 만들어 줄 것이다. 사용자 정의 변수는 좀 더 어려운 내용이므로, 다음 장에서 자세히 다뤄 보겠다.

기본 제공 변수 - [구성]을 눌러보겠다.

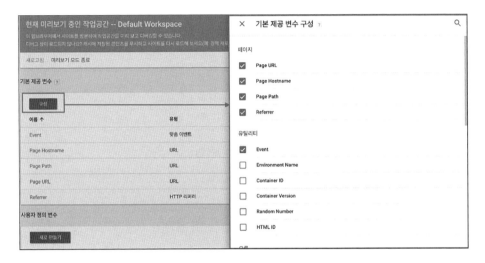

그림 17-1-4. 변수 세팅 2

기본적으로 제공해 주는 변수들이 굉장히 많다. 우리는 클릭을 위한 변수만 찾아서 추가해 주면 된다. 스크롤을 하다 보면 [클릭]이라는 항목이 나온다.

Click Element, Click Classes, Click ID, Click Target, Click URL, Click Text라는 클릭과 관련된 변수들이 리스트업되어서 나온다. 하지만 웹사이트 구조에 따라 어

떤 버튼은 Classes만 가지고 있을 수도 있고, 어떤 버튼은 Text만 가지고 있을 수 있다. 아직 구조를 파악하지 못한 상태에서는 클릭에 관한 모든 변수들을 체크하여 기본 제공 변수로 추가하면 된다.

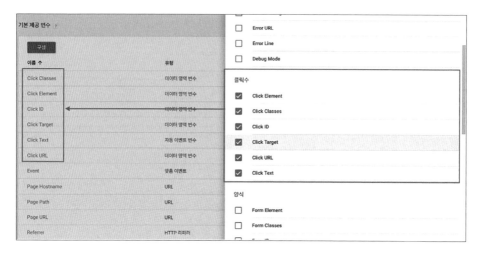

그림 17-1-5. 변수 세팅 3

그런 상태에서 다시 한번 우리 버튼의 요소를 체크해 보자.

<div class="shareButton btn btn-default btn-sm">share this post</div>

지금 우리 버튼은 Class의 값을 가지고 있다. 이 class의 값이 바로 **shareButton btn btn-default btn-sm**"이다. 이 상태에서 우리는 페이스북 클릭 이벤트 픽셀을 맞춤 형태로 만들어 보겠다. 태그로 들어가 보겠다.

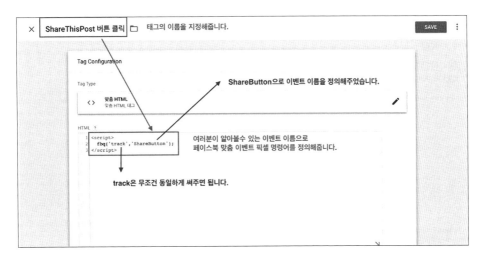

그림 17-1-6. 클릭 태그 설정

태그를 새롭게 하나 생성하여 맞춤 HTML로 태그 타입을 설정하고, 우리가 알아볼수 있는 태그의 이름과 페이스북 맞춤 이벤트 픽셀을 작성해 준다. 태그를 정의했으니 트리거로 이동해 보자.

그림 17-1-7. 클릭 트리거 설정

그림 17-1-8. 클릭 트리거 설정 2

오른쪽 상단 (+) 버튼을 눌러 새롭게 버튼 클릭 트리거를 만들어 보자.

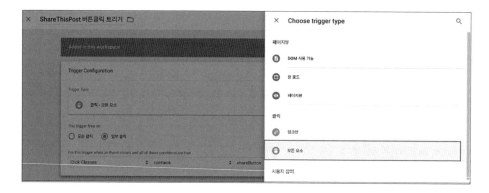

그림 17-1-9. 클릭 트리거 설정 3

이전까지는 모두 페이지뷰로 트리거를 잡았지만, 이번에는 클릭 이벤트를 트래킹 할 것이기 때문에 [클릭] 카테고리로 이동한다. 그중에서도 우리는 아까 ShareButton의 클래스값, id값 등등 다양한 키값들을 가지고 클릭 이벤트를 추적할 것이기 때문에, 트리거의 타입을 [모든 요소]로 정의해 준다.

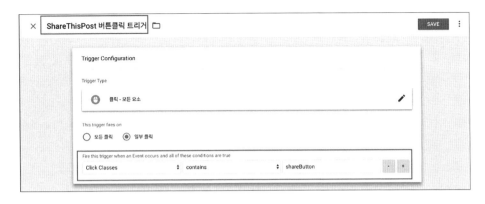

그림 17-1-10. 클릭 트리거 설정 4

아까 우리가 추적하고자 하는 버튼의 클래스값을 다시 한번 살펴보면, **div class=
"shareButton btn btn-default btn-sm"**였다. 그래서 필자는 Click Classes 로 키
값을 설정하고, 포함한다는 연산자와 함께 Value값에는 shareButton을 두었다. 이렇
게 설정하게 되면 트리거 세팅이 끝이 난다. "ShareButton이라는 클래스 값을 가지
고 있는 요소에 클릭이 발생하면 ~ "이라는 트리거가 생기게 된다.

이제 트리거를 모두 생성했지만 끝이 아니다. 우리가 정의한 이 태그도 맞춤 이벤트
픽셀이다. 이벤트 픽셀이기 때문에 기본 픽셀이 게시되고 난 다음에 이벤트 픽셀 역
시 게시가 되어야 한다.

태그 시퀀싱까지 작업을 마치게 되면 모두 종료된다.

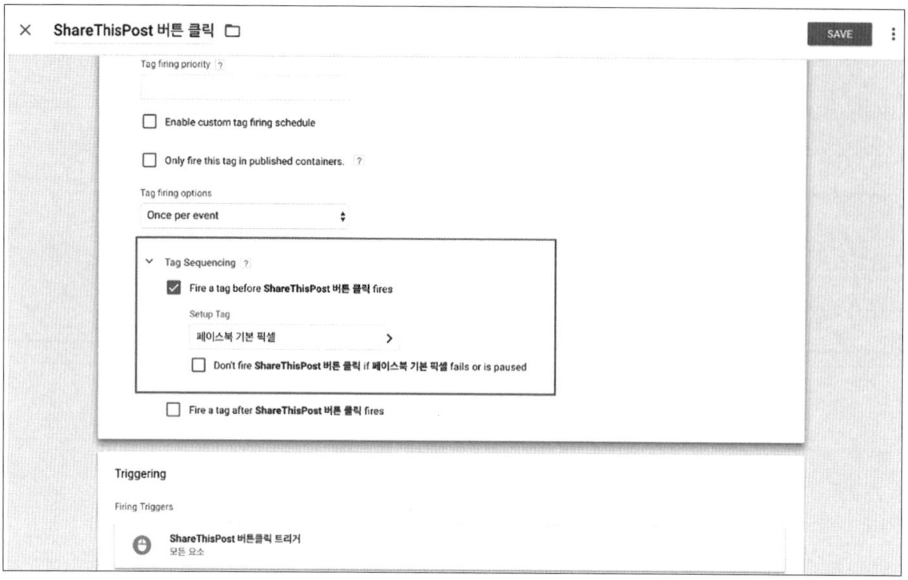

그림 17-1-11. 클릭 이벤트 픽셀 설정

그럼 우리가 정의한 맞춤 이벤트 픽셀이 제대로 게시되는지 보기 위해 태그 발행 후 사이트로 돌아가 보자.

그림 17-1-12. 클릭 이벤트 픽셀 설정 2

지금은 우리가 정의해 둔 태그가 게시되지 않고 있음을 확인할 수 있다. 아직 Share this Button을 클릭하지 않았기 때문이다. 클릭하면 어떻게 될까?

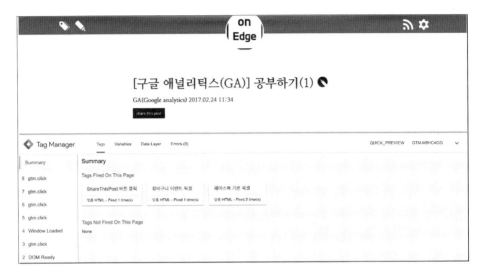

그림 17-1-13. 클릭 이벤트 픽셀 설정 3

클릭을 하자마자 버튼 클릭이 적용되었음을 확인할 수 있다. 우리가 버튼을 클릭할 때, 우리가 미리 설치해 둔 트리거가 발동되면서 페이스북 픽셀 태그가 활성화되었다.

그림 17-1-14. 클릭 이벤트 픽셀 설정 4

우리가 태그에서 정의해 둔 ShareButton 이벤트가 정상적으로 작동하는 것을 볼 수
있다.

18장

전환값

이제 여러분들은 페이스북 픽셀에서 버튼 클릭을 통한 맞춤 이벤트 트래킹도 가능할
수 있게 되었다. 하지만 문제가 있다. 예를 들어 장바구니 이벤트를 활성화시켰을 때
장바구니에 무슨 물건을 담았느냐에 따라서 전환당 단가, ROAS가 달라질 수 있다.
분명 장바구니 이벤트가 두 번 발생했다 할지라도, 첫 번째 이벤트에서는 100만 원의
상품을, 두 번째 이벤트에서는 5만 원의 상품을 담을 수도 있을 것이다. 그렇게 되면
실제 장바구니에 담은 이벤트 횟수는 두 번이지만, 각각의 장바구니마다 우리에게 주
어지는 가치가 다른 것이다. 우리는 같은 이벤트라도 장바구니에 어떤 물건을 담았느
냐에 따라서 다른 가치를 부여해 주어야 한다. 이 장에서는 이벤트에 금전적인 가치
를 넣을 수 있는 전환값의 개념과 설치 방법에 대해서 배워보겠다.

전환값이란?

실제로 사용자가 우리가 의도하는 행동을 이루어냈을 때 우리는 그 사용자들을 보고 "전환했다"라고 표현한다. 그런데 전환이 될 때마다 어떤 사용자는 비싼 물건을 장바구니에 담아서 훨씬 더 좋은 전환을 했을 수도 있고, 어떤 사용자는 가격이 비교적 저렴한 제품을 장바구니에 담아서 가치가 더 낮은 전환을 발생시켰을 수도 있을 것이다. 이처럼 각각의 전환에 대하여 가치를 매겨 그것을 화폐(돈)로 환산한 것을 전환값이라고 부른다.

18-2 동적 전환값과 정적 전환값

전환값은 역시나 동적 전환값과 정적 전환값 2가지 종류로 나뉘어진다.

정적 전환값은 말 그대로 이벤트가 몇 번이고 발생하더라도 그 전환 이벤트에 대해서는 동일한 가치를 부여할 때에 쓰이는 전환값이다. 예를 들어, 우리 쇼핑몰에서는 제품을 1개 판매하고, 그 제품의 가격은 5만 원이다. 그러면 장바구니 이벤트, 결제 완료 이벤트가 몇 번이 일어나든지 간에 단 한 번 이벤트가 발생할 때마다의 전환값은 5만 원이다.

두 번째는 동적 전환값이다. 우리가 수백 개의 제품들을 쇼핑몰에서 다루고 있고, 그 제품들이 모두 다 가격이 다를 때에는 어떤 제품을 담느냐에 따라 전환값이 달라지는 것이다. 잠재고객이 선택하는 제품에 따라 전환값이 동적으로 변한다고 하여 동적 전환값이라고 부른다.

정적 전환값을 세팅하는 방법

예를 들어, 필자가 한 가지 제품만 판매하고 있는 쇼핑몰을 운영하고 있고, 그 제품의 가격은 5만 원이다. 그럴 경우 페이스북 픽셀에서 5만 원이라는 움직이지 않는 정적 전환값을 세팅하고 싶다.

정적 전환값은 값이 하나뿐이므로 비교적 간단하다. 다 같이 페이스북 광고 관리자에서 '픽셀'로 이동한 뒤 이벤트 픽셀을 발급받는 곳을 확인하자.

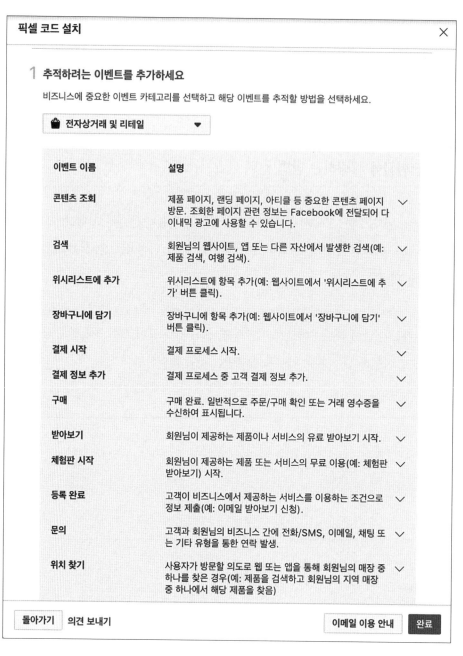

그림 18-3-1. 페이스북 표준 이벤트 픽셀 리스트

다양한 표준 이벤트들이 제공되고 있다. 여기서 장바구니 이벤트를 클릭해 보자.

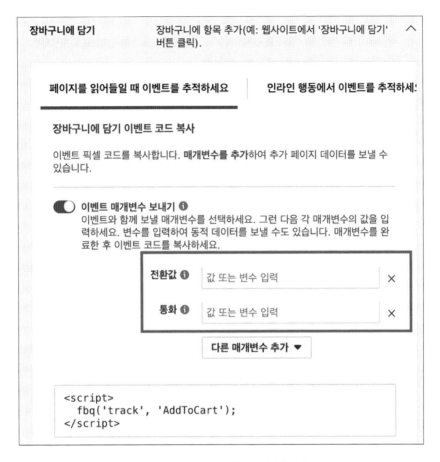

그림 18-3-2. 장바구니 이벤트 전환값 입력

우리가 복사했던 장바구니 이벤트 픽셀 위쪽에 '전환값'이라는 목록과 '통화'라는 목록이 보인다. 여기서 단순히 우리가 입력하는 전환값과 우리가 사용하는 화폐 통화를 입력해 주면 이벤트 픽셀 코드가 완성된다.

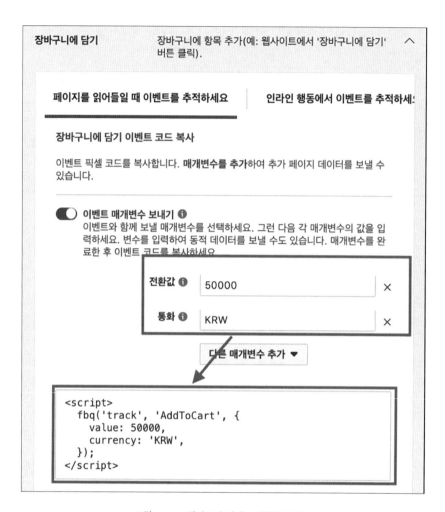

그림 18-3-3. 장바구니 이벤트 전환값 입력 2

전환값에는 '50000'을 입력하고, 통화는 당연히 원화를 의미하는 'KRW'를 입력하니 그림과 같은 방식으로 Add toCart 이벤트 픽셀에 두 줄이 더 생겨나게 된다. 해당 이벤트 픽셀에 키와 벨류가 새롭게 생겨난 것이다. 이렇게 만들어진 이벤트 픽셀을 우리는 태그 관리자에서 그대로 업로드해 주면 된다.

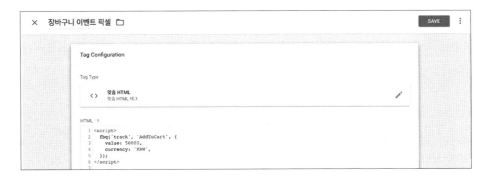

그림 18-3-4. 장바구니 이벤트 전환값 입력 3

전환값과 통화를 포함하고 있는 이벤트 픽셀을 설치하여 실제로 Facebook Pixel Helper를 살펴보겠다.

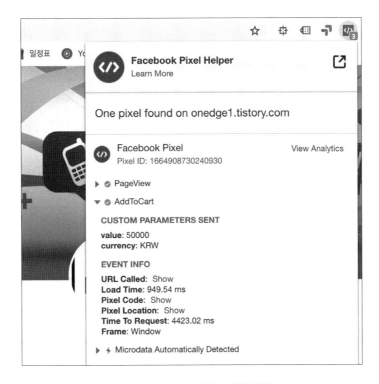

그림 18-3-5. 장바구니 이벤트 전환값 입력 4

장바구니 페이지라고 가정해 놓은 Category 페이지를 새로 고침하고, Add to Cart 이벤트를 눌러 보니 정상적으로 value에 5만 원이 들어가고, currency에는 KRW가 들어간 것을 확인할 수 있다.

이렇게 이벤트별로 우리는 전환값을 정적으로 세팅할 수 있으며, 전환값을 도출할 수 있게 된다면, 광고 관리자에서 ROAS라는 지표를 볼 수 있다. ROAS는 광고비 대비 투자 수익을 %의 지표로 나타낸 것으로 100%가 넘어가면 흑자, 100% 아래로 내려가면 적자가 되는 지표이다.

광고 관리자 → 열 맞춤 설정으로 이동해 보겠다. 구매를 검색하여 아래와 같이 성과 지표들을 체크해 주면 된다.

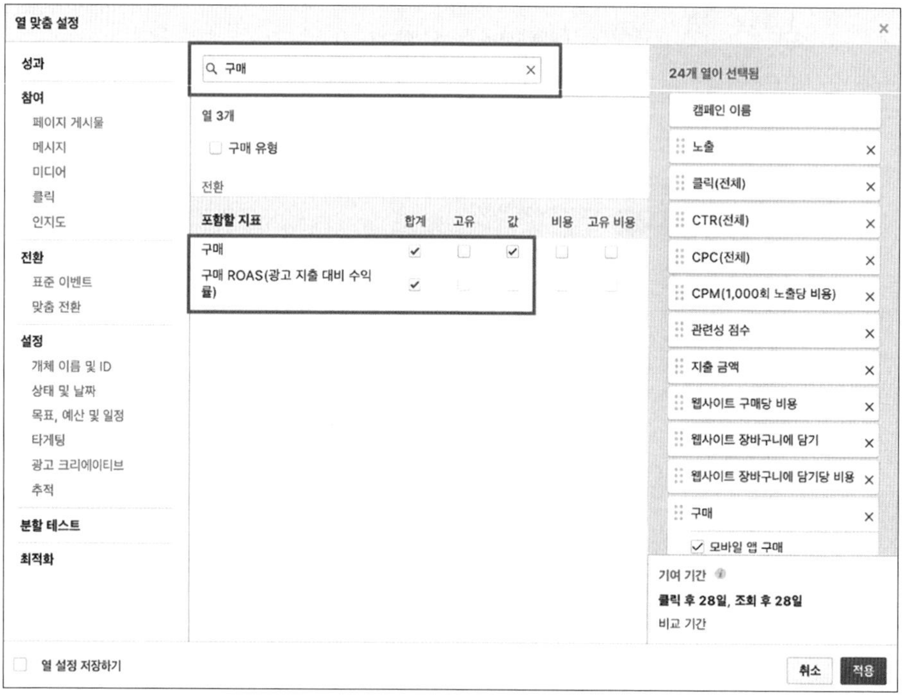

그림 18-3-6. 구매 이벤트 전환값 입력 5

구매라는 지표에서 세 번째 행에 '값'이라는 지표가 있다. 이것이 바로 전환값(화폐로 환산할 수 있는 전환에 따른 우리의 매출)의 지표이다. 그림 18-3-7의 구매 ROAS는 광고비 지출 대비 우리 광고의 수익을 의미한다.

웹사이트 구매	웹사이트 구매 ROAS(광고 지출 대비 수익률)	웹사이트 구매 전환값	네이버페이버튼클릭	네이버페이버튼클릭 당 비용	네이버페이버튼클릭 전환값
64	2.71	$2,010.16	20	$37.06	$65.09
108	3.91	$3,998.91	41	$24.92	$103.84
69	10.98	$2,193.13	39	$5.12	$216.86
19	3.13	$628.24	11	$18.23	$75.62
13	2.98	$598.01	8	$25.07	$52.53
21	3.85	$772.93	14	$14.33	$98.75
29	10.22	$2,048.95	22	$9.12	$151.58

그림 18-3-7. 구매 이벤트 전환값 데이터

브랜드를 공개할 순 없으나, 실제로 필자가 운용하고 있는 광고에서 구매 ROAS와 전환값이 도출되고 있는 광고 관리자 계정이다. 구매 ROAS는 그림 18-3-7의 두 번째 열과 같은 방식으로 소수점 두 자리까지 나온다. 우리는 단순히 웹사이트 구매라는 이벤트 횟수에 치중을 하는 것이 아니라, 광고비를 지출한 것 대비하여 얼마의 투자 수익을 얻었는지 알 필요가 있다. 구매 ROAS가 10.98이라는 것은 광고비를 1원 썼을 때, 1,098원을 벌었다는 것을 의미한다. 즉, 100만 원을 쓰면 1000만 원을 벌었다고도 할 수 있다. 그리고 세 번째 열에는 구매 전환값이 적혀 있다. 실제로 제품이 팔렸을 때 우리가 사이트 내에서 벌어들인 매출을 의미한다.

중요한 것은 저 광고 관리자 성과 지표에 쌓이는 매출값과 구매 전환 ROAS는 실제

그 광고가 사용자들의 구매 행동에 영향을 끼쳤을 때에만 기록이 된다. 따라서 실제로 우리가 집행하는 광고가 얼마의 수익을 내는지까지 성과 분석이 가능해진다. 물론 신기하겠지만, 실무 강의이므로 지루한 원리에 대한 설명은 생략하겠다. 단순히 쿠키 값으로 성과를 추출해 낸다고 이해하면 되겠다.

18-4 ◐
동적 전환값을 세팅하는 방법

동적 전환값은 앞에서 말씀드린 대로 어떤 물건을 담았느냐에 따라서 전환의 가치가 동적으로 변하게 되는 값이며, 사실 동적 전환값을 제대로 구현하기 위해서는 자바스크립트와 php 등 서버 언어와 클라이언트 언어에 매우 익숙해져야 한다. 원리를 설명하고 싶긴 하지만, 페이지가 600장을 넘어갈 수도 있으므로 이번 장에서 동적 전환값 세팅하는 방법을 보여드리는 수준으로만 설명하려고 한다.

그림 18-4-1은 꽃을 판매하는 가상의 쇼핑몰이다. 가상의 쇼핑몰로 확인해보자.

그림 18-4-1. 가상의 쇼핑몰

꽃을 판매하는 쇼핑몰에는 다양한 식물들을 판매하고 있다. 필자는 여기에서 장바구니 버튼을 클릭할 때마다 어떤 상품의 가격을 전환값으로 도출하고 싶다.

이번엔 제품도 다양하고, 제품별로 가격도 다르다.

즉, 선인장 상세 페이지에서 장바구니 버튼 클릭이 발생했을 때, 24원을 추출하고 싶다. 그러기 위해서는 우선 태그 관리자에서 '가격'을 가져오는 변수를 만들어 주어야 한다. 일단은 상세 페이지에서 가격 부분을 드래그한 다음 검사를 눌러 보겠다.

그림 18-4-2. 요소 검사 1

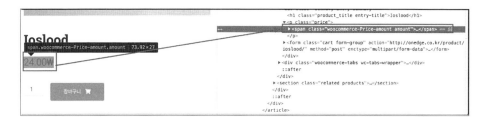

그림 18-4-3. 요소 검사 2

검사를 했더니 woocommerce-Price-amount amount라는 클래스를 가지고 있는 Span 태그 안에 가격이 들어가 있는 것을 볼 수 있다. 우리는 여기서 다시 한번 오른쪽 마우스를 눌러 Copy Selector를 클릭한다. Selector란, 저 요소의 값을 선택하는 도구 정도로 이해하면 된다.

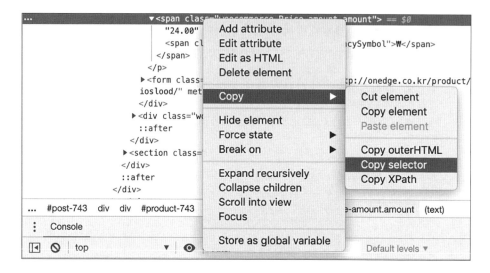

그림 18-4-4. 요소 검사 3

Copy를 하게 되면 현재 컴퓨터가 저 가격을 불러오는 Selector의 경로를 복사해 두었다. 가격이 잘 도출되는지 확인하기 위해서 보이는 화면에서 콘솔로 이동해 보겠다. 콘솔 영역은 우리가 어떤 명령어를 넣었을 때, 그 명령어가 정상적으로 작동하는지 살펴볼 수 있게 도와주는 크롬의 기능이다.

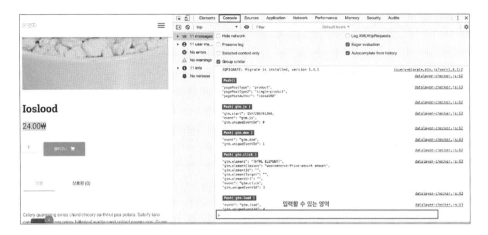

그림 18-4-5. 요소 검사 4

콘솔을 누르면 가장 하단에 무언가를 테스트하기 위해 입력할 수 있는 영역이 나타난다. 여기에 아래와 같이 명령어를 쳐보겠다.

document.querySelector("#product-743 > div.summary.entry-summary > p >span").innerText;

그리고 쌍따옴표 안에 들어가는 값은 우리가 아까 복사해 둔 querySelector이므로 Control+ V만 하면 바로 나타날 것이다.

```
> document.querySelector("#product-743 > div.summary.entry-summary > p > span").innerText;
< "24.00₩"
```

그림 18-4-6. 요소 검사 5

```
> document.querySelector("#product-743 > div.summary.entry-summary > p > span").innerText;
< "24.00₩"
```

그림 18-4-7. 요소 검사 6

이렇게 하니 24.00₩라는 선인장의 가격이 나타나게 된다. 이게 사이트 내 HTML 요소에 검사 버튼을 눌러 그 가격을 가져오는 경로를 querySelector라는 명령어를 통해 손쉽게 가져오게 된 것이다.

하지만 지금 24.00₩는 빨간색 글씨로 나타난다. 빨간색 글씨는 이 값이 숫자가 아닌, 문자라는 뜻이다. 문자로 전환값을 가져오는 것은 가능하지만 ROAS나 구매당 단가, 전환값의 합을 도출할 때 문제가 생긴다. 문자와 문자는 서로 더할 수 없기 때문이다. 그래서 이 문자열을 숫자로 바꿔 주는 명령어를 하나 넣어서 거기에 24.00₩을 도출하는 명령어를 넣는다.

문자열을 숫자로 바꿔 주는 명령어는 ParseInt이다.

```
> parseInt(document.querySelector("#product-743 > div.summary.entry-summary > p > span").innerText);|
< 24
```

그림 18-4-8. 문자열을 숫자로 바꿔 주는 함수

parseInt(document.querySelector("#product-743 > div.summary.entry-summary > p > span").innerText);

이렇게 ParseInt 명령어를 통해 24.00₩이라고 하는 문자열을 감싸 주면 파란색으로 결과값의 컬러가 바뀌게 되면서 24라는 숫자를 도출해 냈다. 이렇게 하면 우리는 성공적으로 전환값을 추출한 것이다. 이제 이 명령어를 기억하여 구글 태그 관리자에서 이 가격을 하나의 변수로 만들어 줄 수 있다.

변수란, 다들 알다시피 바뀔 수 있는 값을 의미한다. 동적 전환값은 사용자들이 어떤 물건을 담느냐에 달라지므로 변수로 만들어 주어야 한다.

구글 태그 관리자 → 변수로 이동한다.

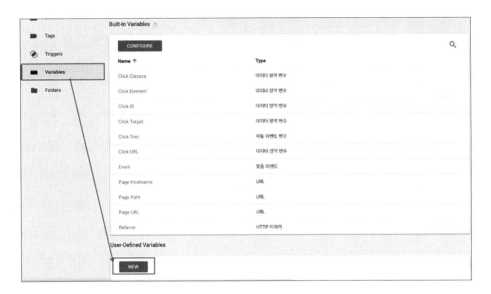

그림 18-4-9. 동적 변수 세팅

이번에는 태그 관리자에서 기본적으로 제공해 주고 있는 Page Url이나 클릭 변수가 아닌, 우리가 직접 정의해 주는 우리 쇼핑몰의 가격을 변수로 만들어야 한다. 아래쪽 'User-Defined Variables'에서 'NEW' 버튼을 눌러 주고, 구글 태그 관리자에서 알아볼 수 있게끔 명령어를 써준다. 이 부분은 특히나 개발 지식이 있어야 코드를 짤 수 있으므로 개발 지식이 없는 마케터분들은 따라 하기만 해도 성공이다.

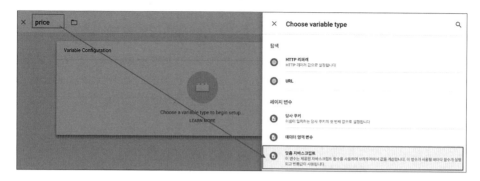

그림 18-4-10. 동적 변수 세팅 2

우리가 직접 명령어를 만들어 내야 하므로 맞춤 자바스크립트로 변수의 타입을 선택해 주고 함수를 만들어 준다.

```
function(){
    return parseInt(document.querySelector("#product-743 > div.summary.entry-summary > p > span").innerText);
}
```

명령어는 이렇게 코드를 짜 주면 된다.

그림 18-4-11. 동적 변수 세팅 3

```
function(){
    return parseInt(document.querySelector("#product-743 > div.summary.entry-summary > p >
span").innerText);
}
```

그림 18-4-12. 동적 변수 세팅 4

function으로 함수를 정의하고 소괄호 ()를 붙인다. 그런 다음 대괄호 ' { '를 열고 우리
가 콘솔창에서 도출했던 가격 명령어를 return 뒤에 넣는다.

가격 명령어: parseInt(document.querySelector("#product-743 > div.summary.entry-
summary > p > span").innerText);

그런 다음 닫는 대괄호 ' } '를 추가하여 함수를 마무리해 주면 된다.

이렇게 되면 변수가 하나 생기게 된다. 'SAVE' 버튼을 눌러 변수를 생성해 준다.

그 다음에, 해당 변수를 발행해 주는 Publish를 누른다.

이 가격 변수의 이름이 무엇이었는가? 그렇다. 바로 price로 이름을 붙여 두었다. 우
리는 이 price라는 변수 이름을 기억해 두고, 페이스북 이벤트 픽셀을 발급받는 곳으
로 돌아가겠다.

그림 18-4-13. 동적 변수 세팅 5

값까지 도출하는 이벤트 픽셀을 생성할 때 조금 전에는 '전환값'이라는 부분에 50000 원을 넣었다면, 이번에는 우리가 직접 정의한 제품 가격 변수인 price를 넣어 주면 된 다. 하지만 이 price는 어떤 상품을 담느냐에 따라서 동적으로 변하므로 변수를 대괄 호 2개로 감싸게 된다.

{{ price }}와 모양으로 대괄호를 감싸게 되는 것이다. 그런 다음, currency는 정적 전환값을 만들었을 때처럼 동일하게 KRW를 넣어 주면 된다. 하단에 만들어진 이벤트 픽셀이 보이는가? 해당 이벤트 픽셀을 복사한 다음, 태그 관리자로 이동하겠다.

필자는 저 변수를 장바구니 버튼 클릭이 발생할 때 넣고 싶기 때문에 기존에 만들어 놓은 장바구니 버튼 클릭 태그에서 명령어를 수정해 줄 것이다.

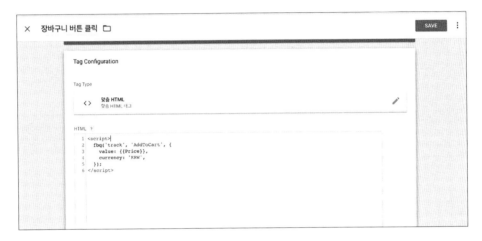

그림 18-4-14. 동적 변수 세팅 6

price 동적 변수를 추가한 이벤트 픽셀을 태그로 수정하고 해당 태그를 Publish한 뒤, 사이트를 '새로 고침'해 보겠다.

장바구니 추가 버튼을 누르니 페이스 북 픽셀 헬퍼가 아래와 같이 변한다.

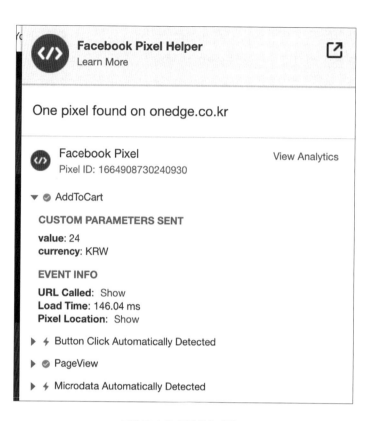

그림 18-4-15. 동적 변수 세팅 7

값을 성공적으로 가져오는 것을 확인했다. 이렇게 HTML 문서에서 나타나고 있는 가격을 querySelector로 불러와 태그 관리자에서 맞춤 변수를 만들어 주고, 이 변수를 페이스북 이벤트 픽셀에 맞게 넣으면 성공적으로 전환값을 추출할 수 있다.

내용이 많이 어려울지도 모르겠다. 더군다나 개발 지식이 없는 분들은 아예 이해하지 못할 수도 있다. 하지만 전환값을 동적으로 추출해 주기 위해서는 중급 수준의 개발 지식은 반드시 필요하다. 그렇기 때문에 그 원리를 다 설명하는 것은 너무나도 내용이 많아 어렵다. 다만, 한번 따라해 보면서 감을 익혀 보고 일반적으로 Cafe 24, 고도몰, 메이크샵에서 페이스북 픽셀 기능을 켜면 이 전환값도 자동으로 추출할 수 있도록 지원을 해주고 있다. 대부분의 쇼핑몰에서는 동적 전환값을 지원해주고 있고, 쇼핑몰이 아니신 분들은 정적 전환값을 사용하면 될 수 있으므로 이 쓰임새는 많이 사용되지 않을 것이다.

너무 어렵다고 포기하지 말자. 다음 장에서는 동적 리마케팅이라는 제품 광고를 살펴볼 것이다. 현재 구현할 수 있는 광고 기술에서 가장 고도화된 기술이며 가장 효과가 좋은 형태의 광고 포맷이다. 전환값을 추출하는 것보다는 어렵지 않으니 겁먹지 말고 따라와 주기 바란다.

19장

동적 리마케팅
그리고 카탈로그

그림 19-1-1. 동적 리마케팅 광고 포맷

페이스북이나 인스타그램을 즐겨 사용하는 분들이라면 여러분들의 피드와 같은 방식으로 제품 사진과 제품 가격이 나타나는 형태의 광고를 본 적이 있을 것이다. 더 놀라운 것은 이 슬라이드 광고 형태에서 가장 앞쪽에 나타나는 제품이 자신이 방금 쇼핑몰에서 본 광고일 확률이 높다. 이런 방식으로 어떤 제품을 보느냐에 따라 광고로 보여지는 제품이 동적으로 변하므로 '동적'이라는 단어가 붙고, 실제로 우리 쇼핑몰에 들어와서 제품을 조회한 사람들에게만 광고가 나가야 하기 때문에 '리마케팅'의 한 종류이다. 이 2가지 단어가 합쳐져서 사용자가 보았던 제품을 그대로 광고에 노출시켜 주는 광고를 동적 리마케팅이라고 한다.

19-1

제품 카탈로그에 대하여

그림 19-1-1을 다시 한번 살펴보자. 제품의 사진, 이름, 가격이 있다. 페이스북에서는 어떻게 알고 우리 쇼핑몰에 있는 제품의 정보들을 추출하여 잠재고객들이 볼 수 있는 광고의 형태로 만들어 줄까? 우리 쇼핑몰에 있는 제품의 정보들을 저장해 두는 공간인 제품 카탈로그 덕분이다. 제품 카탈로그란, 우리 브랜드가 가지고 있는 모든 제품들을 저장해 두고 페이스북 픽셀과 연동하여 카탈로그 광고 형태를 구현시켜 주는 하나의 저장소라고 생각하면 편하다.

먼저 제품 카탈로그부터 만들어 보자. 광고 관리자 메뉴 → 카탈로그를 클릭하여, '카탈로그 만들기' 버튼을 클릭해 보겠다.

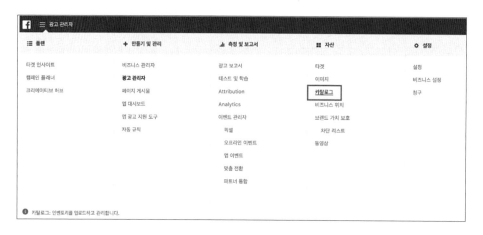

그림 19-1-2. 카탈로그 이동

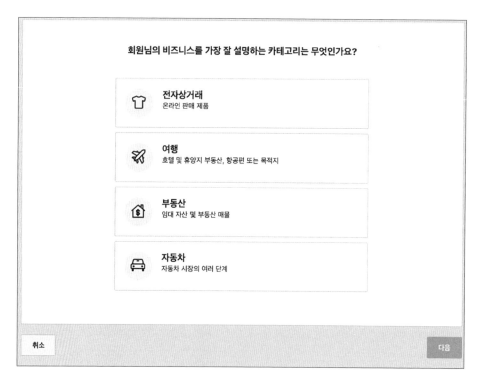

그림 19-1-3. 카탈로그 생성

카탈로그를 처음에 만들면 우리가 담으려는 제품의 형태가 무엇인지 가장 먼저 물어본다. 현재 페이스북에서 가장 많이 쓰이는 '전자상거래'를 눌러서 만들어 보겠다.

그림 19-1-4. 카탈로그 생성 2

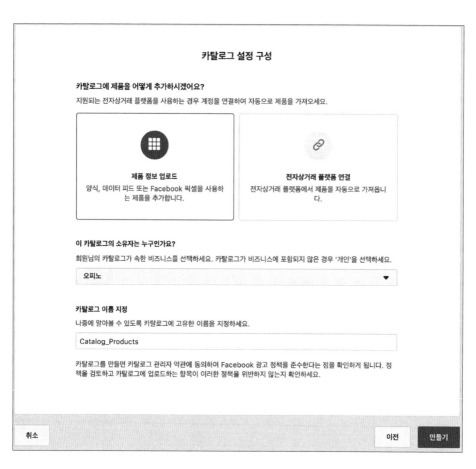

그림 19-1-5. 카탈로그 생성 3

지원되는 전자상거래 플랫폼을 사용하는 경우 계정을 연결하여 자동으로 제품을 가져오세요.

제품 정보 업로드

양식, 데이터 피드 또는 Facebook 픽셀을 사용하는 제품을 추가합니다.

전자상거래 플랫폼 연결

전자상거래 플랫폼에서 제품을 자동으로 가져옵니다.

이 카탈로그의 소유자는 누구인가요?

회원님의 카탈로그가 속한 비즈니스를 선택하세요. 카탈로그가 비즈니스에 포함되지 않은 경우 '개인'을 선택하세요.

오피노 ▾

어떤 전자상거래 플랫폼에 연결하시겠어요?

Shopify

Big Commerce

3dcart

Magento

OpenCart

Storeden

WooCommerce

그림 19-1-6. 카탈로그 생성 4

위 이미지와 같이 2가지 방법이 나타난다. 제품 정보를 업로드하는 방법과 전자상거래 플랫폼을 연동하는 방법이다. 물론 Shopify나 우커머스와 같은 외국 전자상거래를 사용하고 있다면 2번의 방법인 '전자상거래 플랫폼 연결'이 쉽지만, 우리 대부분은 미국의 전자상거래 사이트에는 관심이 없다. 카페24, 고도몰, 메이크샵이 80% 이상일 것이기 때문이다. 여기서 '제품 정보 업로드'의 방법으로 카탈로그를 시연하겠다.

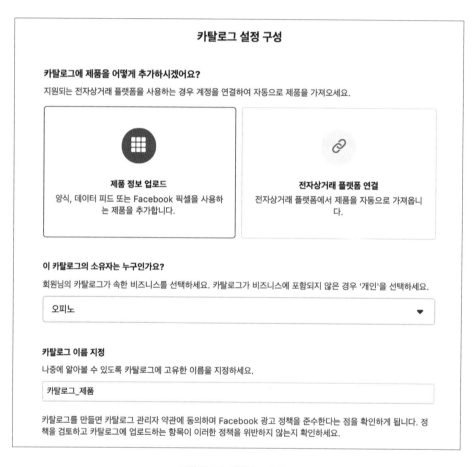

그림 19-1-7. 카탈로그 생성 5

카탈로그는 반드시 비즈니스 계정이 있어야만 사용할 수 있다. 비즈니스 계정은 10 장에서 한 번 설명을 한 적이 있다.

비즈니스 계정을 선택한 뒤, 여러분들이 알아볼 수 있는 카탈로그 이름을 지정하여 만들기 버튼을 눌러 주면 끝이 난다.

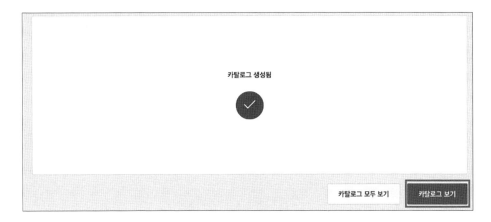

그림 19-1-8. 카탈로그 생성 6

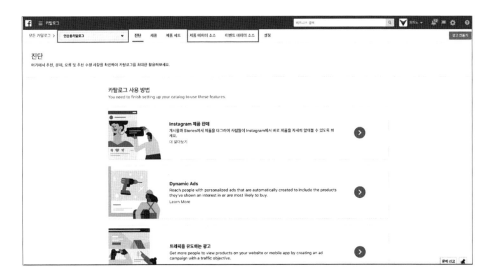

그림 19-1-9. 카탈로그 생성 7

일정 시간이 지나면 위와 같이 카탈로그 생성이 완료되면서 카탈로그 홈 화면이 나타나게 된다. 왼쪽 상단에는 여러분이 만들어 놓은 이름으로 카탈로그 계정이 있으며, 이 카탈로그는 완전히 새롭게 만들어진 것이므로 아직은 아무것도 없이 비어 있는 카탈로그이다. 카탈로그의 기능은 다양하지만, 필자는 가장 쉽게 할 수 있는 방법만 소개하려고 한다. 카탈로그의 세팅은 2단계면 모두 끝이 난다.

19-2

이벤트 데이터 소스 세팅

첫 번째 세팅은 제품 카탈로그와 이벤트 데이터 소스를 서로 연동하는 것이다. 지금 우리 쇼핑몰에서 이벤트를 추적하고 있는 페이스북 픽셀을 우리 카탈로그와 서로 연동시켜 줄 수 있다.

이벤트 데이터 소스를 세팅하면 카탈로그 광고를 함으로써 얻게 되는 사용자들을 리마케팅 모수로 저장할 수 있을 뿐더러, 우리가 집행하는 카탈로그 광고가 스스로 최적화하여 좋은 효율을 얻게끔 만들어 줄 수 있다.

방법은 간단하다. 메뉴에서 '이벤트 데이터 소스'를 클릭하여 연결한다.

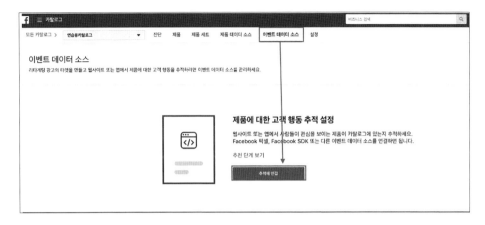

그림 19-2-1. 이벤트 데이터 소스 세팅

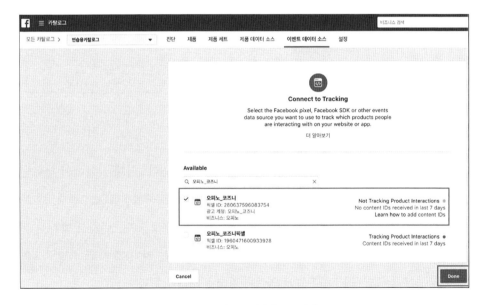

그림 19-2-2. 이벤트 데이터 소스 세팅 2

새로 만든 카탈로그에 연결하고자 하는 페이스북 픽셀을 연결한다. 물론 여러분들이

만들어 놓은 페이스북 픽셀과 광고 계정이 여러분들이 사용하는 비즈니스 계정에 할

당이 되어 있어야 한다.

페이스북 픽셀은 데이터를 공급해 주는 공급처이므로 여러 개의 카탈로그에 연결되어 있어도 상관없지만, 데이터를 수신하고 그 데이터를 가지고 광고 성과를 최적화하는 카탈로그는 2개 이상의 페이스북 픽셀이 삽입되면 데이터가 섞일 우려가 있다.

그림 19-2-3. 이벤트 데이터 소스 세팅 3

연습용 카탈로그이므로 여기서는 2개의 픽셀을 연결하였다. 현재 상태에서 하나는 초록 신호로 문제가 없다고 나타나고, 하나는 빨간 신호로 문제점을 보고한다. 이 문제는 사이트 구조에 따라 생길 수도 있고, 생기지 않을 수도 있다. 여기서 빨간색 신호로 문제가 나타난다고 해서 사이트에 문제가 있는 것은 아니며, 다만 카탈로그와 맞지 않는 부분이 있을 뿐이니 크게 염려치 말고 무시해도 된다.

이벤트 데이터 소스 연결은 여기서 끝난다. 가장 중요한 것은 나중에 설명할 동적 슬라이드 제품 피드 광고와 컬렉션 광고의 구현을 도와주는 제품 피드 업로드이다. 제품 피드 업로드에 관해서 다뤄 보겠다.

제품 데이터 소스 세팅

이제 카탈로그에 본격적으로 우리 제품을 담아 볼 것이다.

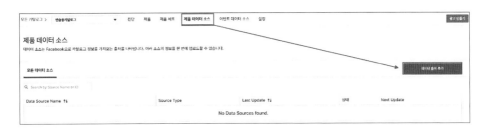

그림 19-3-1. 제품 업로드

카탈로그 메뉴에서 제품 데이터 소스 → 데이터 출처 추가 버튼을 눌러 준다. 데이터 출처를 추가할 수 있는 방법은 크게 3가지가 있다.

(1) 수동으로 추가하는 방법: 수동으로 제품 1개의 이미지와 제품 이름, 설명, 가격 등의 정보들을 기입하는 것이다. 가장 원초적이고 단순한 방법이다. 이 부분은 따로 설명하지 않는다.

(2) 데이터 피드를 사용하는 방법: 데이터 피드라는 단어에서 '피드'란 제품들의 정보를 나열해 놓은 엑셀이나 스프레드 시트 형태의 파일을 의미한다고 이해하면 될 것이다. 우리가 가지고 있는 제품들의 이름이나 가격 정보들을 엑셀 파일에 정리하여 한번에 업로드하는 방법으로 제품을 추가할 수 있다. 가장 편하고 많이 사용되는 방법이다.

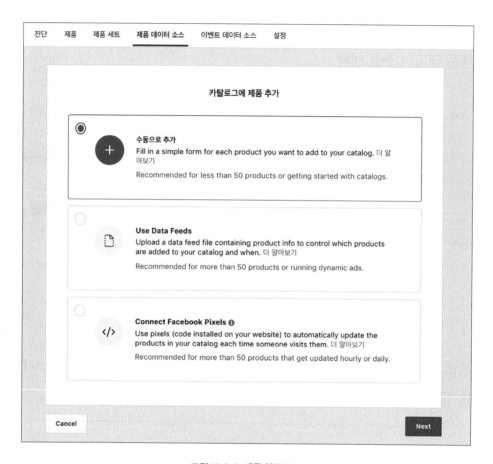

그림 19-3-2. 제품 업로드 2

(3) 페이스북 픽셀을 연결하는 방법: OpenGraph 프로토콜을 사용하여, 페이스북 픽셀이 OG 값을 자동으로 긁어와 제품 피드를 실시간으로 업데이트하며 만들어 주는 방법이다. 개발단의 지식이 필요하므로 무슨 말인지 모르겠다고 하시는 분들은 2번 방법으로 구현하는 게 좋을 것이다. OpenGraph 프로토콜을 구현하는 것이 다가 아니라 각 매개변수와 값들을 세팅해 주어야 하므로 일반 오픈 그래프 프로토콜이 있는 쇼핑몰이 아니거나 개발자가 아니라면 2번 방법을 사용하는 것이

가장 좋다. 물론 카페 24나 고도몰은 제품 피드를 한번에 다운로드할 수 있도록 지원해 주고 있어 훨씬 더 쉽다.

1번은 단순 작업이니까 쉽게 이해할 것이고 3번의 경우는 지난 장에서 다루었던 동적 전환값보다 조금 더 복잡한 개발 지식이 필요하므로 우리는 2번의 방법으로 동적 리마케팅을 구현해 보겠다. 2번 'Use Data Feeds'를 클릭해 보겠다.

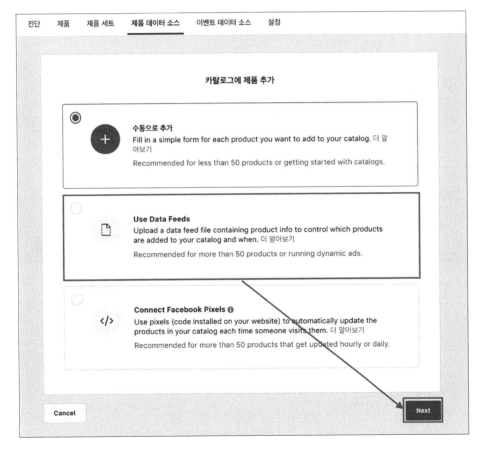

그림 19-3-3. 제품 업로드 3

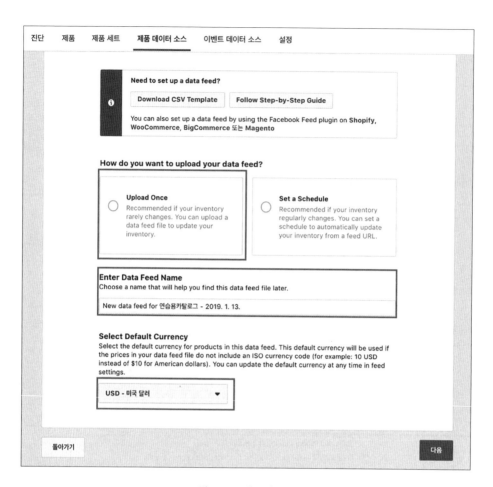

진단　　제품　　제품 세트　　**제품 데이터 소스**　　이벤트 데이터 소스　　설정

Need to set up a data feed?

Download CSV Template　　Follow Step-by-Step Guide

You can also set up a data feed by using the Facebook Feed plugin on **Shopify, WooCommerce, BigCommerce** 또는 **Magento**

How do you want to upload your data feed?

○ **Upload Once**
Recommended if your inventory rarely changes. You can upload a data feed file to update your inventory.

○ **Set a Schedule**
Recommended if your inventory regularly changes. You can set a schedule to automatically update your inventory from a feed URL.

Enter Data Feed Name
Choose a name that will help you find this data feed file later.

New data feed for 연습용카탈로그 - 2019. 1. 13.

Select Default Currency
Select the default currency for products in this data feed. This default currency will be used if the prices in your data feed file do not include an ISO currency code (for example: 10 USD instead of $10 for American dollars). You can update the default currency at any time in feed settings.

USD - 미국 달러　　▾

돌아가기　　다음

그림 19-3-4. 제품 업로드 4

영어들이 쭉 등장하지만, 전혀 두려워할 필요 없다. 엑셀 파일로 만들게 될 데이터 피드를 업로드하는 곳이기 때문이다.

첫 번째 옵션에서 'Upload Once'를 눌러 준다. 그러면 제품 피드를 한번에 다 올리겠다고 세팅하는 것이 된다. 두 번째 네모 박스에서는 여러분들이 업로드할 제품 피드의 이름을 적어 주고, 마지막 박스는 통화만 KRW로 바꿔 주면 모두 끝난다.

엑셀 파일만 만들면 제품 피드를 업로드하는 것은 끝이다. 그렇다면 제품 피드를 만들기 위해 어떤 항목들이 필요한지 살펴보겠다. 아래 표는 페이스북에서 제공하고 있는 공식 가이드에서 확인할 수 있다.

링크 : https://www.facebook.com/business/help/1754901084745017?helpref=faq_content)

열 이름	설명/가이드라인	예시
id	항목의 고유 ID(예: SKU)를 입력한다. 동일한 ID가 여러 개 있으면 무시된다. 최대 글자 수: 100	FB_product_1234
availability	매장에서 해당 항목을 현재 구매할 수 있는지 여부. 매장 페이지에서 해당 항목의 구매 가능 여부를 표시하고 최신 상태로 유지해야 한다. 지원되는 값: 재고 있음, 주문 가능, 사전 주문, 재고 없음, 판매 종료	재고 있음
condition	매장에서 해당 품목의 현재 상태. 지원되는 값: 신제품, 리퍼 제품, 중고 제품	신제품
description	항목에 대한 요약 설명. 최대 글자 수: 5000	선명한 컬러, 다양한 스타일과 사이즈의 크루넥 순면 소재.
image_link	광고에 사용할 이미지의 URL. 슬라이드 광고 형식에서 정사각형(1:1) 화면 비율 이미지는 600x600이어야 한다. 단일 이미지 광고의 이미지는 1200x630 이상이어야 한다.	https://www.facebook.com/t_shirt_image_001.jpg
link	항목을 구매할 수 있는 웹사이트 URL.	https://www.facebook.com/facebook_t_shirt
title	항목의 이름 최대 글자 수: 500	Facebook 티셔츠(유니섹스)

price	항목의 가격 및 통화 가격은 숫자 다음에 통화 코드가 온다(ISO 4217 표준).	9.99 USD
gtin*	항목의 GTIN(Global Trade Identification Number). 지원되는 값: UPC(북미 - 12자리), EAN(유럽 - 13자리), JAN(일본 - 8자리 또는 13자리), ISBN(도서 - 13자리) 최대 글자 수: 70	1234567891011
mpn*	항목의 MPN(Manufacturer Part Number). 최대 글자 수: 70	100020003
brand*	항목의 브랜드 이름. 최대 글자 수: 70	Facebook

제품 업로드를 위해 필요한 사항과 선택 사항

해당 표에 있는 항목들은 모두 가지고 있어야만 한다. 하지만 가장 아래에 있는 gtin, mpn, brand 3개의 항목은 3개 중 1개만 있으면 되니까 비교적 간단한 brand를 자주 애용하곤 한다.

앞서 말한 깃허브의 링크에서 '제품 피드 예시 파일'이라는 제목의 파일을 통해 확인할 수 있다.

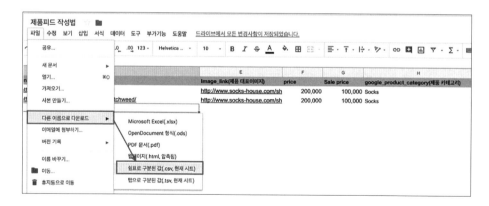

그림 19-3-5. 가상의 제품 파일

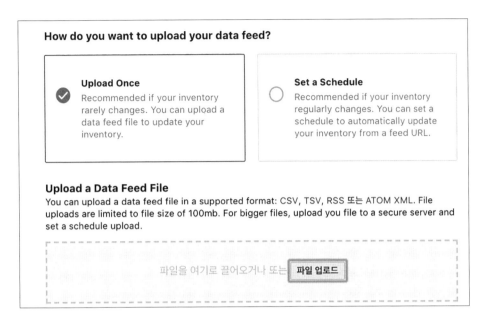

그림 19-3-6. 가상의 제품 파일 업로드

'Upload Once'를 누른 뒤, 파일 업로드를 통해 우리가 다운로드받았던 CSV 파일을 업로드해 준다.

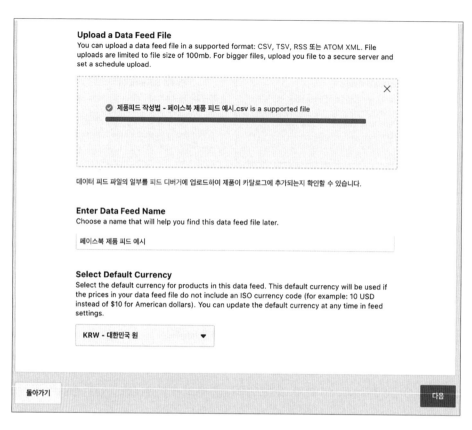

그림 19-3-7. 가상의 제품 파일 업로드 2

데이터 피드의 이름을 입력해 주고, 화폐도 원화로 바꾼 뒤, '다음' 버튼을 누른다.

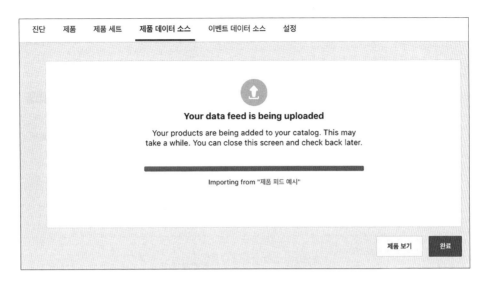

그림 19-3-8. 가상의 제품 파일 업로드 3

1분에서 최대 5분 정도 기다리면 제품 피드 업데이트가 모두 끝난다.

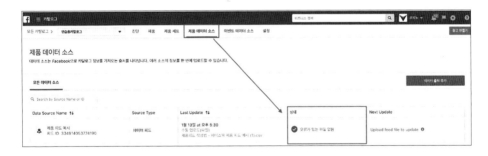

그림 19-3-9. 가상의 제품 파일 업로드 4

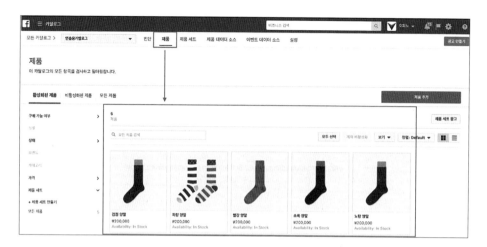

그림 19-3-10. 가상의 제품 파일 업로드 5

카탈로그에서 제품 메뉴로 이동하면 위와 같이 우리가 업로드한 제품들이 성공적으로 나타나는 것을 확인할 수 있다. 이렇게 하면 카탈로그 세팅이 모두 끝이 나게 된다. 우리 제품 카탈로그를 가지고 광고를 만들기 위해 이동해 보겠다. 광고 관리자로 이동한다.

동적 리마케팅의 기본, 슬라이드 광고

그림 19-4-1. 카탈로그 캠페인

목표를 카탈로그 판매로 설정해 준다.

1. 캠페인의 이름을 정의하고 여러분들이 만들어 두었던 카탈로그를 넣어 둔다. 가장
   최근 카탈로그가 등록되어 있다.

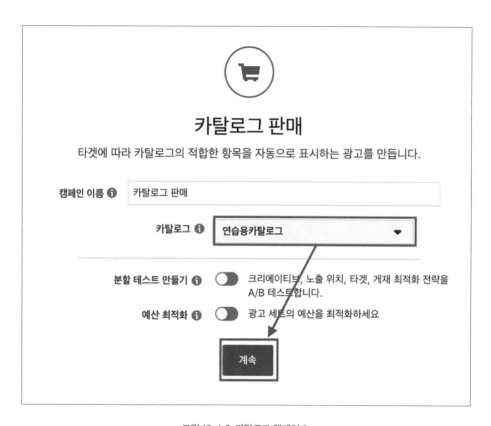

그림 19-4-2. 카탈로그 캠페인 2

2. 광고 세트로 넘어가니 타기팅 옵션이 2가지가 있다. 첫 번째 옵션은 말 그대로 '실제로 행동이 발생한 사용자들'에게만 광고를 집행하는 것이고, 오른쪽의 옵션은 우리가 따로 정의해 둔 맞춤 타깃과 유사 타기팅을 할 수 있는 영역이다.

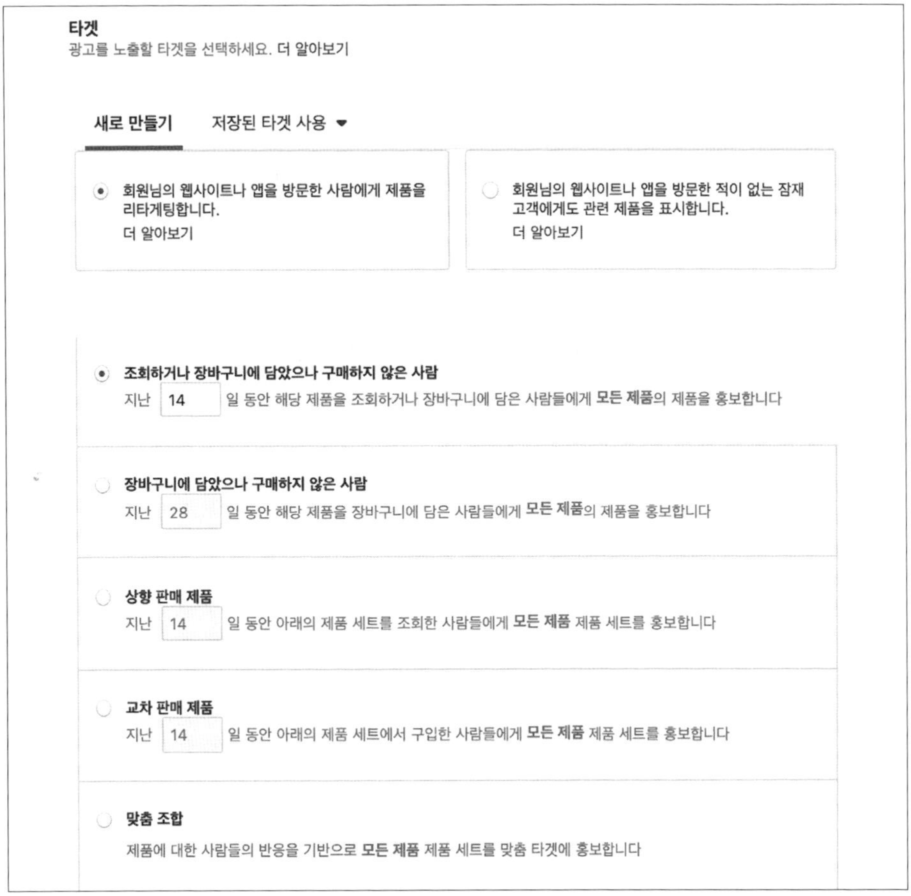

그림 19-4-3. 카탈로그 캠페인 3

첫 번째 방법과 두 번째 방법 모두 장단점이 있다.

첫 번째 방법의 경우에는 실제로 액션을 일으킨 사용자들을 대상으로 광고 집행을 하므로, 구매로 이어지는 성과나 ROAS가 매우 좋다. 하지만 장바구니에 도착하는 트래픽이 많이 없다면 광고비를 소진시키지 못한다는 단점이 있다.

두 번째 방법은 우리가 기존대로 해오듯이 여러분이 만들어 놓은 맞춤 타깃과 유사 타깃으로 광고를 집행하는 것이므로 충분한 모수들에게 광고 게재가 가능하다. 대신 상대적으로 ROAS는 첫 번째 방법보다는 다소 낮은 경우가 있다. 물론 어디까지나 예외는 있다.

그래서 장바구니 트래픽이 많이 들어오는 브랜드라면 첫 번째 방법을 많이 사용하고, 필자 같은 경우에는 장바구니 전환 캠페인과 첫 번째 방법을 이용한 카탈로그 광고를 동시 운용하면서, 장바구니 타깃까지 확보하고 ROAS를 끌어올리는 방법을 많이 사용한다.

3. 광고 게재 최적화 기준은 '전환'으로!

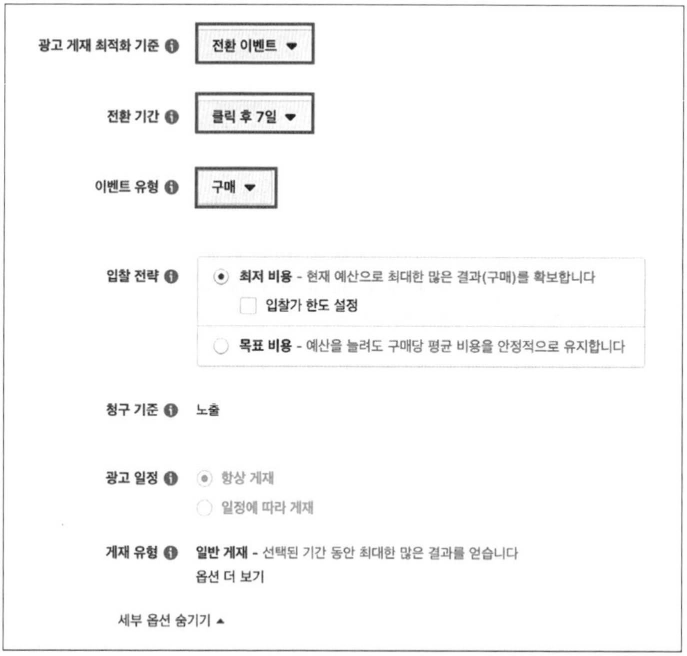

그림 19-4-4. 카탈로그 캠페인 4

광고 게재 최적화 기준이 링크 클릭으로 되어 있지는 않은지 확인하고 만일 되어 있다면 반드시 최적화 기준을 '전환 이벤트'로 바꿔 주어야 한다. 동적 리마케팅은 말 그대로 평범한 카드 뉴스, 영상 광고와 달리 본격적으로 매출을 이끌어 내고, 광고비에서 가장 많은 부분을 차지하는 중요한 캠페인이기 때문이다. 우리는 무조건 구매 이벤트로 광고를 최적화해야 한다. 물론 구매 이벤트로 광고를 최적화하기 위해서는 1주일에 50건의 구매 이벤트를 확보해야 페이스북이 안정적으로 광고를 최적화할 수 있다.

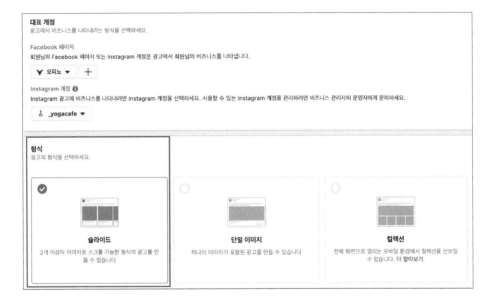

그림 19-4-5. 카탈로그 캠페인 5

일단은 동적 리마케팅의 기본인 슬라이드 형태이다. 미리보기로 어떻게 보이는지 살펴보자.

4. 광고 제목과 부제목에 변수 넣어 두기

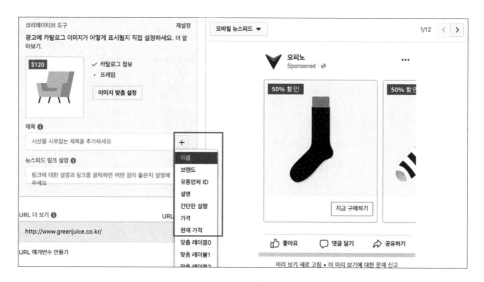

그림 19-4-6. 카탈로그 캠페인 6

미리보기로 보니 아직 아무것도 없으므로 광고의 제목에는 제품의 이름 필드를 넣고, 부제목의 역할을 하는 뉴스피드 링크 설명에는 가격 필드를 넣어 보겠다.

제품의 이름과 가격이 정상적으로 나타나고 제품 이미지가 광고 소재로써 사용되고 있다. 조금 더 꾸며 보겠다. '이미지 맞춤 설정'이라는 메뉴를 눌러 보면 크리에이티브 도구가 팝업창으로 나타난다.

그림 19-4-7. 카탈로그 캠페인 7

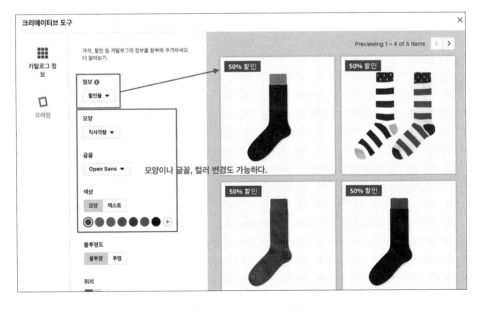

그림 19-4-8. 카탈로그 캠페인 8

정보 탭에 할인율이라는 필드를 넣었더니 자동으로 할인율이 소재 왼쪽 상단에 새롭게 생기게 된다. 빨간색 박스를 다른 컬러나 글꼴, 모양으로 수정할 수도 있다.

그림 19-4-9. 카탈로그 캠페인 9

19-5

인기 있는 광고 포맷, 컬렉션 광고

필자는 슬라이드 광고와 함께 컬렉션 광고를 운용하면서 높은 ROAS를 이끌어 내고 있다. 컬렉션 광고 역시 제품 피드를 활용한 광고인데, 대표 이미지나 영상을 추가함으로써 조금 더 많은 메시지를 보여 주면서 제품 광고를 할 수 있다.

컬렉션 광고에 대해서 모르는 분들은 페이스북에서 해당 링크에 접속해 간단히 그림만 보고 오면 바로 이해될 것이다.

[링크]: https://web.facebook.com/business/help/1128914607238107?helpref=page_content

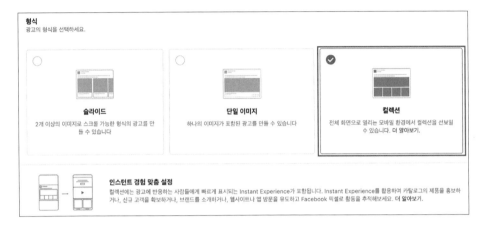

그림 19-5-1. 컬렉션 광고 포맷

만들어 두었던 슬라이드 광고에서 컬렉션으로 이동해 보겠다.

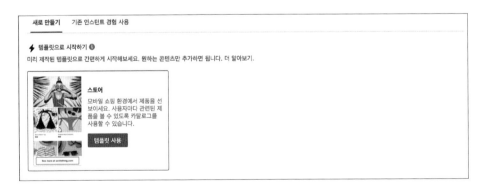

그림 19-5-2. 컬렉션 광고 포맷 2

템플릿 사용을 눌러 컬렉션 광고를 만들어 볼 수 있다. 캔버스 광고랑 조금 비슷한 형태이다.

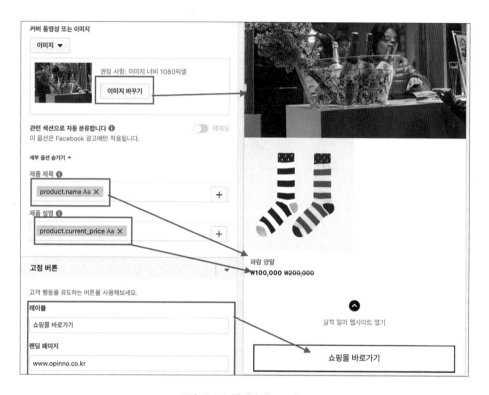

그림 19-5-3. 컬렉션 광고 포맷 3

팝업창이 나타나면 직접 여러분들이 만들거나 가지고 있는 영상과 이미지로 캔버스의 가장 상단에 배치해 둘 수 있다. 제품 필드를 입력하여 캔버스에 제품 정보를 표시할 수 있고, 버튼 요소를 추가해 쇼핑몰 메인 페이지로도 사용자들을 불러올 수 있다. 캔버스와 거의 동일하다.

그럼 컬렉션 광고를 클릭하면 우리가 방금 만들어 준 제품 피드 캔버스에 엑세스할 수 있는데, 컬렉션 광고는 뉴스피드에서 어떻게 보일까?

그렇다. 우리가 업로드한 영상과 이미지와 함께 제품 4개가 뉴스피드에 동시에 노출된다. 특히 컬렉션 광고와 같이 캔버스를 이용하는 광고는 모바일 사용자들에게만 노출된다.

그림 19-5-4. 컬렉션 광고 포맷 4

컬렉션 광고는 일단 차지하는 지면이 굉장히 넓고, 이미지 또는 영상 소재와 제품 광고가 동시에 공존하다 보니, 다른 형태의 광고보다 클릭률이 3~4배 정도 높은 편이다. 물론 카탈로그 작업, 캔버스 작업 등 컬렉션 광고를 구현하는 데에는 많은 까다로운 작업들이 있지만, 이 컬렉션 광고를 구현하게 되면 굉장히 높은 ROAS를 얻을 수 있는 것은 사실이다. 필자가 현재까지 구현한 컬렉션 광고에서 실패한 사례가 없었다는 점을 바탕으로 위의 문장을 작성했다.

20장

마무리

마지막 20장이다. 간혹 필요한 정보만 찾는 페이스북 실무자분들도 있을 것이고, 페이스북 광고를 아예 처음부터 해서 20장까지 직접 따라해 보면서 온 분들도 있을 것이다.

책으로 소통을 한다는 것은 여러분들에게 필자가 준비한 가이드에 대한 피드백을 일일이 한 분씩 물어 보기 힘들다는 단점이 있다. 하지만 여러분들의 느낌이 짐작은 간다. 너무 어렵거나, 포기하셨거나, 아니면 수백 개의 질문들을 가지고 있을 것이다.

그러한 것들을 조금이나마 극복하기 위해서 20장에서는 필자가 전국을 누비며 페이스북 강의를 다니면서 수없이 받았던 질문들, 그리고 필자가 속한 퍼포먼스 마케팅 에이전시인 오피노가 디지털 환경에서 광고를 바라보는 관점을 공유함으로써 끝맺을까 한다. 하나씩 살펴보자.

트러블 이슈

광고를 집행하다 보면 성과가 나쁠 때, 어떤 행동을 취해야 하는지 감이 잡히지 않을 때가 있다. 몇 가지 경우로 나누어 보겠다.

질문 1) 광고 소재의 클릭률은 높은데, CPC도 높을 때는 어떻게 해야 하나?

타기팅이 매우 잘 되어 있는 광고이거나, 매력적인 소재를 활용하고 있을 가능성이 높다. 소재의 클릭률이 높다면 그만큼 노출된 횟수 대비 사용자들의 클릭수가 높다는 것인데, 그만큼 매력적이거나 눈에 띄거나 관련성이 높은 타깃에게 광고가 노출되었을 것이다. 관련성이 높고 구매할 확률이 높다면 당연히 고품질 사용자들이므로 비싼 CPC를 줄 수밖에 없다. 이들은 페이스북 픽셀을 사용하여 구매로 이어지는지 측정해 볼 필요가 있다. 그래서 단순히 웹사이트로 트래픽을 유입시키는 '트래픽 캠페인'보다는 '전환 캠페인'의 CPC가 훨씬 더 높은 편이다. '구매를 할 것 같은 사람들'에게만 광고를 도달시켜야 하기 때문이다.

질문 2) 광고 소재의 클릭률은 낮고, CPC도 높을 때는 어떻게 해야 하나?

최악의 상태이다. 광고를 다시 갈아보거나 소재를 바꾸어야 한다. 혹시 소재의 가독성이 너무 떨어지지는 않는지, 사용자들을 후킹할 만한 카피 메시지는 아닌지, 관련성 없는 타깃에게 광고를 도달시키고 있는 것은 아닌지 확인할 필요가 있다.

질문 3) 페이스북 광고를 집행하다가 어려움이 생기면 어디에 문의해야 할까?

구글창에 '페이스북 광고주 지원센터'라고 검색해 보자.

그림 20-1-1. 페이스북 광고주 지원 센터 1

제일 상단에 나타나는 링크를 눌러 준다.

그림 20-1-2. 페이스북 광고주 지원 센터 2

오른쪽 상단에 '지원' 버튼을 클릭한다.

그림 20-1-3. 페이스북 광고주 지원 센터 3

이메일을 사용하거나 채팅을 사용하여 지원팀에 실시간으로 물어 볼 수 있다. 채팅의 경우에는 영업 시간에만 버튼이 활성화되며, 페이스북 메신저로 지원팀 담당자와 대화가 가능하다.

굉장히 친절히 잘 대해 주고 문제가 생기면 시간이 걸려도 해결해 주려고 하니 문제가 생기면 채팅을 사용하는 것도 좋은 방법이다.

질문 4) 페이스북 가이드 말고, 영상 강의로도 만나볼 수 있을까?

홍보를 하는 것 같아 죄송한 마음이지만, 실제로 이 질문을 너무나도 많이 받고 있다. 네이버에 '페이스북 강의'라고 검색하면 '디지털 부스트 캠프'라는 무료로 들을 수 있는 페이스북 강의가 있다. 무료 강의이므로 중, 고급 과정은 다루지 않고 있다. 중, 고급 과정은 그로스마켓과 인프런이라는 영상 강의 사이트에서 구매할 수 있다.

오피노가 생각하는 디지털 마케팅의 방법론

온라인에서 어떤 제품을 판매하기가 참 쉽지 않을 것이다. 오피노 내에서도 디지털 마케팅의 방법론을 두고 정답을 찾아내기 위해 많은 건설적인 대화를 하고 있다. 그럼에도 쉽지 않은 것은 사실이다. 일단 오피노가 내린 결론들을 몇 가지 공유하고자 한다. 물론 절대적인 정답은 아니다.

(1) 디지털상에서의 고객을 2가지로 나눈다.

오피노는 고객을 2가지 부류로 나눈다. 세그먼트와는 조금 다른 느낌이다. 하나는 이미 니즈가 있어서 특정 제품을 찾고 있는 사용자이고, 나머지 하나는 니즈가 없지만, 설득 과정을 통해 구매를 내릴 수 있는 사용자이다.

이미 니즈가 있는 사용자들은 어떤 플랫폼을 찾게 될까? 바로 검색엔진 플랫폼이다. 네이버, 구글, 다음과 같은 검색엔진 광고로 처음에 니즈가 있는 사용자들을 잡는 것이 디지털 마케팅의 시작이다. 네이버 검색을 통해 들어오는 사용자들은 설득시킬 필요가 없으므로 광고만 달아놔도 매출이 발생할 수 있다는 것이다. 브랜드 인지도가 제대로 형성되지도 않은 상황에서 페이스북 플랫폼을 통해 고객을 설득시키는 것은 시간도, 돈도 너무 많이 드는 힘든 일이다. 그래도 불가능한 일은 아니다. 페이스북은 위에서 언급한 2번과 같이 니즈가 없지만 설득을 통해 구매로 이끌어 내야 하는 사용자들에 속하는 플랫폼이다. 그래서 검색엔진을 통해 매출이 어느 정도 발생하고 있다면, 페이스북 광고를 시작하길 추천한다.

(2) 설득이 필요할 때 퍼포먼스 마케팅이 필요하다.

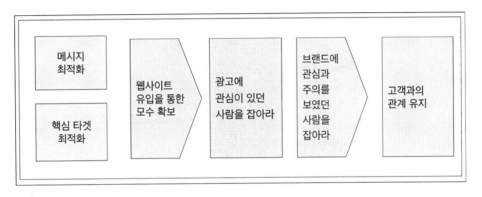

그림 20-2-1. 페이스북 퍼포먼스 마케팅 프레임워크

2장에서 언급했던 퍼포먼스 마케팅 플로우flow이다. 하지만 사실 사용자들을 설득시키는 과정과 같다고 보면 된다. 우리에게 가장 적합한 메시지와 타깃을 찾아내고 그들이 좋아할 만한 가벼운 경험을 유도하면서, 마지막 프로모션으로 구매까지 이끌어 내는 이 플로우는 사람을 설득시키는 것과 마찬가지이다. 페이스북, 인스타그램, 트위터는 이렇게 사람들을 설득시키는 광고 매체이다. 더군다나 페이스북은 영상, 카드뉴스, 컬렉션, 캔버스, 동적 리마케팅 등 다양한 메시지로 우리 브랜드를 보여 줄 수 있으므로 대체 불가능한 절대적인 광고 플랫폼이다.

(3) 풀 퍼널 모델 마케팅Full Funnel Model Marcketing

퍼널 모델Funnel Model을 기억할 것이다. 페이스북은 퍼널 모델별로 광고를 구현할 수 있는 최고의 플랫폼이다. 퍼널 모델을 다시 가져와 보겠다. 이 퍼널 모델과 페이스북 광고 관리자에서의 캠페인 목적은 서로 밀접한 연관이 있다.

그림 20-2-2. 퍼널 모델

마케팅 목표가 무엇인가요? 도움말: 목표 선택		
경매 ❶ 도달 및 빈도 ❶		
인지도	관심 유도	전환
📣 브랜드 인지도	↖ 트래픽	🌐 전환
❊ 도달	👥 참여	🛒 카탈로그 판매
	📦 앱 설치	🏬 매장 방문
	▣◀ 동영상 조회	
	⛟ 잠재 고객 확보	
	💬 메시지	

그림 20-2-3. 캠페인의 목적

퍼널 모델과 페이스북 캠페인 목적을 번갈아가면서 바라보자. 톱 퍼널Top Funnel에서는 우리 브랜드가 무엇인지 인지조차 못하고 있으므로 우리 브랜드를 널리 알리는 전략이 첫 단계로 들어가야 할 것이다. 카드 뉴스를 만들어서 '참여' 캠페인을 운용할 수도 있고, 이미지 배너를 만들어서 '브랜드 인지도' 또는 '도달' 캠페인을 생성할 수도 있다. 즉, 참여, 브랜드 인지도, 도달 캠페인은 퍼널 모델의 제일 최상단에서 고객들을 확보할 수 있는 캠페인에 부합한다.

두 번째는 미드 퍼널Mid Funnel 영역이다. 앞단의 톱 퍼널에서 반응을 보였던 사용자들을 맞춤 타깃과 유사 타깃으로 생성하여 단일 이미지를 제작하여 '트래픽' 캠페인을 운용할 수 있다. 아니면 우리 설득 메시지를 잘 봐줄 것 같은 사용자들에게 영상을 제작하여 '동영상 조회' 캠페인을 운용할 수도 있을 것이다. 이처럼 '트래픽' 또는 '동영상 조회' 캠페인은 설득 메시지를 강화하는 캠페인 목적으로서 부합한다.

세 번째는 로우 퍼널Low Funnel 또는 보텀 퍼널Bottom Funnel이다. 이전 '트래픽' 캠페인을 통해 장바구니까지 다다랐던 사용자들이나 '동영상 조회' 캠페인을 통해 동영상을 50% 이상 조회한 사용자들은 우리 브랜드에서 매우 고품질 사용자일 것이다. 이들을 리마케팅 모수로 묶어서 할인 메시지를 강조하는 '전환' 캠페인을 집행하거나, 제품을 다시 상기시켜 줄 수 있는 '카탈로그' 캠페인을 집행하여 매출을 이끌어 낼 수 있다. '전환' 캠페인과 '카탈로그' 캠페인은 마지막으로 매출을 이끌어 낼 수 있는 캠페인 목적으로서 부합한다.

오피노는 첫 번째, 두 번째, 세 번째의 과정을 동시에 진행하고 이를 '풀 퍼널 모델Full Funnel Model' 또는 '리마케팅 시나리오'라고 정의한다. 페이스북은 리마케팅 시나리오를 구현하기 가장 좋은 플랫폼이며, 전문가가 아니더라도 충분히 성과를 낼 수 있는 가장 전환율이 좋은 플랫폼이다.

결론

앞에서도 말했으나 이 책에 쓴 내용의 가이드가 페이스북이 제공해 주는 기능의 전체 50%가 채 될까 말까 한다. 이 가이드를 통해 여러분이 페이스북, 나아가 디지털 마케팅에 대해서 좀 더 영감을 얻었거나 조금 더 색다른 시각을 가지게 되었다면 정말 기쁠 것이다.

찾아보기

찾아보기

영어

페이스북 퍼포먼스 마케팅 with 구글 애널리틱스
지금 바로 배워서 써먹는 퍼포먼스 마케팅 첫걸음

초판 1쇄 발행   2019년 7월 31일

지은이   전민우, 유성민
펴낸이   김범준
기획/책임편집   오민영
교정교열   배규호
편집디자인   김민정
표지디자인   유재헌

발행처   비제이퍼블릭
출판신고   2009년 05월 01일 제300-2009-38호
주 소   서울시 종로구 종로 1길 50 더케이트윈타워 B동 2층 WeWork 광화문점
주문/문의   02-739-0739   팩스   02-6442-0739
홈페이지   http://bjpublic.co.kr   이메일   bjpublic@bjpublic.co.kr

가격 28,000원
ISBN 979-11-90014-38-0
한국어판 © 2019 비제이퍼블릭